老年社会工作研究

王卓 主编

贾灿 冯丽婕 缪应芹 副主编

 西南财经大学出版社
Southwestern University of Finance & Economics Press

中国·成都

图书在版编目(CIP)数据

老年社会工作研究/王卓主编;贾灿,冯丽婕,缪应芹副主编.—成都:
西南财经大学出版社,2022.12
ISBN 978-7-5504-5585-6

Ⅰ.①老… Ⅱ.①王…②贾…③冯…④缪… Ⅲ.①老年人—社会
工作—研究 Ⅳ.①C913.6

中国版本图书馆 CIP 数据核字(2022)第 195746 号

老年社会工作研究

LAONIAN SHEHUI GONGZUO YANJIU

王卓 主编

贾灿 冯丽婕 缪应芹 副主编

责任编辑:王利
责任校对:植苗
封面设计:星柏传媒
责任印制:朱曼丽

出版发行	西南财经大学出版社(四川省成都市光华村街55号)
网 址	http://cbs.swufe.edu.cn
电子邮件	bookcj@swufe.edu.cn
邮政编码	610074
电 话	028-87353785
照 排	四川胜翔数码印务设计有限公司
印 刷	郫县犀浦印刷厂
成品尺寸	170mm×240mm
印 张	12.5
字 数	228 千字
版 次	2022 年 12 月第 1 版
印 次	2022 年 12 月第 1 次印刷
书 号	ISBN 978-7-5504-5585-6
定 价	78.00 元

作者简介

王卓，四川大学公共管理学院教授，博士生导师，四川大学中国西部反贫困研究中心执行主任。国家社科基金重大项目"相对贫困的标准、识别与治理机制研究"首席专家。主要研究领域：社会政策、贫困治理、社会工作、人口发展等。曾就职于重庆大学（1987—1991 年）、四川省扶贫办公室（1991—2003 年）。主持和执行国家社科基金重大项目、重点项目、一般项目，国家民委重点项目和一般项目、中联部项目、文化部项目、四川省社科规划重大招标项目和一般项目，国内地方政府等委托项目，以及世界银行、联合国开发计划署、英国、德国、加拿大等国际合作项目百余个。在《中国人口科学》《中国农村经济》《经济学家》《社会科学研究》等期刊发表论文百余篇。出版《中国贫困人口研究》《中国农村民间金融组织研究》《公民社会与农村社区治理》《灾后扶贫与社区治理》《中国西部扶贫问题研究》《贫困治理》等专著。曾出访美国、英国、法国、瑞典、印度、菲律宾、尼泊尔、孟加拉、蒙古等国。

贾灿，四川大学公共管理学院公共管理硕士，中级信息监理师，四川大学中国西部反贫困研究中心研究助理。现任职于共青团成都市委成都青少年宫。主要研究领域：人力资源、公益组织、社会工作、信息安全等。

冯丽婕，四川大学公共管理学院社会工作专业硕士，中级社会工作师，四川大学中国西部反贫困研究中心研究助理。现任职于用友网络科技股份有限公司，任社会责任经理兼用友基金会项目总监。主要研究领域：社会工作、企业社会责任、基金会管理、社会政策等。

缪应芹，四川大学公共管理学院社会工作专业硕士，中级社会工作师，四川大学中国西部反贫困研究中心研究助理。现任职于四川省青少年社会教育服务中心，任办公室副主任（主持工作）。主要研究领域：社会工作、青少年教育、公益组织、社会政策等。

前　言

2020 年第七次全国人口普查数据显示，我国 60 岁及以上人口为 26 402 万人，占 18.70%，其中，65 岁及以上人口为 19 064 万人，占 13.50%。与 2010 年相比，60 岁及以上人口所占比例上升 5.44 个百分点。我国人口老龄化程度进一步加深，未来一段时期将持续面临人口长期均衡发展的压力。据全国老龄工作委员会预测，2015—2035 年将是我国社会人口老龄化急速发展阶段。在中国社会转型的过程中，家庭结构小型化与孝道文化实践之间的张力增加，以家庭为主的传统养老模式日渐式微，社会养老等方式日益多样化，系统应对人口老龄化带来的挑战成为人口与经济社会可持续发展的重大课题。

人口老龄化是指一个国家的人口结构中老年人口占比不断增加的过程。人口老龄化是一个诸多因素综合作用的结果。首先，没有不老的个体。就生命历程而言，个体生理机能衰退而迈入老年期，被动或主动退出社会主流生活是生命过程的常态。其次，不存在没有老人的社会。就历史进程而言，老年群体一直都以一定的数量存在，近年来我国老年人口规模呈现越来越大的趋势。再次，中国的人口老龄化不是先例。就国际比较而言，欧美、日本等发达国家和地区的人口老龄化程度均比我国高，进入老龄化社会的时间比我国早，整体上我国进入老龄化社会的时间比欧美等发达国家和地区晚了二三十年。从一定意义上来讲，人口老龄化是一个全球性的趋势，较难以个人意志为转移。我们应正视并积极应对这个过程。

人口老龄化意味着什么？我们从人口老龄化的计算公式看其分子构成——老年人口。解析这个部分可见，微观上，现在的人比以前活得更长更久，"人生七十古来稀"在 21 世纪已经不是一个正确的命题，因为在日常生活中，70 岁的人已是常见，个体寿命更长是生活质量和生活环境等改善的体现；宏观上，人口预期寿命延长，意味着可开发的人力资本更多，是社会整体投入的良性结果。我们再看人口老龄化计算公式的分母构成——总人口。解析这个部分可见，微观上，人们的生育观念有较大变化，家庭更注重生育质量，育龄人群对生育孩子的决策愈加谨慎；宏观上，新出生人口数不足以弥补死亡人口数，总和生育率不断下降，有的国家（地区）甚至出现了人口负增长。简而言之，人口老龄化是一个关涉个体生命、家庭计划、社会进步、经济发展、政治制度等诸多领域的复杂议题。

自1949年中华人民共和国成立至今，我国养老服务大致分为三个阶段：第一阶段，1949年至改革开放初期，为社会养老服务孕育期。在这个时期，政府着力解决老年人的基本生活保障问题，老人照护主要由家庭负责。第二阶段，改革开放后至2000年，为社会养老服务探索期。在这个时期，社区养老服务逐渐兴起，养老机构迅速发展，作为第三产业的养老服务行业获得了一定的发展。第三阶段，2000年至今，为养老服务体系建设期。2006年，第二次全国老龄工作会议提出建设"以居家养老为基础、社区服务为依托、机构养老为补充"的中国特色养老服务体系，自此养老服务迈向体系化建设阶段。

进入新的历史时期，政府与社会不断完善和创新养老服务模式，推进社会养老服务方式的信息化与市场化、服务内容的专业化与人性化建设，继续完善以居家为基础、社区为依托、机构为支撑、医养相结合的养老服务体系。然而，要充分实现"老有所养、老有所医、老有所教、老有所学、老有所为、老有所乐"的目标，并使发展成果惠及每一位老人，依然任重而道远。

1997年，西方七国首脑在丹佛会议上提出"积极老龄化"，主张将老年人看成社会发展的重要力量，强调打破传统的将人口老龄化视为不可避免的退化与衰减的消极观念。其中，健康、参与和保障是积极老龄化内涵的三个支柱。2002年，积极老龄化内涵被写进《联合国第二届世界老龄化大会政治宣言》，这为我国养老服务乃至整个老龄化事业的发展提供了新的视角。以服务对象需求为本、强调助人自助及服务对象个体发展的社会工作与积极老龄化理念高度契合，与现阶段的养老服务战略目标一致。中国政府积极促进社会工作与养老服务事业相结合，对养老服务体系建设重新进行规划与整理。在顶层设计方面，政府不仅为社会工作进入老年服务领域预留了发展空间，还从政策设计、资金供给、人才培养等方面给予保障；在社会实践方面，各类社会服务组织积极引入社会工作专业人才，开展老年服务。老年社会工作弥补了当前社会服务对老年人情感需求与价值需求回应的不足，努力照顾老年人的"身""心""灵"，促进我国养老事业亲情化、福利化、专业化和社会化。

我国社会工作理论教育先于社会工作服务实践。以往关于老年社会工作的研究主要聚焦于发展老年社会工作理论和老年社会工作方法，关注社会工作方法对特定服务群体的适应性优势，通过实证研究对社会工作服务方法进行本土化探索。这些研究对老年社会工作理论和实务的发展均有较积极的贡献，学术界试图为老年社会工作实务提供理论指导，为老年人的现实生活提供某种解释和说明。但事实上，每一种理论都难以囊括与老年人或老龄化相关的所有方面，也难以提供全面而准确的实务指南。

除了积极老龄化和完善养老服务体系等内容之外，另一个不可回避的议题是安宁疗护和安乐死。在人口老龄化加速和老年慢性病蔓延的背景下，提高生命末期的生活质量及死亡质量，推进相关议题研究，让饱受病痛折磨的失能老年人有尊严地离开人世，需要我们有更深切的人文关怀。

基于此，本书拟对我国老年社会工作做一些探索。全书共分6章，第1、2、3章聚焦于城乡老年社会工作理论与实务，第4章聚焦于老年人的信息化适应，第5、6章聚焦于安乐死议题。第1、2、3章内容是2013年6月至2016年6月期间，王卓教授带领冯丽婕、缪应芹、刘琴等，在四川省民政厅和中国扶贫基金会（现更名为"中国乡村发展基金会"）等支持下，在四川省成都市、四川省仪陇县等地开展社会工作实务项目基础上完成的研究成果。第4、5、6章内容是2017年至2021年期间，王卓教授带领李莎莎、贾灿、邹德旻等针对老年人相关问题所完成的研究成果。

全书由王卓教授统稿，四川大学中国西部反贫困研究中心研究助理贾灿、冯丽婕、缪应芹协助完成本书的编辑、审校等工作。书中观点只是一孔之见，难免有不当和浅薄之处。我们不揣冒昧，公之于世，恭请社会各界批评指正。

王卓

2022 年 8 月 20 日

目　录

1 城市独居老人社区照顾实务研究^①

1.1 研究背景与文献回顾

1.1.1 问题的提出

社区照顾是人口老龄化的必然要求。在 21 世纪，人口老龄化是世界人口发展的主要特征，且随着社会的不断发展，人口老龄化问题日益突出。1999年，我国开始进入老龄化社会行列。2020 年第七次全国人口普查数据显示，我国 60 岁及以上人口为 26 402 万人，占 18.70%，其中，65 岁及以上人口为 19 064 万人，占 13.50%。与 2010 年相比，60 岁及以上人口比例上升 5.44 个百分点。据四川省统计局统计，2011 年，成都市 60 岁及以上老年人约 193 万人，纯老年人家庭人口数约 24 万人。到 2012 年底，60 岁及以上老年人口约223 万人，占成都市人口总数的 19.01%^②。以上数据显示成都市人口老龄化呈上升趋势，老年人养老面临重大挑战。从传统意义上讲，家庭养老是我国的主要养老模式，而如今随着经济与社会的不断发展，家庭规模趋于核心化，"四二一"甚至"八四二一"家庭增多、老年人独居家庭明显增加，家庭养老这一传统模式受到重大冲击，家庭养老功能逐步淡化和弱化。再加之目前我国的社会养老保障制度还不够完善，社会养老存在资金不足、养老观念难转换等问题，这使得养老问题更加复杂。社区照顾是家庭养老与社会养老相结合的新型养老模式，理应受到政府相关部门的重视，也是社会工作所需要涉足和研究的领域之一。

D 社区属于成都市锦江区莲新街道居住人口较密集的社区，2013 年底约

---

① 本章初稿完成于 2014 年，出版时有修订。
② 四川省统计局. 四川省统计年鉴（2012）[M]. 北京：中国统计出版社，2012：8.

有居民 4 700 户，人口 1 万余人，其中退休人员占社区总人口的近 30%，60 岁及以上的独居老人在其中占了较大的比例，70 岁及以上的老人有 58 人，他们主要在社区中养老。本研究定期在 D 社区开展独居老人社会工作服务，搜集到了第一手的直观资料作为本研究的参考。

1.1.2　文献回顾

早在 19 世纪中期，国外学者就开始对老年群体进行研究。20 世纪 90 年代起，我国开始对老年群体有所关注和研究。90 年代初期，随着人口普查工作的开展，我国开始重视老年人的物质生活，并针对这个问题做了大量的调查和分析。如今，我国学者对城市独居老人生活保障进行探讨的文章颇多，其中最突出的是很多学者以上海市为例，从独居老人的生活状态、社会需求、社区照顾、社会支持等方面进行研究。20 世纪末期，随着我国城市经济体制的改革和调整，人们开始在完善社会福利服务网络的基础上关注老年人社区照顾。如今，老年人社区照顾实践在我国已经有了初步的发展，但是在社区照顾的理论方面还没有取得共识，仍有许多问题有待我们去研究和发现。

1.1.2.1　社区照顾的定义

社区照顾（community care）也被翻译为"社区照料"，随着社会的不断发展，其定义也在不断修改、发展和完善。20 世纪 50 年代，"社区照顾"首先出现在英国，它是社会服务的一种方式，也是社会工作的一种模式。1989 年，英国颁布社区照顾"白皮书"，其中"社区照顾"主要是指以老年人团体之家、临时收容和老人日间照料等服务形式，对需要帮助的老年人提供适当的干预和支持，同时也帮助为老年人提供照顾的家庭成员、亲属等，减少他们的照顾负担，增加对老人们的照顾范围。在居家照顾方面，帮助老人们掌握自己的生活，最大限度地独立生活。

广义而言，社区照顾指以社区为空间和平台，在社区层面上为社区里有需要的居民提供照顾和支持，其中既包括正式的社会服务，也包括非正式的社会服务[①]。狭义的社区照顾是指针对社区内在生理或心理方面有困难和需要的人群（这些人群主要包括老、弱、病、残等弱势群体），通过正式或非正式的社会服务方式，在社区这个环境中，为他们提供援助性的社会服务和社会支持。根据社会服务实施主体的不同，"社区照顾"包括两个方面的内容：一是在社

---

① 张甜甜，王增武. 我国大陆地区社区照顾研究综述 [J]. 四川理工学院学报（社会科学版），2011（3）：26-30.

区内接受照顾，主要是指社区内有需要的人依赖社区外的专业照顾者为其提供服务，实施照顾的场所主要在社区内设的专业社会服务机构或在老年人家庭中，其强调的是专业人员的照顾和服务；二是由社区进行照顾，主要是指依靠家庭、朋友、邻居及社区内志愿者等非正式资源，对社区内有需要的人提供照顾服务，这种模式强调的是社区内非专业人士的照顾和服务①。

目前，我国学者对老年人社区照顾这一概念进行了整合，认为老年人社区照顾是通过运用社区内和社区外的各种正式与非正式资源，尽量让社区内需要照顾的老人留在社区内和家庭中生活和养老，减少老年人因年老或自理能力下降导致其离开原来熟悉的生活环境进入较为陌生的养老机构。同时，老年人在社区中和家中也能接受来自正规服务、社区志愿者等社会支持网络的支援和照顾。因此，老年人社区照顾是介于家庭照顾和社会机构养老两者之间的一种照顾模式，它主要依赖于社区内资源和社区外资源开展服务活动。

1.1.2.2 国内社区照顾发展条件

王思斌认为"导致社区照顾的基本前提条件正在出现"。英国社区照顾的前提条件是推行院舍式照顾，院舍式照顾的前提是工业化、人口老化和社区散弱。中国人口老龄化将进一步加速，而华人社会文化"邻里互助""远亲不如近邻"等传统观念对社区照顾有巨大的承担能力②。张文范注意到了家庭养老和机构养老这两种养老模式各自的弊端，认为应当在我国建立一个符合老年人意愿且切实可行的和有效率的养老方式，这种模式要确保能够保持甚至加强老年人自立自主的生活能力，这需要积极调动社会上（社区外）和社区内各方面的资源和力量③。丁美芳从养老成本、老年人需求的满足情况等方面对家庭养老、社会养老和社区照顾这三种养老模式进行比较，分析三种养老模式的优点和缺点，认为现阶段社区照顾养老模式的发展更符合老年人的养老需求④。吕新萍对机构养老和社区照顾两种养老模式的优缺点进行比较，并分析了现阶段机构养老模式逐步流行和发展的原因。她对社区照顾在我国的大规模发展持怀疑态度，指出目前在我国发展社区照顾服务条件尚未成熟。在我国老年服务中存在各种矛盾和发展困境，如养老服务是以营利为目的还是提供纯粹的社会

---

① 徐永祥. 社区工作 [M]. 北京：高等教育出版社，2009：139.

② 王思斌. 社区照顾对中国社会的借鉴意义 [J]. 社会工作研究，1994（3）：1-6.

③ 程勇. 当前我国老龄工作的思路与重点：中国老龄协会会长张文范教授访谈录 [J]. 市场与人口分析，1997（3）：4-6.

④ 丁美芳. 社区照顾：城市老年人的赡养方式新选择 [J]. 安徽农业大学学报（社会科学版），2003（6）：67-70.

服务之间的矛盾，在社区照顾的数量和质量方面也存在困难。但是同时她也不否认社区照顾这种养老方式在我国存在着较大的发展潜能，只是需要一定的时间和努力①。雷雯从制度层面分析老年人养老的社区照顾模式，指出社区照顾虽然起源于西方，但也有自身的优点，对我国探索养老服务模式有一定的参考价值。她在文中对政府应该在社区照顾中所要承担的角色有所探讨②。徐荣祖认为我国已经具备了发展社区照顾的条件，结合我国现阶段老龄化问题突出、家庭的养老功能逐渐弱化、现有的养老服务水平落后等现状，认为社区照顾覆盖面较广，能更好地照顾到有不同需求的老年人。我国发展社区照顾很有必要，而目前的任务是探讨建立怎样的社区照顾模式③。张雅（2010）从资金投入、管理制度、评估机制和服务范围等各方面分析了当今我国养老服务中存在的困境，指出了在我国实行社区内养老和居家养老的可行性和优越性。但同时她也认为在我国发展社区养老和居家养老还面临很多困难，如资金投入不足、专业工作人员缺乏等实际困难，同时还存在社区养老重视物质上的支持，缺乏对老年人的心理需求支持等服务误区。

1.1.2.3 社区照顾发展现状

社区照顾在我国还处于起步阶段，它的发展受到社会体制、经费等各方面的影响。周沛认为我国正处于社会转型阶段，社区照顾是我国社会转型过程中的一种社区社会工作模式。他认为解决社区问题，促进社区居民参与，可以促进居民之间的互助，增强居民的社区意识。同时，还可以加强社区与政府之间的合作关系，促进社会的和谐发展。他认为以上两点是社区照顾的目标所在。他还指出，社区照顾包括社区资源的链接、社区联络、社区教育和社区老人照顾等各方面内容。由于社区照顾过程的复杂性和艰巨性，他认为目前在我国提供社区照顾的机构中存在专业人员缺乏、协调组织困难和资金投入不足等问题④。钱宁认为社区照顾是我国福利思想发展的体现，应该主要发展社区照顾这种养老模式。他认为社区照顾需要社会工作方法在其中发挥作用⑤。韦克难

---

① 吕新萍. 院舍照顾还是社区照顾：中国养老模式的可能取向探讨［J］. 人口与经济，2005（3）：8-13.

② 雷雯. 社区照顾框架下的老年人服务：从制度分析层面看社区照顾及其制度构建［J］. 经济与社会发展，2006（9）：202-204.

③ 徐祖荣. 城市社区照顾模式研究［J］. 人口学刊，2008（1）：49-53.

④ 周沛. 社区照顾：社会转型过程中不可忽视的社区工作模式［J］. 南京大学学报（哲学·人文科学·社会科学版），2002（5）：20-27.

⑤ 钱宁. 社区照顾与中国社会福利制度的改革［J］. 北京科技大学学报（社会科学版），2003（2）：7-12.

认为目前我国三大养老模式包括家庭养老、机构养老和社区照顾。由于我国的经济发展水平较低、传统养老观念逐渐变化和家庭养老功能弱化等，社区照顾这种养老方式更符合我国老年人的养老需求，这要求我国在发展社区照顾时必须与我国的国情和社区现状相适应①。赵聪锐、周玉萍分析了目前我国城市社区照顾面临的问题。在硬件设施方面，主要存在基础设施落后、资金短缺和专业照顾人才缺乏等问题；在软件方面，存在社区居民对社区照顾的认可度较低、内容和服务形式较为单一、社区本身的能力建设不足等问题。他们根据现阶段社区照顾所存在的问题，有针对性地提出了解决措施和建议②。陈俊傲和陈丹群从老年人不同层次的需求出发，选择大学里的老年人进行研究，并利用个案管理的方法，从老年人的基本需求、特殊需求和高级需求三个层面，结合社区内具体个案对社区照顾进行研究，探讨改进高校老年人社区照顾的具体有效的方法和措施③。

1.1.2.4 社区照顾发展策略

史柏年认为在现代化的过程中，传统的以家庭为主的养老模式遇到了挑战，家庭的功能在满足其成员各种不同需求时，其能力有所削弱。其中，包括对老人的一些家庭事务照顾，逐渐转到向社会寻求帮助和照顾，使得社区照顾渐渐成为社会福利服务的发展方向。他认为"家庭养老为主、社会养老为辅"的方针是正确处理家庭养老和社区养老关系的核心④。罗观翠（2007）认为，社会工作在发展社区照顾服务中，一向扮演着积极推动的角色，而面对新时代的情形，更应该认清社会工作在社区照顾中应该承担的专业角色和发挥作用的空间。刘岩和刘威认为老年人的养老需求不仅仅需要政府的支持，更需要社区资源的支持，并提出了多种发展社区照顾的思路。他们认为社区照顾的发展既需要政府出台相应的制度予以保障，同时也需要社区内外的社会组织的支持⑤。宋海霞将我国社区照顾的发展背景、管理体制等方面与英国的社区照顾进行比较，从我国的实际国情出发，强调在我国发展社区照顾服务中应该坚持政府的主导作用，同时也要提高专业社区照顾人员的专业化水平，加强志愿者

① 韦克难. 论我国社区照顾养老的必然性及其中国化 [J]. 天府新论，2007（1）：102-105.
② 赵聪锐，周玉萍. 城市社区养老模式探讨：城市社区老年照顾有关问题分析 [J]. 山西高等学校社会科学学报，2011（2）：44-46.
③ 陈俊傲，陈丹群. 改进高校老年人社区照顾：个案管理的引入——以 Y 大学社区为例 [J]. 西北农林科技大学学报（社会科学版），2010（4）：117-122.
④ 史柏年. 老人社区照顾的发展与策略 [J]. 中国青年政治学院学报，1997（1）：101-104.
⑤ 刘岩，刘威. 老人群体与社区照顾：对长春市和心俱乐部个案研究 [J]. 广西社会学，2006（4）：179-183.

队伍建设，以提高我国的社区照顾发展水平①。赵聪锐、周玉萍认为要从政府承担的角色和责任、社区和个人的不同职责等方面推动社区照顾的发展。他们认为应该选择以老年人社区照顾为出发点，总结各地的经验和教训，根据各地的自身特点和发展现状，有选择性地推广社区照顾，同时对社区照顾理念进行宣传，促进居民对社区照顾的认知。

卫小将、何芸（2011）认为社区照顾存在资源的供给无法满足社区老年人实际需求的矛盾、营利性和助人之间的矛盾等问题。他们认为要满足社区居民的养老需求，需要从强化基层政府的职能、专业人才的培养、社区自身能力建设和社区照顾理念的推广等方面出发②。赵聪锐、周玉萍则认为我国社区照顾发展中存在对老年人社区照顾定位不准和其发展存在较多困难两个方面的问题。他们认为在定位问题上，应该把社区照顾的养老模式定位为家庭养老的辅助和补充。在推进策略方面，他们认为首先应是发展收费型老年服务产业，在收费型养老服务产业发展到一定水平时，再逐步实现公益性社区照顾③。吴丽月以社会工作的优势视角、需求导向、赋权理论三个理念为基本出发点，提出社区照顾可以通过两种形式实现：一是社会工作机构以项目的形式开展社区照顾服务，二是以政府购买养老服务项目的方式解决现阶段我国老年人社区照顾中存在的问题④。张伟、陶文静认为与传统的养老方式相比，社区照顾养老模式更适合中国的传统文化、国情和老年人意愿。他们认为社区照顾是最常用的一种老年人服务方法，它是老年社会工作的基本内容。作为一种专业的方法和技巧，它对老年人本身、老年人群体甚至整个与之相关的社会群体都有十分重要的意义⑤。张信艳认为随着我国人口的增多，照顾老年人的压力巨大，现行的养老模式已经无法满足老年人的养老需求，推行社区照顾应成为社会共识。她从老年人社区照顾的必要性出发，分析了目前我国社区照顾存在的具体问题，并提出了相应的政策建议⑥。张广利、林晓兰的着眼点在于构建社区照顾

① 宋海霞. 中英城市社区照顾体系比较研究 [J]. 淮阴工学院学报，2004（4）：32-33.
② 赵聪锐，周玉萍. 城市社区养老模式探讨：城市社区老年照顾有关问题分析 [J]. 山西高等学校社会科学学报，2011（2）：44-46.
③ 赵聪锐，周玉萍. 城市社区养老模式探讨：城市社区老年照顾有关问题分析 [J]. 山西高等学校社会科学学报，2011（2）：44-46.
④ 吴丽月. 社会工作视角下的老年人社区照顾实践与反思：以湖南省长沙市为例 [J]. 长沙民政职业技术学院学报，2011（1）：38-40.
⑤ 张伟，陶文静. 老年社会工作在城市社区养老中的作用分析 [J]. 长春理工学院学报（自然科学版），2011（3）：62.
⑥ 张信艳. 城市老年人社区照顾服务模式探讨 [J]. 现代经济信息，2012（7）：39.

的框架，认为为了提高老年人的生活质量，应该从老年人的日常生活、身体状况和情感生活等方面出发，系统地探讨高龄独居老人生活照料、健康护理、精神慰藉等方面的社区照顾体系①。钱宁认为在以居家养老和社区日间照顾为主导的养老模式大背景下，应该运用社区照顾的理念和方法，探讨我国社区养老模式的特点及其内涵②。王迎强调重视老年人社区照顾，认为不同的国情和养老现状导致无法构建一个可复制的社区照顾模式，他试图通过借鉴不同国家的社区照顾经验，建立中国本土化的社区照顾养老模式③。

综上所述，首先，目前学术界从老年人社区照顾的概念方面进行界定和研究；其次，通过分析我国家庭养老和机构养老两种养老模式存在的弊端，对我国发展社区照顾的条件进行研究和分析；再次，从理论和体制上思考和探讨社区照顾在我国的发展现状，一些学者开始认识到社区照顾在我国发展中所遇到的困难，并对其成因和解决策略进行探讨；从次，学术界开始重视社会工作方法和技巧在社区照顾中的作用，试图用社会工作的方法去解决老年人养老过程中所遇到的问题并构建一个完善的老年人社区照顾体系；最后，在社会政策方面，民政部、财政部等多个部门已经颁布了一些关于社区照顾的法规政策。但是，在现阶段的社区照顾实践中，社会政策停留在宏观方面，操作性不强，并没有明确社区照顾的主体以及社区照顾各相关方的社会责任和义务，社会工作者在独居老人社区照顾方面所需要承担的角色和责任也未明确。

1.1.3 概念界定

1.1.3.1 社会工作

1987年，民政部开始关注社会工作教育。1988年，教育部批准北京大学培养社会工作专业学生，我国开始恢复和发展社会工作专业教育，社会工作实务在这时期也相应地得到了发展。1991年，我国成立了第一个社会工作协会，并对社会工作的定义进行了统一的界定："社会工作是一种帮助人们解决社会问题的工作，它帮助的对象是社会上的贫困者、老弱者、身心残障者和其他不幸者，其目的是预防和解决部分经济困难或其他生活方式不良造成的社会问题，开展社区服务，完善社会功能，提高社会福利水平和社会生活素质，实现

---

① 张广利，林晓兰. 高龄空巢老人的社区照顾：基于生活质量的视角 [J]. 福建论坛（人文社会科学版），2012（8）：167-172.

② 钱宁. 社区照顾与中国社会福利制度的改革 [J]. 北京科技大学学报（社会科学版），2003（2）：7-12.

③ 王迎. 中国与其他国家社区照顾发展情况比较 [J]. 青年与社会，2013（5）：159.

个人和社会的和谐一致，促进社会的稳定和发展。"①

社会工作视角是指在发展城市独居老人社区照顾时，引进和运用社会工作者和社会工作机构，以社会工作价值和专业伦理为基础，运用社会工作专业方法和技能，为独居老人提供直接和间接的照顾服务，提升中国社区照顾的专业化水平。

1.1.3.2　独居老人

1947 年，美国学者 P. C. 格里克从人口学的角度将生命周期划分为形成、扩展、稳定、收缩、空巢和解体六个阶段②。当个体生命周期到达第四个和第五个阶段时，其子女到了成年期，由于就业、成家等具体情况，子女流动性增强，父母和子女在居住形式上发生了变化。因为代际观念不同，越来越多的老年人选择与子女分开居住，这形成了独居老人家庭的第一种形式：父母和子女分开居住。独居老人也包括一些没有子女的老年人家庭。在我国，一些学者把独居老人家庭定义为只有一个 65 岁及以上老人单独生活的家庭，也有学者认为只要是两个 65 岁及以上的老人与子女分开居住或无子女的老人就可以称之为独居老人。构成独居老人的要素包括：年满 65 岁及以上的老人、与子女分开居住或无子女的老人。

综上所述，本章认为独居老人是指 65 岁及以上的一个或两个老人单独生活，他们或无子女或与子女分居，他们可能得到子女在经济方面的帮助，但他们不能得到日常生活照料、陪伴和精神方面的慰藉。

1.2　老年社会工作和老年人社区照顾

1.2.1　老年社会工作

1.2.1.1　老年社会工作的定义及其服务对象

（1）老年社会工作的定义。根据我国社会工作界对社会工作的一般性定义，老年社会工作是针对老年人提供的一种专业服务活动，它的实施主体包括老年社会工作机构和老年社会工作者，它的手段是运用社会工作的专业理论、方法和技巧，为处境困难的老年人提供帮助、摆脱困境，并促进老年人获得进一步的发展以幸福安度晚年。从以上概念，我们可以看出：首先，老年社会工作是一种专业服务活动；其次，老年社会工作需要社会工作专业理论的指导；

---

① 王思斌. 社会工作导论 [M]. 北京：高等教育出版社，2010：7.
② 李弦. 社会工作视角下城市空巢老人社区照顾研究 [D]. 武汉：华中科技大学，2012.

最后，老年社会工作的目标是挖掘和发展老年人的潜能，促进老年人的发展，增强其社会适应能力，使之幸福地安度晚年。

老年社会工作的服务范围包括普通的老年人和处境困难的老年人，服务的内容包括陪伴、身体健康护理、社会参与、心理问题的解决、构建社会支持网络以及特殊老人问题的处理等。开展老年社会工作的方法主要包括个案工作、小组工作、社区工作等，提供这些服务的人需要具备坚实的老年生理学、心理学和社会学方面的知识。

（2）老年社会工作的服务对象。老年社会工作的服务对象包括老年人本身和与老年人相关的人群，如老年人的家庭成员、亲属、朋友、邻居，甚至社区工作人员，这些都是老年社会工作在微观层面的服务对象。从更宏观的角度来说，老年人退休以前所在的单位和老年人服务机构也是老年社会工作的服务对象。本章以城市独居老人为社区照顾服务对象，研究如何通过社会工作的方法，开展社区照顾服务。

1.2.1.2　老年社会工作的特点

老年社会工作的特点主要有综合性、服务性和专业性。

（1）综合性。由于老年社会工作服务对象较广和老年人所处人生阶段的特殊性，在开展社会工作服务时应符合老年人的身体和心理特征，也要符合老年人的实际需求。这要求老年社会工作者运用多种学科知识、多种工作方法与技能去处理老年人的社会问题。如对老年人权益的保障，涉及经济学、法学知识；对老年人疾病的防治，涉及医学知识；对老年人体育活动的指导，涉及老年生理学、运动学知识；对老年人际关系的辅导，涉及社会学、心理学的知识；对老年社会工作的组织与领导，涉及行政管理学、领导科学知识。在城市独居老人社区照顾中，由于独居老人的特殊性，更需要综合性的服务，因为退休后老年人的社会支持网络有所削弱，加之社区照顾的本意就在于发动社区内的各方力量，使其多方合作开展老年社会工作。

（2）服务性。老年社会工作是为老年人提供服务的工作，使他们在年老的情况下，依然能够尽量保持独立的生活，幸福地安度晚年。

（3）专业性。专业性是指老年社会工作在发展过程中不断地吸收其他专业的理论与知识，形成具有自身特色的工作方法与技巧。如尊重不同老年人的不同需求，理解和接受老年人的不同，与其建立良好的专业助人关系，协助老年人自立、自决等。

1.2.1.3　老年社会工作的工作方法

老年社会工作的工作方法包括老年个案工作、小组工作和社区工作等。

（1）老年个案工作。老年个案工作是以老年人及其所在家庭为服务对象，以专业社会工作的价值理念为基础，运用社会工作专业知识和技巧，根据老年人的实际需求和特殊性，帮助老年人自己或家庭处理他（他们）在生活中遇到的困难的专业过程。在这个过程中，需要挖掘老年人的潜能，增强其社会适应能力，提高其生活质量①。

（2）老年小组工作。老年小组工作是由两个及以上老年人组成的小组，组员在社会工作者的协助和指导下，相互之间形成互动和交流，通过小组凝聚力促使其正确面对困难，改变和调适自己的行为，保持和恢复自身的社会功能的一种社会工作专业服务活动②。

（3）老年社区工作。老年社区工作就是以社区为载体，以社区中的老年人、其他社区成员为服务对象，通过社区活动和社区参与，促进社区内老年人、社区成员之间的相互交往和互动，提高居民的社区认同感和凝聚力，为老年人提供一个和谐的生活和养老环境③。

除此之外，老年社会工作的工作方法还包括老年社会工作行政、老年社会工作政策等宏观方面的工作方法。本章运用的社会工作方法主要有个案工作、小组工作和社区工作。

1.2.1.4　老年社会工作的功能

老年社会工作的功能主要包括提供资源、恢复和发展、预防等。

（1）提供资源。这主要是为有需要的老年人提供服务和支持，主要包括物质上的资源提供，以帮助他们解决生活照料等方面的困难，帮助老人增强其解决问题的能力。

（2）恢复和发展。恢复功能包括治疗和康复两个方面的内容，一是对老年人受损的社会功能和生理、心理失调进行相关的辅导和治疗，使其重新达到正常的水平。二是调适老年人的家庭、社区等环境方面的因素，为老年人提供一个正常的生活环境。发展功能指帮助老年人继续成长和发展，不断完善自己，如通过社会参与活动增强老年人的参与能力。

（3）预防。预防功能指通过鼓励老年人参与社会活动，在活动过程中促进老年人与社区中其他成员之间的互动，预防和减缓老年人生理、心理和社会功能方面的衰退。如在老年服务中，通过开展兴趣小组活动，帮助老年人在退休后建立新的社会关系网络，预防老年人因退休造成生理和心理不适，使老年

---

① 周玉萍，薛仲，康永征. 老年社会工作 [M]. 北京：知识产权出版社，2008：16-17.
② 周玉萍，薛仲，康永征. 老年社会工作 [M]. 北京：知识产权出版社，2008：20.
③ 周玉萍，薛仲，康永征. 老年社会工作 [M]. 北京：知识产权出版社，2008：23.

人的晚年生活更加充实。

1.2.1.5　老年社会工作的目标

老年社会工作的目标有以下四个方面：

首先，帮助老年人获得所需社会资源。老年人在退休后，离开了原来的工作岗位，退出了以前的工作环境和社会角色，周围的社会资源也相应减少，但是老年人依然有基本生活、社会参与和自我实现的需求。为了满足老年人这些方面的需求，老年社会工作的一大目标是动用各方资源，帮助老年人争取权益，这是一个赋权的过程。

其次，帮助老年人增强其解决问题的能力。大部分老年人在遇到困难时，会有一种退缩感和自卑感，他们认为"我已经老了，这些问题我解决不了"。在这个时候，老年社会工作者应该鼓励老年人积极解决自身所遇到的困难，必要时动员其家人、朋友、邻居和社区工作人员协助老人解决所面临的问题，这样可以增强老人的自信，渐渐获得解决问题所需的能力。

再次，协助老年人积极参与社区活动，提高老年人的生活质量。老年人在退休后，主要的生活空间在社区里，社区也是他们主要的活动和交际场所。老年社会工作者应协助老人积极参与社区活动，在促进与他人互动的过程中，培养良好的心理状态和生活态度。

最后，为老年人及其家属提供心理和身体健康咨询。老年人在进入老年期后会产生一种不适应感和对年老的恐惧心理，如为因年老而做事能力不如从前而烦恼、退休后感到不适和自我无能感。另外，老年人的家属在照顾一些存在自理问题的老年人时，会有很大的压力和负担，甚至彼此埋怨。这时，老年社会工作者可以向老年人和其家属提供咨询，帮助老年人理性地接受老年期的生活，并在精神上获得支持。

1.2.2　老年人社区照顾

1.2.2.1　老年人社区照顾的含义

老年人社区照顾是指以社区为载体，利用辖区内的各种社会资源，使辖区内的老年人留在社区内及自己家中养老，同时也能够在社区内或家中接受相应的养老服务，提高老年人的生活质量。老年人不离开原来的生活环境和动员社区内资源是老年人社区照顾的两大特点。

在老年人社区照顾中，正式支持体系主要由政府举办的养老机构和其他有关老年人的社会组织（机构）构成。非正式的支持体系主要包括：第一类是家庭成员（主要是子女、配偶）对老年人的支持，第二类是亲属（兄弟姐妹、姻亲等）对老年人的支持，第三类是其他成员对老年人的照顾，如邻居、朋友、同事、慈善机构、非政府组织、社区志愿者等。

老年人社区照顾应遵循以下几个方面原则：首先是大众参与原则。在老年人社区照顾中，需要动员各方面的人力资源开展老年人社区照顾活动。其次是社会工作助人自助原则。如低龄老人可以帮助照顾高龄老人，以"公益银行"的形式记录在案，在低龄老人进入高龄时，兑换同样时间的照顾服务，这强调了老年人之间的自助和互助。最后是多方合作原则。在老年人社区照顾中，需要多方面合作，包括正式照顾机构和专业工作人员，也包括非正式的社区资源。

本章研究所涉及的"锦江之星"社区发展中心属于社区志愿者服务团体，同时也是专业的社会工作服务团队，在 D 社区开展独居老人社区照顾服务，属于非正式支持体系对老年人提供的社会支持服务。

1.2.2.2　老年人社区照顾的内容

老年人社区照顾的内容主要包括对老年人日常生活的照顾、物质支持、心理支持和资源链接四个方面。具体来讲，对老年人日常生活的照顾主要包括照顾老人的饮食起居，为老年人打扫房间、理发、剪指甲等日常照顾；物质支持，主要是指社会工作者根据机构的属性和功能为老年人提供衣物、食物等生活用品；心理支持主要包括在老年人不开心时工作人员的陪伴和疏导、节日问候等方面；资源链接是指根据老年人的需求，寻找社区内外能满足老年人合理需求的社会资源。

1.2.2.3　老年人社区照顾的功能

老年人社区照顾的功能包括微观层面和宏观层面功能。微观层面的功能指根据有特殊困难的老年人家庭和老年人自身的实际需求，给予其符合需求的照顾服务，以保证其日常生活的正常运行。宏观层面的功能指通过社区照顾服务活动，使社区成员参与社区活动，社区成员在社区照顾活动中学习助人自助的价值理念，让社区真正成为整合多种社会资源的社会实体。老年人社区照顾主要是为了达到"老有所养"和"老有所依"的目的，在老有所养方面，除了在经济上的保障外，还包括养老地点的选择问题。具体功能如下：

一是将社区内独居老人留在社区内养老、接受社会服务。社区照顾意味着家庭养老功能部分社会化，一方面可以让老年人留在社区内和家中养老，并能够接受相应的照顾服务；另一方面也可以减轻子女的照顾压力，维持和巩固代际和谐关系。

二是动员社区居民参与，充分挖掘和调动社区内的非正式资源，区分不同资源的功能和属性。根据老年人的实际需求，建立社区内互助支援网络，引进专业的社区外服务机构，形成以社区为依托的有效照顾网络体系。这样可以使社区内有需求的老年人能够在社区内得到所需照顾，同时也能培养社区居民之间的团结互助意识，减少受照顾者对各种正式社区照顾的依赖性，从而预防因接受照顾而机能退化的消极现象，提升老年人的自我价值和自我成就感。

三是提倡团结互助的精神。社区生活需要人们建立彼此的信任，才能发挥邻里之间互帮互助的作用。社区照顾正是建立在人们相互信任的基础之上，推动社区的相互扶持和共同愿景。社区照顾也有助于建立社区良好的人际关系，提高社区成员的凝聚力，促进社区的发展。

四是在社区照顾中，老年人不离开他们原来的生活环境，这种养老方式更容易被老年人接受。同时，老年人在社区中接受照顾，不会让其子女背上"不孝"的心理负担，这使老年人的家属也愿意接受。

1.2.2.4 老年人社区照顾的适应性

（1）从制度层面讲，与我国现阶段国情相适应。民政部从 2001 年开始开展的针对城市老年人群体养老的"星光计划"①，在许多社区建立了日间照料室，这是老年人社区照顾养老模式的开始。随后民政部等多个部门联合颁布了《关于加快发展社区服务业的意见》，指出从财政支持、服务门类等方面提高社区服务的质量和管理水平。2011 年出台的《中国老龄事业发展"十二五"规划》，明确规定老龄事业发展的目标是"建立以居家为基础、社区为依托、机构为支撑的养老服务体系"。一方面要完善和鼓励居家养老，另一方面也要加快建立健全社区养老服务网络。在社区养老基本设施建设方面，着力发展社区照料服务，规划和建设社区养老硬件设施，如设立日间照料中心、托老所等养老服务中心。在社区养老服务中，主要应发挥家庭和社区的作用，着力巩固家庭的养老地位和作用，引进其他社会资源，为社区养老提供支持和补充。这些政策为推进我国社区建设和社区照顾提供了强有力的支持。从制度上来讲，社区照顾是我国老龄事业的重要组成部分。

（2）与我国养老发展趋势相适应。进入 21 世纪，老龄化成为世界人口发展的主要特征，且随着社会的不断发展，人口老龄化问题日益突出。在中国的传统社会中，赡养老人是中国人的传统美德。我国婚姻法和老年人权益保障法

---

① "星光计划"的主要目的是将最为贴近老年人生活、老年服务需求量最大的社区居委会缺少的设施补齐、补好。"星光计划"的具体任务是在 3 年内，中央及地方民政部门把彩票发行所获的福利金的 80%（40 亿至 50 亿元）用于资助社区老年人福利服务设施。加上地方和社会力量的投入，整个"星光计划"的投资总额达到了 100 亿元以上。

也规定了子女有赡养老人的义务。随着社会经济的发展，家庭规模核心化、"四二一"家庭不断增多、年轻人的压力增大，老年人的需求也在不断增加。随着人口流动、工作需要、年轻人结婚生子离开原生家庭等，独居老人家庭显著增加，家庭养老的传统观念和方式受到强大的冲击，其局限性越来越大，养老功能也在逐步淡化和弱化。在老年人养老方面，政府、社会和家庭都承受着巨大的压力。现阶段社会福利改革的推进和养老趋势的发展要求社区承担更多的社会服务功能。社区在承担养老服务功能中有其优势，如社区照顾能够实现社区和谐和团结互助，实现社会福利供给社会化，让老人留在社区居家养老，由社区居民和社会工作机构等为老人提供社会服务。社区照顾可以促进社区成员充分参与社区公共事务，从而在社区中推动社区工作人员、居民与社会良性互动、和谐相处，这和社会发展的趋势相适应。

近年来，随着经济体制改革的深化，单位制的养老功能逐步弱化甚至瓦解，同时家庭养老功能也在弱化。在此背景下，养老功能开始逐步趋向于社会化。而目前我国的社会养老保障制度还不够完善，不能满足每个老年人的具体需求，这使养老问题更加严重。在这样的背景下，社区居民开始向社区寻求养老服务。社区照顾扮演半社会化养老的角色，可以减轻社会养老和家庭养老的负担，符合现阶段我国的养老需求，是我国养老模式发展的必然要求。

（3）中国传统养老方式是社区照顾发展的土壤。我国的传统文化观念对孝文化十分重视，强调子女对老人的孝。如孔子提倡"老者安之""老有所终"，这些都包含了对老人养老的重视，也是基本的道德要求。此外，中国传统养老模式对家十分重视，扩大至社区这个大家庭，也十分实用。中国传统文化为社区照顾的发展提供了肥沃的土壤。

首先，儒家文化的尊老爱幼思想影响深远，并且已经内化成一种宝贵的资源。根据费孝通先生"亲疏远近的差序格局"理论推导出大部分中国人更容易接受与自己距离较近的人的帮助和支持。他们更能了解到老人的需求，会根据老年人个体的特殊需要有针对性地进行照顾。我国历史上提倡"养儿防老"的家庭养老观念和社区照顾具有相似之处。近年来我国在老年人社区照顾方面积极倡导居家养老，发展和支持家庭照顾，并已形成多种形式的社区服务网络，这些都符合中国传统文化观念。

其次，在人们的养老观念中，始终将家看成根基，"安土重迁"的思想深深地影响着老年人。老年人不愿离开自己常年生活的环境，这是一种对家的依恋。因此，在可能的情况下，在自己熟悉的环境中养老是大多数老年人的第一选择。在社区照顾中，老年人不离开自己以往生活的社区，在社区里养老等理念和这一观点相吻合。另外，在中国传统文化中，子女即使没有时间照顾老人，但受中国孝文化的影响，也不能接受把自己的父母送到养老院；而且，即便是子女能接受，亲人、朋友和邻居也会议论，社区养老较好地避免了这一矛盾。

再次，传统的邻里观念和社区照顾理念相适应。中国人强调家庭的重要性，重视家族之间的互助和关系的重要性，进而推及中国传统的邻里关系。在中国的传统文化中，强调"远亲不如近邻""千金买厝，万金买邻"等观念，重视邻里之间的关系，鼓励邻里之间相互帮助和扶持。这些邻里关怀、互助的理念为实现互帮互助的社区照顾养老模式提供了天然的土壤。虽然现在城市社区已出现"原子化"趋势，但是在我国发展社区照顾养老模式的条件还没有被完全摧毁。

最后，社区照顾与我国的传统福利思想相符合，也是对我国社会保障体系的补充和完善。在中国进入近代社会之前，一直强调由血缘关系组成的家庭和宗族的养老观念，满足老年人的养老需求，是一种自给自足的血缘宗法社会。孔子在《礼记·礼运篇》中说："故人不独亲其亲，不独子其子。使老有所终，壮有所用，幼有所长，鳏寡孤独废疾者，皆有所养。"如今，社区照顾养老模式的目的是使"老有所养，老有所依，老有所为，老有所乐"，这和传统的福利思想相符。

（4）社区照顾与老年人的养老需求相适应。家庭照顾是我国传统的养老方式，但因为独居老人有其特殊性，使其家庭养老成为困难。社区照顾的养老方式可以使这部分独居老人留在社区中，他们不离开原来的社交圈和熟悉的家庭环境。独居老人留在社区中养老，一方面可以维持正常的人际关系网络和社会参与，老年人拥有较强的自主性，增强了自我管理的能力；另一方面，在社区中，亲人、朋友和邻居对老年人提供帮助，社区工作人员也能定期慰问老人，可以使老年人在心理上得到慰藉。让独居老人在自己熟悉的社区中以及自己的家中养老，使之尽可能过着家庭般的生活，体验家庭的温暖和幸福。所在社区提供适当的照顾和支持，协助他们发挥最大的潜能，更符合老年人的养老需求，也更有利于保持他们的个人能力和身心健康。

本研究通过对 D 社区 63 名独居老人的问卷调查和 10 名独居老人的深度访谈，发现 87% 以上的老人认为社区是他们老年生活的最佳场所。在个案工作中，我们对 10 名独居老人进行了访谈，从中归纳得出他们不去养老机构的原因主要有：一是在社区里生活了许多年，老人们对社区和邻居有依赖感，在社区中生活具有安全感，更重要是的他们喜欢待在家里；二是相对于养老机构而言，生活在社区具有更多的自由空间和时间；三是老人们趋向于自己支配自己的养老金。受访的 63 名独居老人"不去养老机构的原因"调查分析结果如表 1-1 所示。

表 1-1　独居老人不去养老机构的原因

不去养老机构的原因（可多选）	频数/人次	百分比/%
老年公寓太远	20	31.7
不自由	40	63.49
收费太高	42	66.7
服务不好	16	25.4
环境不好	21	33.3
其他	6	9.5

63 名独居老人中有 66.67% 的独居老人认为养老机构的收费很贵，63.49% 的独居老人认为在养老院里不自由。从以上数据可以看出，收费高和自由度低是他们选择不去养老机构的主要原因，其他原因和养老院的距离太远、服务水平低、养老环境不好有一定的关系。社区照顾让独居老人留在家中或社区中养老与他们的需求相吻合，可以得出社区照顾适合大多数独居老人的养老需求，这就要求社区在养老中承担更多的责任和角色。以下是部分案例。

【案例 1-1】86 岁的刘先生表示："我在小区生活 50 年了，别的地方再好，也没有咱小区住着舒服。养老院我住不惯，不自由。我平时吃了饭就打一会儿麻将，有时候看别人打麻将，也觉得时间溜得飞快。"

【案例 1-2】68 岁的喻先生，左脚残疾，老伴已去世 20 多年，无儿无女。他说："一个人蛮好的，想吃啥吃啥，不想去养老院。现在我每个月有低保和养老保险，去了就没得了，自己用钱也不方便。"（根据相关规定，老年人进入养老院，低保、养老保险由养老机构统一保管）

【案例 1-3】王先生，85 岁，有一个女儿在重庆。几个月前，他生病晕倒在家中，幸好被社区工作人员发现，被及时送往医院治疗后脱离险境。出院后，女儿担心老人的安全，但由于自身工作原因，没办法在成都照顾老人，老人也表示不愿意去重庆。无奈之下，女儿只好把老人送到养老院。刚进去一个星期，老人又吵又闹要回家。老人说，和他同住的老人不爱干净，还常常把收音机声音开得很大。因为这件事，两人还大吵了一架。他说他哪里都不去，他就住在自己家里。几天前，老人又回到了社区家中。

从以上部分案例我们可以看出，城市独居老人更趋向于居住在社区家里，自己支配自己的生活。此外，从社会工作增权理论的角度来讲，机构养老更多的是根据制度规定、工作程序和普通人的普遍需求而提供服务，并不是根据每个老人的具体需要提供服务，忽视了不同老年人的不同需求，很难满足老年人的个别化需求。在养老机构中，更多的是规范老年人的行为，存在着对老年人的规制，弱化了老年人的自主性和独立性。

总之，现阶段我国从制度层面上为社区照顾的发展提供了保障，传统的文化观念和社区照顾的养老理念相适应，大多数老年人更容易接受社区养老。独居老人在社区中养老的社区照顾方式很好地将传统文化和老年人的实际需要结合在一起，更能有效地满足老年人的实际需求，同时也能推动社区的发展，构建一个美好和谐的社区环境。

1.3 社会生态系统理论、社会支持理论与社会资本理论

1.3.1 社会生态系统理论

20 世纪初，Mary Richmond 和 Jane Addams 提出"社会处遇""人在情景中"概念，强调个人处在不同的环境之中，理解个人的行为必须把个人放在不同的环境之中去理解[①]。20 世纪 80 年代，杰曼等人提出了"生态模型"，该模型认为每个人所处的"场域"不同，对个体的行为有不同的影响，强调重视个人与其所生活环境之间的互动和交流。简而言之，社会生态系统理论认为独居老人身处家庭、机构、团体、社区等构成的相互关联的生态系统之中，这种社会生态系统可分为微观、中观、宏观三种不同层面。微观系统主要是指独居老人的生理、心理和社会的各个系统，也包括他们之间的相互影响。中观系统是指与独居老人有关的其他小群体，包括家庭、邻居、单位和有关的社会群体。宏观系统主要有社会组织、社区和社会文化等方面，是比家庭、单位等小群体更大一些的社会系统。在整个社会环境中，独居老人的行为与他们有关的社会环境之间相互联系、相互影响。具体来讲，老年人个体的行为会受到个人生理、心理等因素影响，同时也受到中观系统的周围环境、家庭成员和家庭氛围等方面影响，更会无选择性地受到宏观系统如社会文化、社会制度和风俗习

---

① 玛丽埃伦·里士满（Mary E. Richmond）. 社会诊断［M］. 刘振，译. 上海：华东理工大学出版社，2019：107.

惯等各方面影响。在这个过程中，独居老人的个人行为也会对这些系统同样产生重要影响。

社会生态系统理论要求分析问题的出发点不应仅仅针对有需要的独居老人个人本身，也应针对老人所处的社会环境以及他们与社会环境之间的互动情况。在社会生态系统理论的指导下，理解独居老人与他们所生活的社会环境，能帮助我们更好地从社会工作的视角探讨独居老人照顾的各有关因素。独居老人作为社区中的一部分，受到社区居民、社区组织和社区文化等直接影响，同时也受到更大的社会环境的影响。本节主要涉及微观系统和中观系统两个社会系统，研究如何促使独居老人在社区参与中建立良好的社会互动，从而改变其现在的生活状态。

1.3.2　社会支持理论

社会支持是指运用社会资源，为社会上需要帮助的弱势群体提供无偿的支持①。社会支持必须依赖各种社会系统。在社会系统中，通过个人与其他人的交往，获得他人的支持和帮助，解决其在生活中所遇到的问题。

在遇到困难时，绝大多数人会首先选择向身边的家人求助，然后向关系亲密的朋友、亲属和邻居求助。一方面，这样的求助更简单和容易；另一方面，也包含着对政府和其他社会组织的不信任因素。但是这种非正式的照顾也有它的缺点，比如照顾者知识和技巧缺乏，可能无法向需要照顾的人提供有效的照顾和支持。加上老年人退休后，生活圈变小，可求助的对象也相应减少。越来越多的人向基层政府、社区和专业社会服务机构寻求帮助，更加依赖于社区这个平台，在社区层面为老年人提供照顾和支持成为发展趋势。

1.3.3　社会资本理论

1977 年，经济学家格伦·罗瑞把"社会资本"概念引入社会科学中。20世纪 80 年代以来，先后有法国学者布迪厄、美国学者詹姆斯·科尔曼和林南等社会学家探究这个概念。社会资本理论建立在社会支持网络基础之上，其内容来源于个人的社会网络与其拥有的社会资源的关系研究。科尔曼认为"社会资本是个人拥有的各种社会结构资源和社会关系，由社会结构的各要素组成，它存在于人与人的社会关系之中，并且这种资本可以为个人活动提供帮

---

① 刘少杰. 国外社会学理论 [M]. 北京：高等教育出版社，2008：339-361.

助。"① 从他的以上观点可以看出，他认为社会资本是一种藏在社会结构和社会网络之中便于行动者利用的社会资源，个体只要拥有这些资源并且控制着这些资源，就可以从中得到益处。布迪厄则认为社会资本是指个体所拥有的某些持久的社会关系，它是一种实际或潜在的社会资源。他认为社会资本是人们之间不断建构关系的结果，有意识地笼络、交往与反复协调才能形成。个体拥有的社会资本量主要取决于两个方面：一是可调动的社会关系网络的规模，二是在社会关系网络中各个成员所拥有的社会资源。他认为人们所处场域不同，所拥有的社会资本也不同。科尔曼、布迪厄、林南都认为社会资本存在于社会结构和社会关系之中，它是一种社会资源。社会资本可以通过多种方式对社区发展和独居老人的社会保障发挥积极的作用。发挥作用的主体既包括正式的支持网络，也包括非正式的网络资源。社会资本是可以构建的，在社区照顾中，不仅要为独居老人提供一些物质和体力的支持，引进社区外的社会资源，更要培养他们与社区内居民、组织的合作和信任关系，促进他们之间社会资本的生成，利用和挖掘他们所拥有的资源，解决他们所面临的问题。

总之，社会系统、社会支持和社会资本理论是相辅相成的。独居老人生活在社区中，生活在一个较大的社会系统之中，他们受各个子系统的影响，也和各个子系统相互关联并互动，社区环境、社区养老设施、社区文化等影响着老年人的生活质量。独居老人退休后，独居老人的社会支持系统可能比之前的社会支持系统有所减少。对独居老人来说，社区是唯一熟悉的环境，他们愿意留在社区里养老，不仅是因为熟悉的社区环境，更是因为熟悉的社区环境带来的社会支持和社会资本，如独居老人觉得可以和周围的老人聊天、遇到困难的时候可以找邻居帮忙。笔者在 D 社区问卷调查中发现，87% 以上的老人不会考虑去养老机构，大部分独居老人认为社区是他们熟悉的环境，在这个熟悉的环境中生活会更自在，独居老人要留在社区家庭中养老。由此可见，社区照顾是一种较为合适的养老方式，它可以利用社区中各种社会系统之间相互交往形成的社会支持和社会资本，更好地为独居老人服务，也可以通过这种方式扩展独居老人的社会网络，建立更多的社会支持和社会资本。本节试图从社会工作的视角，研究如何促进独居老人之间、独居老人和社区之间、独居老人和其他居民之间的互动，在互动中巩固和发展社会支持网络，并在其中获得交际、协助等社会资本。

---

① 刘少杰. 国外社会学理论 [M]. 北京：高等教育出版社，2008：339-361.

1.4　城市独居老人社区照顾实务

1.4.1　社会工作在城市独居老人社区照顾中应用的必要性和可行性

1.4.1.1　社会工作在城市独居老人社区照顾中应用的必要性

随着我国养老模式的发展，社区在养老过程中承担了重要的角色，也是老年人主要的养老场所。对独居老人个体而言，随着年龄的增长，健康问题时常困扰着他们，生活自理能力变差，对他人会产生极大的依赖性。在社区中，各种养老的人力、物力和财力资源是有限的，社区工作人员更多地被强制性处理行政方面的事情，没有精力和时间为独居老人提供具体服务。目前为城市独居老人提供照顾服务的人员主要是其家属、邻居、志愿者等非专业人员，部分经济条件宽裕的家庭会为独居老人请保姆。但他们没有经过专业训练，提供服务的专业性不强，不能完全满足老年人的特殊需求。社区照顾的发展需要社会工作的专业力量，需要走专业化路线。根据独居老人的经济情况，社区会为其提供基本经济方面的照顾，如低保、逢年过节的慰问金、简单的医疗保健等。但这些只缓解了部分城市独居老人在经济方面的困难，在精神层面上的帮助很少涉及。D社区的社区照顾情况也类似，社区照顾需要多方面的合作和投入，也需要工作人员提高自身的专业能力。社区照顾需要重视对专业社会工作人才的引进，与此同时也应该重视独居老人家人、朋友、邻居对老人的照顾，社会工作者在其中发挥着引导和资源链接的作用。因此，社会工作机构和社会工作者在社区照顾中属于正式的专业的社会资源和服务机构，这是社会工作介入社区照顾的前提条件。从社会工作的定义可知，城市独居老人是社会工作的服务对象，社会工作介入其中具有其合理性。案例呈现如下。

【案例1-4】社区工作人员小张表示："他们主要是缺钱，在精神方面的需求，他们很少表现出来，他们平时都很少和其他人交流。另外，他们年龄大了，安全是很大的隐患，社区这边不敢随便介入。只要他们有吃有住，不生病，我们的责任也就尽到了。"

【案例1-5】社区志愿者王女士，是一名退休教师，住在距D社区不远的社区里，每星期会定期看望D社区里的高龄独居老人。她表示："平时来看他们主要是和他们聊聊天。有时候会从家里带点水果过来，但是更多时候是聊天，也不知道能不能帮助他们，但是老人们都很喜欢我。隔壁楼层83岁的王大妈，无儿无女的，她对我说她一个星期最盼望的事情就是我来看她。但是现在我的孙子刚出生，也需要人照顾，以后可能就不会常来了。这些老年人更需要长期的志愿者的陪伴。"

从以上的案例我们可以看出，在社区照顾这一层面，主要是提供生活保障和医疗服务。D 社区独居老人中，80% 是攀成钢的退休人员，退休之前主要在车间工作，平时生活较为单调枯燥；不足 10% 的独居老人是教师、工程师、农转非人员。此外，在这些老人中，85% 的人学历在中专及以下，其中有 15% 的人是文盲，文化水平不高，对精神方面的需求表现得不明显。在社区照顾方面，从对志愿者王女士的访谈中可以看出，独居老人对精神层面的陪伴是有需求的。但是由于社区在这方面的投入不足，社会工作者和社区志愿者人力资源不足，没有办法及时满足独居老人的需求。本研究认为社会工作者的功能之一是陪伴，也是目前社会工作者能做到的。另外，社会工作者可以链接周边的大学生志愿者、社区的志愿者以及愿意当志愿者的其他人员，为老年人提供陪伴服务，满足独居老人的服务需求。

1.4.1.2　社会工作在城市独居老人社区照顾中应用的可行性

（1）政策保障。2011 年，中央组织部、中央政法委、民政部等 18 个部门和组织联合发布了《关于加强社会工作专业人才队伍建设的意见》，为社会工作介入城市独居老人社区照顾提供了政策保障。根据《关于加强社会工作专业人才队伍建设的意见》，要求建立健全社区社会工作专业人才的薪酬体系，提高社区社会工作者薪资待遇，并逐渐提高他们的社会地位和职业地位，鼓励专业人才长期留在基层服务。同年，《国务院关于印发中国老龄事业发展"十二五"规划的通知》指出，我国需要大力发展社区照料服务。在小区进行配套建设规划时，要把社区养老配套设施纳入其中。为了更好地为老年人提供方便，要在社区内开展全年托老养老、临时托老养老等多种形式的老年人社区照顾服务。在专业人才培养方面也有相关规定，如在普通高校和职业学校开设与老年人相关的学科，对现有养老护理人员进行职业培训，并取得职业资格认证书。2012 年，民政部、财政部等部门颁布《关于政府购买社会公共服务的指导意见》，要求逐步加大对社区社会工作服务的财政投入和购买力度，每年从民政部门福利彩票公益金拿出部分资金，确保服务活动的开展有场地、人员和资金等方面的保障。2013 年，民政部、财政部印发《关于加快推进社区社会工作服务的意见》，指出社区是社会的基本单元，是开展专业社会工作服务的主要平台，应着力做好老年群体在内的各个人群的社会工作服务。

这些社会政策为社会工作深入社区提供了支持和指引，为社会工作进入社区提供社会服务提供了制度保障。同时，国家也开始重视社区养老工作的专业化，加强社会工作、老年学、老年护理学、老年心理学等专业人才的培养，为社区照顾提供了人力资源的支持。政府开始在小区配套建设中，关注社区养老机构的建设和规划，这为社区照顾提供了硬件支持，为社会工作在社区照顾中的应用提供了条件。

（2）老年人社区照顾属于社会工作的工作领域和范畴。老年人服务或老年社会工作是社会工作的传统领域，任何民族都有尊老爱幼的传统。在现代社会中，家庭核心化、人口流动频繁以及老年人高龄化趋势明显，老年人日常生活照顾、精神关怀成为社区照顾的重要工作任务。老年人日常生活照料、医疗保健、养老及老年人社会参与等都是社会工作服务的重要内容。城市独居老人社区照顾属于老年社会工作的重要内容。另外，老年社会工作是专业社会工作者的必修课程，这为老年人社区照顾提供了知识和技能保障。

在社会工作发展的早期，其服务对象主要是无家可归的乞讨人员、儿童、老人和因失业陷入贫困的人员，以及在战争中受伤致残的人员。在社会工作发展的初期，社会工作的服务对象主要是社会上的弱势群体。至今，从中国的发展来看，其基本对象依然包括老年人，其扩大对象延伸到了社区困难人员。社会工作的服务宗旨是助人自助，老年社会工作的服务宗旨也一样，其中包含了两个方面的含义，一是指帮助老年人，在帮助老人的同时赋权，提升老年人的能力，使他在离开助人者后依然能够生活，或更好地生活；二是指助人者在帮助人的过程中实现自我成长。综上所述，无论在什么时期，老年人都是社会工作的基本服务对象，扩大的社会工作服务对象包括社区困难人员。社会工作者助人的目的是帮助老年人更好地生活，更重要的是帮助老年人保持和获得自我生活的能力，所以独居老人的社区照顾理所当然是社会工作的工作领域和范畴。

1.4.2　D 社区城市独居老人社区照顾现状分析

1.4.2.1　D 社区概况

D 社区是在 2010 年社区区划调整后新成立的一个社区，隶属于成都市锦江区莲新街道办事处，是一个较为老旧的工业居民城市社区，占地 0.17 平方千米，现有居民 4 700 余户，社区内居民大多是攀成钢企业的职工和退休人员，人口 1 万余人①。D 社区属于辖区内居住人口较为密集的社区，其前身为攀成钢的一个生活福利区，也是攀成钢企业最大的一个家属区。辖区内无大型企业，是一个纯居民居住小区，其日常管理由攀成钢生活服务管理中心负责。

---

① 参见成都市锦江区 D 社区官方网站：cdjinjiang.gov.cn。

D 社区是一个典型的老年型社区，其中离退休人员占到了社区总人口的近 30%，失业人员及各类民政救济对象也占一定的比例，独居老人占了整个社区老人的 25%，70 岁及以上的高龄老人有 68 人，其中社区长期帮扶的高龄独居老人有 30 人。

1.4.2.2 D 社区独居老人的特征

本研究在 D 社区一共做了 63 份 65 岁及以上独居老人的问卷调查，其中男性独居老人 24 人，女性独居老人 39 人；65~69 岁的独居老人 14 人，70~79 岁的独居老人 33 人，80~89 岁的独居老人 16 人；有 35 人是和老伴居住且老伴的年龄在 65 岁及以上，有 27 人是自己独自居住，有 1 名老人与其 50 岁的患有智障并且生活完全不能自理的儿子一起居住。

（1）在性别比例上，女性独居老人占比较大，见表 1-2 所示。

表 4-1　D 社区独居老人男女比例

性别	人数/人	百分比/%	有效百分比/%
男	24	38.1	38.1
女	39	61.9	61.9
合计	63	100.0	100.0

根据表 1-2 可知，在接受调查的 63 名独居老人中，女性独居老人占 61.9%，男性独居老人占 38.1%。课题组人员（也就是社会工作者）在走访中发现，80 岁及以上高龄女性独居老人所占比例明显比同年龄段男性独居老人所占比例高。这可能和女性老人的预期寿命比男性老人的预期寿命长有关系。

（2）健康方面，大多数老人患有多种慢性疾病，但是自理能力较强。在健康状况方面，本研究采用"非常好""好""一般""不是很好""长期患病"五级量表进行调查，结果如表 1-3 所示。

表 1-3　D 社区独居老人身体现状

健康状况	人数/人	百分比/%	有效百分比/%	累积百分比/%
非常好	1	1.6	1.6	1.6
好	9	14.3	14.3	15.9
一般	16	25.4	25.4	41.3
不是很好	29	46.0	46.0	87.3
长期患病	8	12.7	12.7	100.0

从表 1-3 可知，58.7% 的独居老人认为自己身体"不是很好"或长期患有各种不同程度的慢性疾病。在访谈中我们得知，这些慢性病主要是高血压和糖尿病，老人们深受这些疾病的困扰，严重影响了他们的正常生活；25.4% 的独居老人认为自己"身体一般"，只有极少部分老人的身体"非常好"。在独居老人自理能力方面，分为"完全能够自理""基本能够自理""完全不能自理"三级。在 63 名个案中，有 19.1% 的老人"完全能够自理"，69.8% 的老人"基本能够自理"，这部分独居老人平时主要是靠自己和老伴提供照顾；"完全不能自理"的老人占 11.1%，他们主要是依靠子女、社区工作人员长期的关怀和保姆照顾。从以上两组数据可以看出，虽然大多数独居老人患有不同程度的慢性疾病，但是他们的自理能力较强，88.9% 的老人能够完全自理和基本自理，这可能是他们选择独居的一个重要原因。

（3）独居老人的主要经济来源是退休金和子女的经济支持。在调查中我们发现，D 社区独居老人的第一经济来源是自己的退休金。大多数独居老人以前是车间工人，月退休金在 1 500 元左右；第二经济来源是家庭其他成员的供养，主要是子女的经济支持；另外有 33.3% 的独居老人申请了低保，从 2012 年起每人每月有 380 元的低保金，并作为低保服务对象享受医疗救助，每年人均救助 233 元。社区为 80 岁及以上的户籍在辖区内的老人发放"长寿金"。逢年过节时，为独居老人发放慰问金和大米、油等生活必需品。我们在走访中发现，独居老人的主要支出是日常生活消费、吃药看病。

（4）目前，独居老人的照顾主要由自己或配偶提供。在为独居老人提供照顾的主体方面，本研究从"配偶""自己""子女""亲戚及朋友""邻居及居委会"和"其他"六个照顾主体出发，针对 D 社区的独居老人设计多选题。对 63 名个案的具体统计数据如表 1-4 所示。

表 1-4 D 社区独居老人的照顾主体（可多选）

照顾者	频数/人次	百分比/%	个案百分比/%
配偶	36	33.6	57.1
自己	50	46.7	79.4
子女	15	14.0	23.8
亲戚及朋友	2	1.9	3.2
邻居及居委会	2	1.9	3.2
其他	2	1.9	3.2

从表 1-4 可知，在 63 名独居老人中，79.4% 的老人主要是自己照顾自己，

57.1%的老人依靠配偶照顾。除去这两种照顾方式，有23.8%的老人会受到子女的照顾，其中，亲戚朋友、邻居和社区工作人员的照顾较少。

（5）独居老人对目前的生活较为满意，但是大部分老人感到很孤独。调查发现，约85.7%的独居老人对目前的生活较为满意，其中只有2个"五保"老人对生活不满意，并觉得"这辈子白活了，别人有一家老小热热闹闹的，自己什么都没有，看到别人的生活，觉得自己很窝囊"。在调查老人面临的最大的困难时，医药费开支是城市独居老人面临的最大困难，另外很大部分老人感觉很孤单，希望子女常回家看望，但他们又觉得子女需要工作，自己还能自食其力，不想给子女增加负担。

1.4.2.3　D社区独居老人的需求和供给现状

（1）独居老人需求现状

本研究根据所调查的情况，归纳出D社区独居老人的需求依次如下：

一是医疗需求。本研究在对"目前独居老人最需要什么"进行调查时，发现80.6%的独居老人认为现阶段最需要医疗方面的照顾，他们目前最想改变的是健康状态。从表1-3可以看出，有46%的独居老人身体状况"不是很好"，身体"非常好"和身体"好"的老人仅占了所调查老人的15.9%。换句话说，有84.1%的独居老人存在健康问题，他们对医疗的需求大，健康需求是他们目前最迫切的需求。

二是温饱需求。在调查中我们发现，54%的独居老人认为自己在温饱上有需求，63.5%独居老人的经济收入主要是退休金，每月1 500元左右。他们认为退休金主要被用于医疗开支，余下用于生活开支的较少，严重影响了独居老人的生活水平。在D社区有很多遇到同样问题的老人，案例呈现如下。

【案例1-6】李女士，72岁，患有糖尿病，有一儿一女，儿子在双流区上班，女儿嫁到了崇州市，平时自己一个人居住，逢年过节时子女会回家看望老人。老人是"农转非"人口，平时每月有380元的低保收入。李女士说："我患有糖尿病，社区卫生院只能做简单的检查，有的药没有，很多时候要去其他的地方买，又不能报销，平时买药每次都花一两百元。由于有糖尿病，平时饮食要很注意，只能吃点瘦肉和新鲜的蔬菜。小区里的东西卖得很贵，也不新鲜。我平时都是坐车到三圣乡那边去买，每次买500克瘦肉，可以节省2元钱，吃一个星期，有时候能吃10天左右。这样一个月可以节约十几元钱，节省下来的钱又够我吃一个月的蔬菜了。平时很少买其他的东西，子女经济也不宽裕，能节省点就节省点。"

案例中的李女士，平时的收入主要是380元的城市最低生活保障金，加上经常患病，医疗开支较大，子女经济也不宽裕，这给李女士的生活带来了很大的困难。

三是陪伴需求。独居老人在退休之后，离开了原来的工作环境，社会交往圈子变得狭窄，家庭和社区成为其主要的活动场所，平时主要靠看电视、锻炼身体等方式来打发空闲时间。在调查中，有 5 名老人没有子女，其余老人的子女也都已经成家，并搬离原生家庭，子女们忙于工作，大部分只有逢年过节和老人有事情（如生病、搬东西）的时候回家。在回答"目前需要的是什么"这一个问题时，73% 的老人选择"子女的关心和陪伴"，48.5% 的老人选择"社区工作人员的定期关心"，37.5% 的老人选择"志愿者的陪伴"。

（2）社区服务供给现状

一是医疗卫生服务。D 社区内有一家社区卫生服务中心。据卫生服务中心主任介绍，他们主要是从以下几个方面开展服务：首先，建立健康档案。他们为社区内所有老人建立了医疗档案，每三个月进行一次健康体检，这样的体检分为入户和到卫生院体检，主要对行动不便的老人进行入户体检，体检均免费。在社区里居住满三个月的老人都可以享受此待遇。其次，开展医疗救助。在中国红十字会捐赠资助下，卫生服务中心对社区内尿毒症、高血压、白内障等患病老人进行免费检查。最后，举办健康保健讲座。卫生服务中心为辖区内老年人举办免费的健康保健讲座，如糖尿病老人的饮食清单。但卫生服务中心主任也反映现在卫生服务中心的压力很大，场地较小，扩大规模成困难，医务人员缺乏，加上老年人的特殊性，有时必须家访，这又给工作带来了难度和压力。

二是社区生活帮扶。D 社区为辖区内 30 名高龄独居老人和家庭困难独居老人申请了城市最低生活保障金，每月每人有 380 元的低保金，并为高龄独居老人提供"长寿金"。社区工作人员轮流对社区内高龄独居老人进行关怀，入户探访，定期评估老人居住环境，如煤气管道、用电的安全。D 社区内有 200 平方米左右的社区活动中心，活动中心的管理员是社区内 65 岁的独居老人王女士。据她介绍，平时老年人都喜欢来这里打麻将和聊天，傍晚的时候，老人们主要是在这里跳舞。这里的日间照料很简单，只提供饮水和场地，但每天还是有很多老人前来。

三是社会工作服务。2013 年 3 月，在锦江区社会组织发展基金会的支持下，四川大学课题组人员进入社区，并招募了周边大学的 20 多名大学生志愿者，主要针对社区内独居老人开展长者探访、老年人趣味小组、社区游园活动，部分满足了独居老人陪伴和娱乐的需求。

总之，从独居老人的需求来看，主要有健康、温饱、陪伴的需求，我们从走访和观察得出以下判断：首先，社区内的照顾能满足老年人的基本需求，但社区照顾形式较为单一，没有满足独居老人的多样性需求，比如独居老人的家政、助餐等基本服务没有涉及；其次，社区内没有专门的日间照料中心，独居老人平时主要是在家里看电视，只有天气好的时候外出打麻将、聊天，没有其他的娱乐方式；最后，独居老人需要的陪伴主要是家人和社区工作人员的关心与照顾，家人这方面还没涉及，而社区工作人员也只是对高龄独居老人在逢年过节时进行定期的慰问，很难满足独居老人长期照顾和陪伴方面的需求。而辖区内社会工作服务才刚刚涉足，社区工作人员和独居老人都会对社会工作的服务产生一种不信任感，社会工作者很难进入独居老人社区照顾体系。

1.4.3 社会工作在城市独居老人社区照顾中应遵守的原则

社会工作在城市独居老人社区照顾中应遵守的原则主要有"人在情景中"和"个别化"，分述如下。

1.4.3.1 "人在情景中"原则

玛丽埃伦·里士满在《社会诊断》一书中提出"人在情景中"，强调人们的行为发生在一定的情景中，根据个人行为发生的环境，可以更好地理解个人的行为，从而处理个人所遇到的困难。社会工作者的目的是利用环境资源改变服务对象的行为和提升服务对象解决问题的能力。这一观点决定了社会工作者从环境的角度理解个人以及干预个人行为，审视个人与环境之间的互动，提升个人适应环境的能力。随着社会工作者对于社会问题的关注度不断提升，"人在情景中"逐渐成为社会工作者主要的实务原则和核心实务。"人在情景中"是用于描述服务对象的人际、环境、心理与身体健康状况的知识系统，该系统兼顾了服务对象的问题和能力，强调问题不只是来源于个体特质，同时也存在于个人与环境的复杂性中①。

"人在情景中"原则强调个体行为的引发因素不同，社会工作者应根据不同的服务对象、家庭和社区采取不同的工作方法。独居老人社区照顾，其形式是让独居老人在社区这个环境中获得养老的资源，不脱离社区环境，保有老人原先的社会关系网络，在社区中安享晚年。社会工作进入社区并参与社区照顾应遵守"人在情景中"原则。首先是社会工作者进入社区，在社区内开展老年人社区服务，而不是把独居老人拉到社会工作机构或社区以外的场所接受服

---

① 徐莉娅. 个案工作 [M]. 北京：高等教育出版社，2010：145.

务；其次在开展社区照顾时，对独居老人的服务应被看成整个社区的事情，需要社区居民之间相互帮助和协助。社会工作者在社区开展社区活动时，应动员老人所在社区的社区工作人员、家人、邻居和老人的朋友、同事共同参与社区活动，让老人在与他们的互动中，获得物质和精神支持。

1.4.3.2　个别化原则

"个别化"是社会工作最基本的价值理念，也是在社会工作实践中必须遵守的实务原则，特别是在个案社会工作中，应该根据不同服务对象的特点，为服务对象提供针对性服务。1979 年，比斯泰克指出，个别化是指把服务对象看成独立的"个人"，认同和了解每一个服务对象的独特性，并根据其独特性，运用不同的原则和方法，帮助服务对象提升自身的适应能力。王思斌在《社会工作概论》一书中认为："个别化是一种针对不同的服务对象和服务群体分别逐一对待的方法。它体现了传统的社会工作价值，把每一个人看成唯一的、不同的实体，应该受到不同的对待。个别化体现了对个人的尊重。"① 在实务工作中，要求个案工作以服务对象为中心，每个服务对象都与其他人不同，是一个独立的个体。每个服务对象的问题都有其特殊性，针对不同个体的问题和需求设计不同的计划和开展不同的照顾活动，服务的提供也必须与特殊的环境和情景相适应。

我们通过预估发现，D 社区的老人较多，是所在行政辖区老年人比例最高的社区，也是独居老人最密集的社区。根据老年人的具体情况，课题组主要开展了三个方面的活动，分别是探访独居老人、组建老年人兴趣小组、开展社区游园活动。其中探访独居老人主要针对高龄独居老人，因为他们年龄较大，身体健康状况较差，参加老年人趣味小组和社区游园活动存在较大的困难和安全隐患；组建老年人兴趣小组主要针对有唱歌、表演、讲故事等兴趣的偏年轻独居老人；开展社区游园活动没有特别的规定，只要是老年人都可以参加，这样可以为其他没有机会参与兴趣小组和探访活动的老人提供机会，旨在照顾到社区内每一个老年人。

1.4.4　社会工作者在城市独居老人社区照顾中承担的角色

社会工作者在城市独居老人社区照顾中承担的角色有支持者、咨询者、照顾者和经纪人等。

（1）支持者。随着自身年龄的增长，独居老人在日常生活和健康方面存

---

① 王思斌. 社会工作概论 [M]. 北京：高等教育出版社，2005：84-91.

在很多困难，而由于子女不在身边，他们的需求和照顾很难得到满足。在老年人社区照顾中，社会工作者主要承担支持者的角色。社会工作者根据所在机构的功能，为独居老人提供基本的物质、资金和心理上的支持。如一位独居老人平时除了外出买菜以外几乎不与外界接触，这样的独居老人在社会交往、情感方面需要社会工作者提供必要的支持。

（2）咨询者。由于老年人的信息来源较为单一，对目前的社会服务政策、医疗保障、社会福利等方面信息了解有限，需要社区照顾者就其辖区内的养老政策、医疗保障、社会福利提供咨询，在其自我养老方面提供相应的指导，以科学的方法达到助老护老的目的。在独居老人社区照顾中，社会工作者和社会工作机构需要及时掌握最新的社会服务政策，为有需要的老人提供信息。

（3）照顾者。随着自身年龄的增长，老年人的自理能力不断下降，老年人日常照料、外出就医等存在较大的困难，这就需要社会工作机构和社会工作者为这类老年人提供相应的照顾。照顾者的角色，一是为个人和群体提供关怀和保护，二是一种社会控制的力量。在城市独居老人社区照顾中，社会工作者的任务主要是关注独居老人的日常生活、健康状况和心理状况，在日常生活中给予照顾。如端午节时，社会工作者和志愿者去老人家包粽子，给予老人节日的照顾和关怀。

（4）经纪人。经纪人也称中间人。中间人的角色认知是服务对象的需求可以通过社会服务机构、社会制度的完善、社会资源与机会的有效分配得到满足。中间人在社区照顾中主要负责发现需要接受服务但不知道如何寻找资源的老年人，并引导他们发现和使用社区内外的社会资源、社会服务和机会，以满足老年人的需要。社会工作者在 D 社区老年人社区照顾中，进行了多次资源链接，如老年人有健康检查的需要，社会工作者就邀请成都中医药大学在校大学生定期为老年人做身体检查和健康咨询，链接其他周边大学志愿者定期探望老人。

1.4.5 社会工作在城市独居老人社区照顾中应用的案例

课题组在 D 社区承接了 26 个个案、3 个主题小组、5 次大型社区活动，受益人群 550 人次左右。本研究从个案工作、小组工作、社区工作三方面，各选一个典型案例进行实务分享，旨在用案例的形式呈现社会工作在社区照顾中的具体应用。案例呈现如下。

1.4.5.1 个案工作

【案例 1-7】刘女士，78 岁，无儿无女。1 年前，社区工作人员把她送到附近的养老院，但由于刘女士常常把外出时捡的垃圾放在房间内，有一次还差点造成火灾，她不得不离开了养老院。刘女士在22岁时结婚，28岁时由于没有生育能力而被丈夫抛弃，之后对男人不再信任。按刘女士的话说："男人都是负心的。怕再被抛弃，一个人也蛮好。"刘女士离婚后和父母住在一起，父母去世后，她就一个人居住，至今已独居了15年。刘女士在40岁时发生了工伤，导致她语言表达较为困难，别人只有仔细听能勉强听懂她在说什么，这导致她无法正常上班而不得不离开单位。离开单位后，刘女士失去了经济收入，当时单位赔偿了一部分钱，后来由于她长期生病，加上生活开支，赔偿的钱很快就用完了，其生活陷入贫困。现在她每个月有城市最低生活保障金380元，逢年过节社区会发一些米和油。平时，刘女士主要以捡废弃物为生。刘女士说："小区里的菜比较贵，我平时没得菜了，我就沿路捡垃圾到三圣乡那边去买菜，那边的菜比这边便宜很多，而且还很新鲜。我在路边捡的垃圾拿到那边卖了，有时候也够买菜了。"刘女士平时早出晚归，从不参加社区里的活动。

（1）初步接触与建立关系。此阶段的目的是通过与服务对象的初步接触，对服务对象和服务对象所遇到的问题进行初步的评估。工作人员根据机构的功能、服务范围和服务对象的需求，与服务对象进行接触，决定是否接案，并与服务对象建立初步的关系。

本研究对刘女士的初步了解来自社区工作人员的介绍。我们从社区工作人员处得知：刘女士平时从不说话，也不参加社区里的活动，身边也没有朋友。在社区工作人员的强烈要求下，李女士才勉强参加了社会工作机构在社区里举办的茶话会。这次茶话会的目的是为独居老人个案工作预热，希望借助此次活动，让他们初步了解社会工作机构，并建立初步的专业关系。在茶话会上，刘女士总是坐在外圈。在自我介绍的环节，可能是因为表达困难，她没有完整地表达自己，而是很慌张地要求旁边的李女士帮她代言。之后，她的任何发言都由李女士代言了。在团队进行活动分工时，刘女士成为本研究的服务对象。在茶话会上，课题组人员和她坐在一起，一起分享食物，慢慢地取得了李女士的信任，初步建立了专业关系。在参加活动的过程中，她开始慢慢地向课题组人员求助了，而不再完全依赖旁边的李女士。在此次活动中，课题组人员与刘女士达成了下次探访的约定。

通过初步的接触，课题组人员发现刘女士面临的困难有：一是不自信，甚至自卑，害怕表达自己；二是孤独，常常一个人早出晚归，不和其他人接触；三是贫困，这可能是导致她很少参加社区活动的一大原因。她为了生计，不得不四处搜集废弃物，没有时间参加社区活动。

（2）收集资料与问题评估。这个阶段的目标是尽可能详细地搜集服务对象的相关资料，从中了解问题产生的原因。课题组认为个案工作强调的一个重要原则是"人在情景中"，服务对象的行为是服务对象与外在环境互动的结果，受到社会环境的影响。因此社会工作者在搜集服务对象的资料时，不仅要搜集服务对象个人的基本资料，也要搜集影响服务对象行为的社会环境因素以及服务对象与环境之间互动方面的资料。在这个过程中，社会工作者需要重视服务对象曾经做过的努力和改变。最后根据所搜集到的资料做评估，为提供切实可行的服务做准备。

在这个阶段，课题组人员和服务对象在其家里进行了 45 分钟的访谈。在访谈过程中，课题组人员发现，她比在茶话会上要主动很多，虽然她比平常人表达得更困难，但也能完整地表达自己的想法。访谈记录节选如下：

社会工作者：刘女士，请问您什么时候开始一个人居住的？

刘女士：有 10 多年了。我妈是 1998 年 3 月去世的，从那以后，我就一个人住了。

社会工作者：那兄弟姐妹有没有住在附近的？

刘女士：我有个姐姐嫁到重庆，很远，父母还在的时候会经常来往，现在已很少来往。有一个哥哥，去年去世了，嫂子还在，但是老了也懒得走动，各家有各家的事情。侄娃子在高新区那边上班，过节的时候还是会开车送点东西过来给我。我自己没有一男半女。以前想过去哪里抱个娃娃来养，现在想起来比较遗憾。没得一男半女，到我这个年龄没什么盼头。出事故之后我变成现在这个样子，自己养自己都困难，就没想过了。后来就一直和父母住在一起。

社会工作者：刘女士，那您在小区里有没有比较要好的朋友？

刘女士：以前还是有，以前在车间里上班的几个都还是要得好，下班就在一起打麻将。后来我没干了之后，联系也渐渐少了，大家都老了，都有自己的事情。想起那时候，大家都说我唱歌是我们车间最好听的，可是现在连话都说不清了。但我这个人比较乐观，一个人无聊的时候，还是喜欢跟着收音机哼几句。

以上只是访谈记录的一部分。通过此次访谈，课题组搜集了服务对象的个人资料、服务对象和亲人、朋友互动的情景资料。经过初步评估，我们认为：一是服务对象内心比较乐观，但是有一定的交流障碍，没有自信去大胆地表达自己，时间久了就拒绝参与任何社区活动。二是服务对象比较孤单。一方面，她多次提到以前想领养一个孩子，但由于具体原因（受伤、失业）而放弃了；另一方面，她在社区里不和其他人交流，没有可以依靠的亲戚、朋友。三是服务对象有自己的兴趣爱好（听歌、哼歌）。

（3）确定目标和制订工作计划。在第二个阶段搜集完服务对象的资料，明确服务对象的困难和需求之后，就可以制定明确的改变目标以及具体的实施方案。社会工作者和服务对象一起商量，接下来我们要做的事情是什么；服务对象所期望的是什么；为了达到服务对象的期望，服务对象自己需要做出哪些方面的努力。社会工作者带着这些问题，开始与服务对象的第二次访谈。访谈记录节选如下：

社会工作者：刘女士，我们要在社区里举办一个老年人兴趣小组，主要是一起折纸花。我听社区工作人员说您折得很好，我想邀请您参加。

刘女士：我现在老了，眼睛也不怎么好，就不去了。

社会工作者：如果您眼睛不好的话，到时候您可以不亲自折纸，您在旁边教我还有志愿者折，好不好？

刘女士：比我折得好的人有很多，她们都比我会说话。有一次春节晚会，我教他们折纸，隔壁的王女士就说："听你说话累得很，我们累，你也累。希望以后居委会重新找个人来教。"

社会工作者：原来是这样呀！那您去参加，就像上次茶话会那样坐在那里就可以了，好不好？以后，社区有活动，我陪您一起参加。

刘女士：好嘛。只有你在那里，我才去哈。

社会工作者没有直接告诉服务对象，应该做什么不应该做什么，而是在访谈中鼓励服务对象去参加社区活动，在参加活动的过程中与其他老人互动和交流，试图重新构建服务对象的社会支持网络。另外，社会工作者发现服务对象并不是不想参加社区的活动，而是害怕自己说话不清引起其他老人的不满。服务对象有过这样的经历，这正是她把自己封闭起来的症结所在。在这次访谈中，社会工作者梳理出整个个案的目标：引导服务对象参与社区活动，增加服务对象和社区的互动和交流，提升服务对象的自信，重建服务对象的社会支持网络。为了达成这些目标，社会工作者和服务对象制定了实施步骤：一是服务对象和社会工作者一起参加社区活动；二是在每一次大型社区活动中，刘女士至少邀请社区内一名老年人一起参加社区活动。

（4）执行计划。这个阶段是计划的执行阶段，也是个案工作的关键阶段。在这个阶段，在每次小组活动和社区活动前，社会工作者一定会准时通知服务对象参加活动，服务对象也都愿意参加活动。课题组人员暗中观察服务对象的变化：第一次活动是社会工作者亲自到服务对象家里邀请她，她勉强答应参加。在活动过程中，服务对象很少说话，即使说话，服务对象也是很小声地对社会工作者说，社会工作者再向大家转述。在后面的几次活动中，社会工作者站在服务对象的身后，鼓励服务对象说话，并希望其他组员能够倾听服务对象说话。在一次次的活动中，服务对象开始找到自信。在兴趣小组中，服务对象折纸花很厉害，大家开始慢慢地认同她。在社区游园活动中，服务对象主动和志愿者一起吹气球，并邀请其他老年人一起参加"双人夹球跑"比赛，并多次参加双人和多人活动项目。服务对象开始变得主动，但还是很少用语言交流。

（5）结案和评估。社会工作者在提前告知服务对象的前提下，结束了此次个案辅导。这次个案辅导历时 5 个月，一共访谈了 8 次，参加小组活动 5 次、社区活动 3 次。在小组活动之后，服务对象和小组里的其他组员一起相约去三圣乡买菜、打麻将，过端午节时还一起包粽子，开始形成一个互助的团队。在个案辅导的后期，服务对象不再依赖社会工作者去转述她的想法和看法，已经可以自己慢慢地表达自己的观点。课题组人员在后期的追踪中发现，服务对象平时去捡废弃物回来时，喜欢在社区活动中心看其他老年人打麻将、聊天，已经渐渐融入社区老年人群体之中。

1.4.5.2　小组工作

此次小组活动的名称是"老年人兴趣小组"，小组目标是满足社区中独居老人制作手工艺品的需要，让独居老人走出家门，参加兴趣小组，并在参加兴趣小组的过程中拓展他们的人际交往圈，丰富独居老人的晚年生活。此次活动的理论依据是"活动理论"。该理论认为活动能力较强的老年人比活动能力较弱的老年人对生活更满意，活动能力强的老年人能更好地适应社会环境。活动理论强调老年人要积极参加活动，在参加活动的过程中构建新的角色，缩小老年人退休后与社会的距离。依据该理论，课题组设计了此次兴趣学习小组，小组活动时间设计从五月初到六月初，每星期六一节，一节一个半小时，共五节，固定组员有 7 人。

（1）小组活动筹备阶段

在小组活动筹备阶段，首先以社区独居老人的需求为本，通过与服务对象"同行"，了解独居老人的真实需求，在此基础上制订服务计划。社会工作者在进行家访的过程中发现许多老人喜欢做手工，但是缺少做手工的平台。其次明确服务目标，修改服务计划。再次进行团队分工，与社区工作人员协调场地、人员动员和做资源的链接等方面的准备。最后招募组员。社会工作者在小组活动开展前期，在探访老人的过程中已经开始进行活动的宣传工作，同时通过社区工作人员协助联系宣传活动，在活动开始前通知小组成员，拟招募小组成员 8 人。

（2）小组活动开展阶段

这个阶段是社区照顾服务老年人兴趣小组的开展阶段，社会工作者主要设计了五节小组活动，第一节是老人之间相互认识。第二、三、四节是手工学习阶段，通过做手工的环节，促使老人之间相互帮助和协助，形成互动网络，建立社会支持网络。更重要的是，通过完成手工作品，提高老人自身的有用感。本次活动内容如表 1-5 所示。

表 1-5　独居老人兴趣小组活动部分内容

时间	内容	目标
第一节（5月4日）	自我介绍、订立契约、社会工作者说明小组任务和目的	相互认识、了解小组任务和目标
第二节（5月11日）	回顾上次小组活动过程、规范内容，并简要说明此次小组活动的内容和流程；热身游戏：手指操；学习中国结基本结扣方法	通过简单的热身游戏活跃现场气氛，增进组员之间的关系和互动，让老人体验动手制作的快乐，丰富老人的生活
第三节（5月18日）	回顾上次活动以及热身游戏：左右按摩；百合花的制作；分享总结，老人互相探讨学习经验，相互赠送自己制作的菊花、相互分享	让老人体验动手制作的快乐，丰富老人的生活，让作品增强老人自身的有用感
第四节（5月25日）	热身游戏：剥香蕉；玫瑰花的制作；让老人做好小组结束的准备	
第五节（6月2日）	以小型茶话会的方式，分享总结，老人互相探讨学习经验，相互赠送自己制作的手工艺品，相互分享	

（3）小组活动总结和评估

首先，组员参与度。本次小组出席率为 90%，小组的内容设计包括小组成员制作手工艺品和分享两个环节。在小组活动的过程中，除了一位组员因为去儿子家探亲中途退出了小组，其他小组成员都较为积极地参加到小组的整个活动过程中。在活动中，小组成员之间互相探讨和学习，组员之间相互帮助。然后是学习经验分享。在这个阶段，老人表示不知道怎么分享，参与度不高。但是在社会工作者的引导下，个别组员开始分享学习的感受，从而带动了老人的学习热情。

其次，小组气氛。整体来说，小组气氛是比较融洽、和谐的。组员在参加活动的过程中表现得很开心，组员之间的关系也较为和谐。此次小组活动为老年人提供了一个交流和学习的平台，有助于形成新的互助支持网络。

再次，小组活动内容及形式的合适度。根据小组成员对此次小组活动的反映，总体来说，组员很满意此次活动的内容和形式。社会工作者设计的活动内容难易适中，帮助组员逐渐学会了折纸。同时，工作人员通过有意识的分组方式，让组员之间相互关照和协助，共同完成活动内容。在完成小组任务的过程中，增强了小组成员之间的信任感和效用感。通过分享环节的设计，社会工作者用鼓励和肯定的态度与方法，使组员之间能够沟通交流和互相学习经验，分享活动中的感受，使组员在心理上得到了满足，增强了其有用感。

从次，小组目标及成效。一是组员的评估。从组员的角度来看，基本达到了小组的服务目标。一名组员表示："参加这样的活动很有意义，自己学会了折纸，以后可以教其他人。在活动中，比平时我一个人在家，时间要过得快些。"组员在小组活动中学习手工制作，有的组员学得较快，也有组员学得较慢，但最终都能完成小组所布置的任务。小组成员在成功制作手工艺品的过程中体验到了成就感。二是工作人员的观察。从整体来看，活动效果不错。从小组成员对活动的投入程度来看，此次活动是成功的，基本达到了此次小组活动的目标。

最后，反思。此次活动有三个方面需要反思。一是组员都是相互比较熟悉的人，这和工作人员之前的预期不一致，工作人员设计的第一节小组活动安排不合理。二是在小组中，有个别组员是高龄老人，在听普通话方面较为困难，因此在小组活动过程中，组员主要用四川话进行交流和学习，而部分志愿者听不懂四川话，没有准确理解组员的说话内容，造成了比较尴尬的局面。三是在分享的环节做得不够深入，没有达到巩固关系的目的，并且多次出现冷场。

1.4.5.3 社区工作

此次社区游园活动的主题是"老有所乐"，活动时间是5月19日下午，活动地点是D社区活动中心，参加的对象主要是辖区内的独居老人，社区居民也可以参加。活动目的是鼓励社区老年人走出家门，参与社区活动，让他们感受到来自社会的关爱，提高其在社区内养老的质量。

（1）探索和准备

在这个阶段，课题组主要是了解社区的一般背景。D社区老年人比较多，老年人在以往的社区活动中参与度不高，且社区里除逢年过节外很少举办大型社区活动，以前社区里举办的活动主要是唱歌和跳舞，限制了大多数老人的参与。社会工作者在走访中发现，许多老年人表示愿意参加社区活动，但他们很多都不会唱歌、跳舞，不敢轻易尝试。此次社区活动以社区内老年人的需求为本，制订计划，明确服务目标，通过社区工作人员动员、社会工作者入户动员、发动社区内积极性较高的老年人动员其他老年人参与等方式联系和发动社区独居老人。在制订活动计划之后，社会工作者开始分工，熟悉活动内容。

（2）执行计划

此次活动根据老年人的不同需求设计了5个摊位游戏，其中，"保龄球""双人夹球跑""定点投球"是双人合作的游戏，要求老年人在现场找搭档才能参加这个活动；"连连猜"活动是为了满足有知识和文化的老年人的需要；"夹弹珠"是一个比较安静的活动，适合腿脚不方便的老人，在活动的过程中起到锻炼身体的作用。在活动开始前，社会工作者、社区工作人员及志愿者排查活动场地存在的安全隐患，准备饮用水、藿香正气液等物资，确保老年人的安全。游园活动内容如表1-6所示。

表1-6　社区游园活动内容

游戏名称	游戏规则
保龄球	利用废旧的矿泉水瓶作为保龄球瓶子，用小皮球作为保龄球，参加者站在3米之外用小皮球击中"保龄球"。击倒1~4个瓶子获得1个图章，击倒4个以上瓶子获得2个图章，若在规定的起点上击中全部"保龄球"，则可获得3个图章；每人每轮只有1次扔球的机会
定点投球	每人10个乒乓球，参加者站在2米之外，向篮子里扔乒乓球。全部扔进则可获得4个图章；投中6~9个，获得3个图章；投中4~5个，获得2个图章；投中1~3个，获得1个图章；如果未投中，则没有图章；每人每轮只有1次扔球的机会
连连猜	每人可以猜3条，每猜中1条获得1个印章；谜语写在便利贴上，贴在用卡纸做成的纸墙上，便利贴摆成心形
夹弹珠	在5分钟内，用筷子夹弹珠，把弹珠从碗里送到杯子里；掉在杯外不计数，用手抓算犯规，以夹弹珠的颗数来换取印章；夹2颗兑换1个印章，夹3颗兑换2个印章，夹4颗兑换3个印章，以此类推
双人夹球跑	两人背靠背、手挽手，将气球夹在两人当中进行折返接力跑；过程中气球不许落地，通过计时计算成绩；夹一个气球获得1个印章，以此类推

（3）评估和总结

首先，社区成员参与度。社区活动参与人数为108人，其中以社区独居老人为主。在整个游园活动过程中，社区成员都表现出了很高的热情，但是由于场地的限制，社会工作者只允许老年人参加活动。在活动过程中，老人们互相探讨，相互帮助赢得更多的奖品，加强他们之间的互动，形成一个个互助支持网络。整体来说，活动气氛比较融洽、和谐，组员对于活动的参与度较高，活动中参与人员都很开心，基本达到了"老有所乐"的效果。

其次，活动内容及形式的合适度。从参与人员参与情况来看，组员很满意活动的内容和形式。但内容并不是一开始就完全适合老年人，在活动中，工作人员曾多次调整活动难易程度和活动规则。如在活动过程中，由于地面太滑，考虑到老年人的安全问题，改"双人夹球"为"双人拍球"。在活动过程中，社会工作者以印章兑换奖品的形式不断给予老年人鼓励和肯定。

再次，社区活动的目标及成效。根据对参与人员的访谈，我们认为老人们很喜欢类似的游园活动，甚至社区内的年轻人也表示希望以后有机会参与类似的活动。老人们对工作人员、场地的安排也很满意。据观察，活动开始前期，大家的热情不是很高，部分老人在旁边观看，等到前面参加活动的老人表示游戏比较简单也很有意义时，很多老人才陆续参与进来。因活动中有双人参与的活动，开始时老人邀请工作人员一起参加，但在工作人员的鼓励下，老人纷纷开始找身边的老人参加活动，慢慢地，气氛变得活跃起来，老年人的参与积极性提高了。

最后，活动的反思和检讨。这次社区活动有两个方面需要反思和检讨：一是场地安排欠佳，个别活动存在安全隐患，需要在活动过程中不断调整；二是虽然奖品可以激励老人参加活动，但是过度追求奖品，造成一些老人累计多次参加活动而一些老人没有机会参加活动的情形，更有甚者，部分老人跟工作人员要赖以便赢取奖品。对没有机会参加活动的老人而言，他们心理肯定不平衡。而且，如果下次没有奖品，老年人还会不会参加活动？这些都值得反思。

1.4.6　社会工作在城市社区独居老人社区照顾应用中的困境及策略

通过以上个案工作、小组工作、社区工作三个案例的呈现，本研究结合在D社区开展社区照顾活动中遇到的现实困境，分析社会工作在城市社区独居老人社区照顾中所需要的策略。

1.4.6.1　社会工作在城市独居老人社区照顾应用中的困境

社会工作在城市独居老人社区照顾应用中的困境有以下四点：

（1）政府对社区养老服务的资金扶持力度不够。随着自身年龄的增长，城市独居老人自理能力下降，对日常生活照顾的需求增多，相应的，对社区的依赖性不断增加，大部分独居老人对社区照顾这种养老方式的选择具有必然性。同时，随着城市独居老人人口的不断增多，对社区资源的需求也不断增多。一个社区本身的资源有限，承载力有限，需要政府有大量的资金支持。在我国，提供专业社区照顾的社会工作组织本身没有盈利的能力，筹集资金渠道单一，仅靠政府少量购买项目经费和部分基金会的支持，社区照顾的持续发展很难实现。如在本次政府购买服务中，仅有 4 元钱的公交车费补贴，提供免费的、长期的服务活动，得不到认同，个人价值无法实现。现阶段，类似的政府购买服务项目大多如此，这对专业社会工作者是一个很大的生存考验，也导致很多专业社会工作者放弃从事社会工作，造成专业人才流失。

（2）购买项目制老年社会工作服务本身存在缺陷。我国政府长期包办各种社会事务，目前开始慢慢向社会和社区放权。但独居老人社区照顾主要还是以政府向社会组织、高校购买社区服务项目为主。这种"潮汐式"的社会工作服务方式，具有时间限制，无法深入社区、嵌入社区内部，难以真正成为社区照顾的一种社会支持力量，导致服务效果的持续性不强。如在 D 社区，当社会工作者进入社区时，社区工作人员也开始重视社会工作者提供的社会服务，他们自身也想去考社会工作资格证。而项目结束后，社区又回到了以前的状态，社会工作这阵风刮过就结束了。这样一种社会服务方式，其效果的可持续性有待商榷，在社会组织的甄别方面也存在问题。居委会工作人员表示，一些社会组织是上级行政机构强制性引进的，与社区的需求有很大的距离，造成独居老人的不满，影响了独居老人的现有生活。另外，由于政府购买，资金来源于政府，社会工作者的行政性工作繁杂，给工作人员带来了工作上的压力，同时也影响了服务活动的开展。

（3）社会工作的认可度低，开展社区照顾活动困难重重。在我国，专业社会工作处于起步阶段，社会工作专业认可度低，社区居民并不了解社会工作。在课题组人员进入社区的初期，甚至连社区工作人员也不了解社会工作，他们认为社会工作是一种自发的志愿者组织，这就导致在社区中开展社会工作活动较为困难。在服务活动开展的前期，课题组人员在联系服务地点时曾被多个社区居委会拒绝。经过很多次协调过后，D 社区工作人员才抱着试一试的心态，接受了社会工作者的服务。在开展独居老人社区照顾活动时，直到活动结束，依然有很多老人认为活动的主办方是社区居委会，误以为社会工作者就是大学生志愿者。

（4）社会工作专业服务水平有待提高，照顾形式需要丰富。老年人的社区照顾主要由其家人、邻居和社区工作人员等提供。在老年人社区照顾中，他们有自己的优势和特点，但他们往往缺乏老年人社区照顾的专业知识及技能，在物质和经济支持方面的力度也不够。在老年人社区照顾中，特别是针对独居老人的照顾，因其特殊性，更需要特殊对待。在我国，社区照顾养老模式还处在探索阶段，专业的照顾人才缺乏。同时，社会工作教育超前于社会工作职业化，导致社会没有开发出相应的就业岗位。加之目前社会工作从业者无保障而缺乏安全感等因素的影响，大部分社会工作专业学生在毕业后流入了其他行业。现在从事社区照顾的工作人员主要是居委会工作人员、社区志愿者，他们对社会工作知识较为缺乏，不能实时有效地促进社会工作专业在老年人社区照顾中的运用和发展。笔者在 D 社区的社区照顾实务中发现，即便是专业的社会工作硕士研究生，也缺乏医学、护理学等学科知识，导致其无法提供老年护理、老年看护等社区照顾活动。社会工作者能做的，一是通过引导老年人参加一些社会活动，在活动中增加自我成就感和获得快乐；二是陪伴，这方面相对比较简单，只要有时间和精力，任何人都可以提供；三是资源链接，社会工作者可以通过资源的链接获得较多的资源为社区独居老人服务。总体而言，课题组人员提供的照顾服务主要包括陪伴、动员独居老人参与社区活动和简单的物质支持。而涉及独居老人心理和医疗健康等方面的照顾，课题组人员无法提供，目前只能依靠相关专业的志愿者，但提供的内容依然较为简单。这要求在开展独居老人社区照顾工作时，既需要有资源的调动也需要有针对性的专业照顾人才。

1.4.6.2　社会工作在城市独居老人社区照顾应用中的策略

社会工作在城市独居老人社区照顾应用中的策略有以下三个方面。

（1）与居委会形成伙伴关系。在社会工作者进入社区之前，必须要取得社区居委会的信任和支持，因为在此之前，独居老人的社区照顾主要是由社区居委会提供的，社区内的老人比较信任他们。社会工作者和他们形成伙伴关系，获得社区居委会的支持，一方面可以更快地取得服务对象的信任，更能动员社区居民参与，为开展社区照顾活动排除阻力；另一方面也可以预防服务内容重复，推出更适合社区老年人需求的服务活动。

（2）以独居老人的需求为本。每个个体所拥有的社会资源不同，需求也各式各样。由于其特殊性，独居老人可能有更多的社会服务需求，每个独居老人的需求也是不同的。这就要求社会工作者在开展独居老人社区照顾服务时，不仅要以辖区内整体独居老人的需求为导向，也要尽可能地兼顾每个独居老人的具体需求。一方面，以独居老人的需求为导向，可以更为贴切地为老人提供社会服务，能更好地满足老人的需求，提高活动的效果，从而提高独居老人社区照顾水平；另一方面，可以调动独居老人参与的积极性，更好地投入其中，建立更多的社会支持网络。在活动开展的前期，课题组在 D 社区进行需求评估调查；在活动开展过程中，通过走访等方式了解独居老人的需求，并不断调整活动方案，以期开展更符合独居老人需求的社区照顾活动。

（3）调动各方资源帮助独居老人，构建社会支持网络。退休后，老年人的社会角色发生了变化，部分老年人回归家庭，享受天伦之乐，而部分老年人却从一群人到老两口或仅仅是一个人，这部分老人的社会支持较为缺乏。社会工作者要善于利用对独居老人有帮助的资源，提供更好的社会服务。在 D 社区开展独居老人社区照顾时，课题组和社区居委会形成合作关系，并链接了四川大学社会工作专业教授作为督导，四川大学、西南财经大学社会工作专业大学生志愿者及社区内老年协会热心人士，曾多次举办志愿者培训会，以便更好地为独居老人服务。

此外，社会工作在社区照顾中的一大任务是帮助独居老人构建更为完善的社会支持网络，如社会工作者通过开展兴趣活动形成一个支持小组，在小组中通过与不同组员的相互协助和分享，建立和拓宽交际圈；开展社区游园活动，设计双人和多人比赛项目等方式，引导独居老人之间相互合作和相互帮助。

1.5 本章小结

以上的案例分析已能证明社会工作方法在城市独居老人社区照顾中的运用是可行的、有效的。专业社会工作作为城市独居老人社区照顾的一股支持力量，在社区照顾中扮演着不容忽视的角色，社区照顾中也需要社会工作的方法和技巧，以便更好地提供社区照顾服务。具体来讲，服务活动的开展基本达到了"老有所乐"的目的，丰富了独居老人的生活内容，提高了独居老人的生活质量。社会工作介入城市独居老人照顾服务能推动社区对社会工作、独居老人需求和社区照顾等方面的认识，促进社区养老机构和社会工作专业的发展。

首先，在提供社区照顾服务时，老年社会工作者应该具备有关老年人的专业知识和服务技巧，有针对性地为老年人提供服务，同时在提供服务的过程中不断反省自己的行为和老年人接受服务时的反应，及时调整服务内容和服务方式。

其次，专业的社会工作者应该对自己有明确的定位，根据老年人的不同需要扮演不同的角色，提供不一样的服务。在社区照顾中，社会工作者更多的是扮演支持者、咨询者、照顾者和经纪人的角色。社会工作者在社区照顾中能做的主要包括资源调动、社区联络、训练等宏观服务，也可以提供个案服务、小组工作等微观服务。一些服务，如陪伴、聊天可以由非专业人员提供，护理、看护、体检等则需要具备专业医学、护理技能的工作人员提供。这就要求社会工作者除了在微观方面提供直接的服务外，更重要的是在宏观层面的资源链接，整合社区资源和社区外资源，根据独居老人的不同需求，有针对性地引进社会资源，更好地为社区独居老人服务。

从次，在社区照顾的过程中，社会工作者应正确处理好与基层政府、社区工作人员和本专业的关系，尽量在其中寻找共赢的平衡点。政府应该重视社区独居老人的养老问题，加大对社区照顾养老模式的支持力度，完善保障机制，在社区里建立社区养老服务中心。

最后，老年人服务活动的对象不仅包括老年人自身，也包括与之相关的家人、邻居等，甚至整个社区，这要求社会工作者要具备处理各种复杂问题的知识和能力。

总之，本研究认为社会工作方法在老年人社区照顾中是可行的，社会工作对社区照顾养老方式有积极的促进作用。社会工作机构和社会工作者在社区照顾中提供服务时，对自己的专业要有明确的定位，在提供直接社会服务的同时，更要重视资源的链接，调动社区内资源和社区外资源，更好地为老年人服务。

由于项目制老年服务本身存在缺陷，政府资金支持力度不够，社会工作者自身的专业理论和专业技巧不成熟等现实问题，在服务的开展过程中，社会工作者遇到了很多问题，甚至有人会怀疑社会工作本身的作用。首先，在社会工作者进入社区为独居老人提供社区照顾服务时，对自身的角色定位有局限，有的社会工作者把自己定位为仅仅是陪伴独居老人。"潮汐式"的项目制老年人服务结束，老年人又再次陷入孤独和困境，这就导致服务效果没有持续性，甚至造成老年人心理的落差甚至失望。其次，老年人社区照顾模式本身不被基层政府和社区认可，社区工作人员认为只要老年人"不闹事"就达到了他们的照顾目的。对这种模式的不认可，导致社会工作者在进入社区时较为困难，他们认为社会工作者是去"找事儿"的，给他们的工作带来了压力，甚至担心社会工作者会取代他们的工作，当然这也与社会工作的社会地位、认同度和社会工作定位有关。最后，部分社会工作机构、养老机构的功能不健全，进入社区提供服务只为自身机构的建设和发展，不以老年人的需求为导向。有的甚至只是"走过场"博名声，在开展服务时，有许多机构在拍照或录像。这伤害的不仅是老年人和社区的信任，更是社会工作专业的公信力和职业道德。所以，在发展独居老人社区照顾时，如何甄别提供服务的机构，也是一个重大的问题。

2 城市老旧社区参与式互助养老模式研究①

2.1 研究背景

随着城市化进程的加快，人口老龄化问题在城市中的老旧社区里日益严峻。在城市改造中，社会经济发展水平不断提高，政府和私人地产发展商对一些残旧的公共建筑或楼舍进行拆迁重建，公共服务状况得到了相应改善，新型现代社区逐渐取代了传统的老旧社区。但是，这并不意味着老旧社区已经彻底消亡，相反，不少老旧社区房屋破旧、公共基础设施缺乏、以老年人为主且普遍贫困等问题愈加严重。

老旧社区中的年轻人基于学业、工作、婚姻、家庭等原因，不得不离开父母及其长期生活的社区，而老年人大多愿意继续留在自己的老屋，使得老旧社区逐渐演变为"老人社区"。随着老年人年龄的不断增长，各类需求也在不断增多，而此类社区内各种问题随着时间的推移却并没有得到妥善的解决，老年人的养老需求也未得到很好的回应。年轻人离家本已经对老年人产生了较多的负面影响，各种问题的频频出现，更加重了老年人"养老难"问题。为了解决问题，本研究以成都市水井坊街道为例展开研究。

2.2 老旧社区养老服务现状、问题及原因

2.2.1 水井坊街道概况

成都市锦江区水井坊街道办事处成立于 2001 年 11 月 22 日，辖区北至蜀

---

① 本章初稿完成于 2014 年，出版时有修订。

都大道，南至滨江路，西靠府河，东至一环路，总面积 1.06 平方千米，共有
35 条路、街、巷。辖区历史文化底蕴深厚，有全国重点文物保护单位——水
井坊酒窖遗址，世界第一张纸币"交子"的发源地——交子街，传统的水陆
交通码头——九眼桥，保存有川西民居特色的百年古街道——锦官驿街和水井
坊历史文化保护街区，传说中诸葛武侯的练兵场——点将台、校场坝，陈毅元
帅的母校——锦官驿小学等众多历史文化古迹。

当地政府重视社区综合发展，先后引进家长协会、牵手互助中心等社区社
会组织进入社区服务。社区也为居民提供了诸多的配套设施，频繁开展广场
舞、体育锻炼、坝坝电影等活动。

水井坊街道里新楼盘与旧院落交错，彼此少有接触和交流，贫富差距大。
对此，地方政府制定了"进千家门，结百家亲"的工作目标，并加大了对社
区文化及社会组织的投入力度，如"为老助残中心的建设""文明示范院落的
打造""依托社会组织进行爱心帮扶""规范和提升社会组织运行""发挥居
民参与社区自治能力"等，使社区面貌有了较大的改善。

2.2.2 水井坊街道"老旧社区"老年养老服务的现状、问题与需求

2.2.2.1 社区养老服务现状

在水井坊街道，政府养老服务行为使得辖区老年人能够享受到最基本的服
务，一些社会组织的服务活动也可以满足不同老年人的需求，而且有一批专门
针对辖区老年人开展服务的专业人员，他们所做的工作类似于老年社会工作。
这类组织有"成都市爱有戏社区文化发展中心"（以下简称"A 机构"）、"水
井坊街道慈善会""长者关爱中心"等。交子社区还与成都市广电局合作开通
了网络版的"爱家社区"，使老人在电视机前就可以订制适合自己的服务。这
是政府为了更好地服务于辖区老年人所采取的重要举措。

近年来，政府对人口老龄化问题逐渐重视，出台了各种社会政策来推动养
老服务事业的发展。锦江区率先进行了智能化养老的试点与推广，如先后开通
了"长者通"服务热线、向辖区老年人发放长者服务券，老人可以到定点服
务单位或者机构享受老年人服务；锦江区所制定的鼓励养老服务业发展的养老
服务政策对锦江区的老年服务业发展起到了较好的推动作用，基层政府、社区
自治组织等在养老方面也做出了较大贡献。

2013 年，水井坊街道人口 42 822 人，其中 60~80 岁的有 3 934 人，80 岁
以上的有 1 241 人。60 岁及以上的老年人占辖区总人口的 12% 以上，老龄化趋
势正在加强。水井坊街道是成都的老城区，在这些老年群体中，有很多低收入

家庭老人，他们的生活很清贫，他们既不属于政府托底的"三无"老人，又没有经济实力进入营利性养老机构安享晚年，他们的养老值得关注。

2.2.2.2 存在的问题

虽然水井坊街道在养老服务工作方面做了非常多的努力，但是老年人养老服务仍然面临诸多挑战，社会化程度较低、服务层次低、内容单一、服务种类单一等，不能满足老年人的需求。此外，针对"三无"、"空巢"、孤寡老人的政策，将一般老年人排除在服务体系之外，可能会产生新的不公平问题。概括起来主要有以下几个方面的问题：

（1）基层社区权责不统一。当前，社区的责任在无限扩大，社区的权利却不明确。以水井坊街道交子社区为例，社区管理的事务非常多，因此有社区工作人员诙谐地说自己这个层面的工作是"上面千条线，下面一根针"，一个社区不仅要落实中央、上级各部门所制定的各类政策，还要与社区、社区居民、社区团体打交道，因而很难对养老这项工作投入更多的精力。加之，随着上级政府不断下放各自的权力，社区居委会作为基层自治组织，便成了上级政府各项工作的落实机构。老年人工作只是众多工作中的一小部分，居委会工作人员也很难腾出时间和精力考虑老年群体的管理问题。

（2）养老资金缺乏。将政府拨款作为主要的养老资金来源，不是应对人口老龄化问题的长久之计。部分社会赞助资金还没有发挥它应有的作用。提供服务的个人或团体为了维持自己的生存而自筹资金的能力还有待增强。因此社区无力购买由专业服务人员提供的服务，也不能为老年人提供宽阔的娱乐场地，更难以为老年人购买健康、保健器材。即使社区有部分器材，但也已经非常老化，基本上丧失了保健的功能，老年人需求得不到满足，养老问题一直得不到解决。

（3）社区专业人才缺乏。首先，社区管理人员专业水平低。社区规模较大、社区事务庞杂，以及社区管理人员缺乏较为系统的管理知识等，导致社区管理还处于较低的水平。其次，社区管理资金缺乏，影响到社区管理人员管理优势的发挥，整合资源的能力也较低。最后，专业人员少。专门从事老年人服务的人员应掌握必要的老年学、心理学、医学、护理学、法律知识等，才能为老年人提供较为适当的服务。

2.2.2.3 需求分析

一方面，水井坊街道老年群体养老需求旺盛，而专业开展养老服务的机构或个人却很少。单纯依靠政府公共服务所提供的养老服务不能满足老年人的需求。随着家庭"小型化"与老人高龄化的趋势越来越明显，传统养老模式已经无法满足日益增长的养老需求。调查发现，水井坊辖区老年群体的养老需求旺盛，主要包括精神文化需求、医疗健康需求、生活照顾需求等多方位的养老需求，同时也有相当数量的孤寡老人、贫困老人需要物资和劳务的帮助。

另一方面，水井坊街道养老资源丰富，为社会化养老提供了便利。水井坊街道地处成都市一环路附近，地理位置优越，老旧社区邻里之间关系网络非常紧密，这也给辖区的养老服务创造了便利的条件。

2.3 老旧社区参与式互助养老模式

2.3.1 水井坊社区 A 机构简介

A 机构成立于 2009 年，是在民政部门正式注册的 5A 级社会组织，是一个致力于社区发展的专业社会组织，所做的项目包括社区互助、社区文化、社区环保、社区服务、自治能力建设等。A 机构以协力构建更具幸福感的社区为使命，通过参与式互助体系——"义仓""义集""义坊"等项目，将爱心家庭与受助家庭连接起来，从而建立社区邻里的互帮互助意识。A 机构以推动城市社区参与式发展为基本目标，通过培育大量的、活跃的、具有公民性的社区组织的路径，来达到活动的项目化、项目的组织化、组织的公益化，从而实现社区自下而上、自主自发、富有活力、主体多元、多中心的社区治理目标。A 机构在老旧社区以活动项目化、项目组织化、组织公益化的方式，即参与式互助养老的服务方式，开展老年服务。其主要的老年人服务项目包括："一个观众的剧场"、基于社区文化的"口述历史"、"长者互助餐桌"、"靓汤计划"、老街坊长者服务中心、社区温暖剧团等。

2013 年，水井坊社区 A 机构有员工 81 名，服务成都 7 个街道（锦江区的水井坊街道、龙舟路街道、莲新街道、狮子山街道、双桂路街道，高新区的肖家河街道、芳草街道），以及 "420" 地震灾区雅安飞仙关镇的凤凰村和飞仙村等。A 机构在实践中，通过持续的努力与创新，荣获了民政部专业社会工作二等奖、2013 年中央财政购买社会组织服务全国示范项目、"联想中国·我是公益行动派" 十强、中央电视台 "梦想合唱团" 成都公益梦想合作伙伴、水井坊街道参与式互助案例入选《社会创新案例精选》一书等多项殊荣。

2.3.2 参与式互助养老模式运作方式

2.3.2.1 介入方式

（1）进行个别服务与集体活动。个别服务是指对辖区内的特殊老人进行个别的服务，这类服务取决于老年人的现实需求。例如"一个观众的剧场"就是针对辖区"空巢"老人、孤寡老人和独居老人所提供的服务，该服务采用入户的方式给老人带来精彩的表演以及精神陪伴。同时，也邀请老人参与到表演之中，体现参与式原则。集体活动是针对辖区内有相似问题的老人所开展的养老服务，如托老服务中心作为一个社区养老院，可以为水井坊辖区老年人提供活动空间、餐饮服务；"长者互助餐桌"也是解决老年人吃饭问题的集体活动。

（2）开展贫困救助行动与精神文化活动。A机构定期给辖区内有生活困难的老人送去生活物资，这些物资主要源于每月公益庙会（义集）上募集的爱心物资，从而缓解老年人的生活困难。当然，参与式互助养老也从社区文化艺术的角度开展服务活动，从而丰富了老年人的精神文化生活。

（3）协力社区发展与培育社区团队。A机构在协力社区发展的过程中，注重社区团队的培育，如为社区内生自组织提供小额资助、培训、评估、组织交流、能力建设等服务，并根据它们的实际情况给予个性化的帮扶和技术支持，促进社区居民更有效地参与到社区社会组织的自我管理和运转当中。目前，这些团队已经在社区的公共服务特别是社区发展与养老服务中逐步展现它们的能力。A机构参与式互助养老模式示意如图2-1所示。

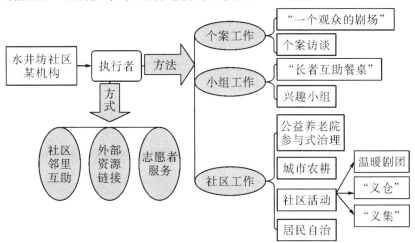

图2-1　A机构参与式互助养老模式示意

2.3.2.2 活动内容

（1）基于社区文化的"口述历史"。随着社会的变迁，老年人的家庭、社会功能都在一定程度上弱化，老年人在家庭中逐渐被边缘化，部分老年人丧失生活的自信心，出现一定程度的抑郁。A机构在关注社区发展的同时，也更加关注生活在老旧社区的老年人，协助老人改变自己现有的生活状态与生活环境。因此，基于社区文化的口述历史便产生了。该项服务基于传统文化及生活方式日渐式微，通过引导社区居民主要是社区老人讲述生活故事、社区历史变迁、道德礼仪等，以社区居民口述、志愿者文字记录、图像保存等方式，挖掘社区传统文化和生活中的故事，以促进社区志愿者及居民的广泛参与，从而提高社区居民参与意识、促进人与人交流和社区文化的传承。

生活在社区的老年人见证了社区所发生的种种变化，老年人通过讲述自己的人生经历，讲述社区在某一时间段所发生的变化，达到生命回顾、缅怀历史的效果，从而让老年人感受到别人的关注；同时，老年人将社区变化的真实过程描述出来，能够让更多的年轻人理解社区的历史与文化。社区文化也可以在讲述的过程中被传递，不因老旧社区重建与改造而消失。

（2）"一个观众的剧场"。"一个观众的剧场"以老人精神文化需求作为切入口，通过为老人带去文化表演、心理陪伴，全面回应老人居家养老的需求。"一个观众的剧场"关注社区中高龄、孤寡、"空巢"老人，通过参与式的艺术手段动员社区热心的文艺志愿者、企业志愿者、高校志愿者，走进老人家中，与老人一起回忆平生的欢与乐、痛与苦，并将其故事以戏剧表演等方式再次呈现出来，为老人们带去邻里的关怀，带去心灵的慰藉，以达到对老旧社区老人进行心理陪伴和互助养老的目的。

"一个观众的剧场"服务创始于2012年3月，开展活动的主要是机构工作人员、学校志愿者，也有社区志愿者。为了能够为老年人提供令人满意的服务，认真地对待每一位老人，他们须提前了解老人的个人、家庭情况，了解老人的兴趣爱好，并根据老人的兴趣爱好准备七八个节目。此外，他们每一次的服务都拟定了主题，如关注老人健康、增加老人营养、成立社区长者志愿服务队、"佳片有约"、为老人代买代购等，使得"一个观众的剧场"项目化、常规化。项目活动地点一般是在老人家中，也可以是户外。活动形式多样，可以是服务人员陪伴老人聊天、给老人表演节目、播放老人喜欢看的电影，服务对象大多为高龄老人，年龄最大的老人有97岁，最年轻的老人有70岁，他们多为独居老人、"空巢"老人、残疾老人。

（3）"长者互助餐桌"。由辖区长者共同参与的"长者互助餐桌"，目的是让老人的午餐变得更加温馨和热闹。该服务创始于 2012 年 10 月。生活在水井坊老旧社区的许多老人存在儿女离家、独自生活的情况，而且大多存在吃饭困难的问题，特别是社区孤寡老人、"空巢"老人、独居老人，这种问题就更加严重。为解决这一问题，A 机构发起了"长者互助餐桌"（老人互助餐饮）。"长者互助餐桌"由专门的社区志愿者协助老人们做饭，低龄老人可以为高龄老人准备饭菜，然后一起分享美味佳肴。吃饭的地方可以是公共活动空间，也可以去高龄老人的家中，以减少高龄老人行动不便的麻烦。

"长者互助餐桌"不仅缩短了老人之间的空间距离，也拉近了邻里之间友好互助的关系，同时也传播着爱心和关怀。

（4）"靓汤计划"。"靓汤计划"是针对长期不出门、行动不便、不愿与人交往的老人所提供的服务，是一个关爱社区孤老的行动计划，主要为社区老人送上营养丰富的鸡汤和骨头汤。分发"靓汤"、同老人聊天说笑的过程，增加了志愿者与这些老人交流的机会，让老人们感受到了来自身边邻居的关心和关爱，减轻了老人的心理压力。

"靓汤计划"源自"一个观众的剧场"，同时参与到"一个观众的剧场"活动中。目前该计划由邻里互助中心负责执行，其成员主要来自社区的文化团队、"夕阳红"志愿小分队、邻里文化社等，该计划也被大家亲切地称为"靓汤计划，温暖社区"行动。目前参加该计划的老人主要是辖区内的特殊老人，包括"空巢"老人、独居老人、残疾老人，这些老人多为行动不便者，所以需要志愿者将"靓汤"送到老人家里。

（5）锦江区老街坊长者服务中心。于 2013 年 6 月 22 日正式运营，又称"院 8 里"长者服务中心。水井坊街道办事处为之提供了场地、床位、供老年人使用的设备以及其他为老年人服务所需的服务设施，招商证券为长者服务中心提供了 80 万元的公益经费，期限为 3 年。

成都市锦江区水井坊街道"院 8 里"长者服务中心以社区为依托，以老人照料、生活护理和精神慰藉为主要内容，以日托服务为主要形式，融入了机构养老的优质服务和居家养老的温馨。长者服务中心属于政府主导、社会参与、民间机构运作的养老和社区日间照料服务模式。在具体操作上，长者服务中心采取机构化运作、机构管理、自愿入住的方式，资金以机构自筹为主，政府适当补助；主要服务对象为水井坊辖区身体较为健康的能够自理或者半自理的老年人，优先考虑水井坊辖区优抚老人、低保老人、"空巢"老人和最需要养老服务的老年人，重点服务子女不在身边的身体较为健康而内心感觉孤独的老年人群体。

长者服务中心配备有生活起居、休闲娱乐、康复训练、医疗保健等多项服务所需的设施。根据老人实际需求，长者服务中心设立了医疗保健室、康复训练室、心理辅导室、阅览室、文体活动室、老年课堂等功能科室，着力打造亲情式助老服务的特色项目，创造温馨的家园。该中心实际拥有床位20张，护理人员3名，管理人员1名，工作人员1名，厨师1名，充分保障了中心的正常运营。每天前来中心就餐的老人约40人次，来娱乐的老人约60人次。长者服务中心每天免费为老人提供休闲娱乐、保健讲座、理疗康复、医疗咨询、精神慰藉、应急救助、膳食供应及文化娱乐等多项服务，满足老年人养老需求，拓展老年人白天生活空间。每位老年人在中心只需支付每餐15元的餐费，再无任何花销。

长者服务中心充分利用社区老年人资源，尊重老年人参与自决的权利，推动老年人自发成立老年拳剑班、编织班、唱歌班和象棋班，定期开展活动；中心开展各种渠道的养老志愿者工作，使养老志愿者的活动长期化、制度化，让长者服务中心健康运转，老年互助组织也逐渐正规化、自主化。

长者服务中心就像其他老人服务项目的聚合点，"一个观众的剧场""口述历史""靓汤计划""温暖剧团"都能够以中心为基地开展老年人服务活动，形成了一个独特的专门为老年人提供服务的模式。服务人员尽力帮助老人做出改变，并致力于提供解决其需要的能力和机会，他们也充分认识到老年人的社会、心理及健康的需要，并根据这些需要提供多样化的服务。长者服务中心非常尊重每位老人的尊严，他们相信老人不是社会的负担，而是老有所为。在这种氛围下，院内老人相互尊重、相互理解、相互帮助，形成了一个互助养老的体系。

2.3.2.3 案例分析

2.3.2.3.1 个案工作案例分析

（1）个案资料卡（表2-1）。

表2-1 个案资料卡

姓名	肖××	个案编号	×××
性别	男	年龄	91岁
文化程度	小学	曾经的职业	泥瓦匠、装卸工、电线厂临时工
婚姻状况	丧偶	联系方式	—
亲属	一个60岁的智障女儿	家庭关系	和谐
个案来源		邻居推荐	
现居住地址		成都市锦江区水井坊街道青龙正街	

（2）个案描述。

肖先生，现年91岁（2014年），与一个60岁的智障女儿相依为命，生活在成都市锦江区水井坊街道青龙正街。岁月足以改变一切，但改变不了肖先生对女儿的照料和关心。在女儿5岁那年，一场高烧彻底改变了一家人的生活轨迹。在那之前的肖先生，生活虽然清贫，但有妻、有女，虽苦犹甜。女儿的那场高烧，使他的生活发生了翻天覆地的变化：女儿智障了。不久之后，妻子也去世了，这让肖先生猝不及防，仿佛一瞬间从天堂跌落到地狱。

在每天辛苦工作之后，肖先生总是迫不及待地回到家，因为他不知道今天女儿是不是又打破了热水瓶、摔碎了碗，担心她会伤到她自己。

他没有固定的工作岗位，做过泥瓦匠、当过装卸工，还在电线厂干过临时工，女儿就是他心灵的最大支撑。"中午做饭后赶去上班，下午又要提前走，下午回来做好我们两个一起吃，就这样，慢慢过，就这样过了这么多年……""一个月，低保，我女儿315元，我315元，两个人一共630元，这是什么都算尽在内了。""我老了，我最大的心愿，就是看着女儿寿缘满了，死了。她死了，我心里就敞开了，这是我最大的心愿。"

（3）个案服务。工作目标：通过"一个观众的剧场""靓汤计划""义仓"等项目服务来提高肖先生及其女儿的生活质量，丰富老人的精神生活，使他们度过幸福的晚年。服务情况：肖先生是A机构进入水井坊辖区后最早提供服务的老人。最开始，肖先生并不喜欢被打扰，不希望得到别人的帮助，因为在A机构为老人提供服务之前，有很多志愿者都为老人提供了服务，给老人造成了不必要的麻烦。但是，当A机构为老人提供了多次服务之后，老人开始信任A机构的员工，把他们当成自己的亲人来看待。A机构员工及志愿者每周看望老人至少2次，为老人带去了生活物资、精神慰藉、精彩节目等；"义仓"工作人员为老人送去米、面、油等生活必需品；"一个观众的剧场"志愿者为老人带去文化娱乐节目、精神慰藉、情感陪伴等，为老人带去了希望；"温暖剧团"的工作人员以老人的生活经历为线索拍摄了戏曲和影视；邻里互助中心为老人准备了靓汤，改善了老人的伙食，为老人送去健康和营养，使得老人晚年生活质量、精神状态、心理健康状况都有了较大的提升。2012年，A机构"一个观众的剧场"项目被选入中央电视台"梦想合唱团"栏目，肖先生还作为嘉宾受邀到北京，在中央电视台分享了自己的梦想。这对一位已年届89岁高龄的老人来说是何等的不易，可是肖先生做到了。他的心愿透过自然而平和的心，显得格外的灿烂，让现场的每一位观众备受感动和鼓舞。

（4）社会工作者反思。在水井坊辖区，与肖先生有着同样经历的家庭以及个人仍大有人在，比如校场坝中街得过小儿麻痹症的 90 岁高龄的孤寡老人肖先生、交子社区 87 岁还纳着鞋底的刘女士、水井坊社区终身未嫁的 91 岁孤老程女士与刘女士等。A 机构通过各种方式进入老人们家中，为老人们提供各类服务。然而，要使这类老年人的问题得到根本改变，并不是那么容易的事情，也并非几次个案访谈就可以解决的。仅是与这类老人建立关系就要花好长的时间，更不用说解决老人目前面临的问题以及改善其生活状况了。

2.3.2.3.2 小组工作案例

老年小组工作是在社会工作者的协助下，通过组员互助和小组推动，促进老人身心康复，恢复和发展老人的社会责任和社会功能。老年小组工作主要有社会目标模式、互惠模式、治疗模式、发展性模式，包括教育小组、支持小组、治疗小组、康复小组、成长小组、兴趣小组等。在各类型的老年小组工作中，除了主要目标之外，其他的功能也都会存在。例如水井坊长者服务中心，就是以兴趣小组为主要内容的小组工作方式，在工作人员的协助下，兴趣小组成员共同经历了从组建到发展的过程，老人之间互助模式也在此过程中得到建立和巩固。2013 年底，长者服务中心已经发展到 6 个兴趣小组，有 100 多位老人参加了兴趣小组，包括象棋班、拳剑班、折纸班、编织班、唱歌班以及烹饪班。中心采用参与式管理的方式，培育兴趣小组自筹、自建的能力，培育兴趣小组精英，实现了兴趣小组由纯粹的娱乐性向组织性、规范性的转变，以较低的成本提高了老年人的幸福指数。案例具体内容如下。

小组名称：托老服务中心婆婆妈妈编织小组。

小组目的：从老人兴趣出发，为喜欢手工编织的老人提供一个温馨活跃的经验交流与相互学习的平台，发展组员兴趣和人际关系，满足精神和娱乐的需求，增强自信及自身的社会认同感，提高生活满意度，促使老年人自身潜能的开发和社会功能的恢复。实现中心老人由一般的老人向幸福的老人和乐于助人的老人转变，逐渐提高老人的公民意识。

小组性质：社交娱乐性小组。

小组主题：学习新的手工编织项目，提高老人手工编织技术水平，建立兴趣小组自助与互助机制。

小组招募：板报通知，对手工编织感兴趣的老人都可报名参加兴趣小组，同时长者服务中心站长与工作人员在实际服务的过程发现擅长手工编织类的老人，并动员其加入兴趣小组。

小组工作过程（节选自小组工作中期，见表 2-2）。

表 2-2　小组工作过程

时间	地点	人数	主题	活动内容	工作人员角色
4月9日	院8里	7人	做香包	1. 工作人员介绍组员相互认识 2. 工作人员介绍本次活动的主题 3. 工作人员教授香包的编织方法 4. 活动拍照	活动带领者、引导者
4月17日	院8里	9人	做猴子香包	1. 新增加组员做自我介绍 2. 工作人员带领组员回顾上次活动内容 3. 工作人员介绍本次活动主题 4. 组员分享本次活动心得，总结出香包的编织规律	引导者、监督者
5月7日	院8里	12人	做金鱼香包	1. 组员开始探讨其他香包的做法 2. 组员讨论出新的香包做法	观察者、推动者

　　小组分析：长者服务中心从老人的兴趣点入手，工作人员用社会工作小组工作方法逐渐引导兴趣小组老人走向自主意识，虽然每次小组活动的工作内容非常简单，但是通过养老中心渐进式的工作策略，让老人参与到主体决策的过程之中，让老人自己选择与讨论本次活动的内容。同时也要强调的是，工作人员在每次小组活动中的角色应有所变化，从活动带领者到活动引导者，再到活动观察者，老人在此过程中的作用日渐增强。

2.3.2.3.3　社区工作案例分析

（1）社区简述。水井坊 100 号院落（社区）是当地的一个老旧社区。社区建造于 20 世纪 80 年代，社区内硬件设施老化严重，社区内部的美化不足，社区内原有绿化毁坏严重，很多花草树木均有缺损的地方。社区居民的环保意识不强，社区管理不到位，致使垃圾和小招贴随处可见。社区内居民楼共有 20 个单元楼道，社区老旧，楼道情况很糟糕。但是社区老年人资源丰富，邻里之间信任度较高，邻里之间相对团结。

（2）工作实录——水井坊 100 号院居民自治工作开放空间房屋改建。

①工作目标：动员居民关心本社区事务，引导院落成员认真参与讨论。

②工作时间：2012 年 2 月 23 日。

③工作地点：100 号院小会议室。

④前期筹备：在会议召开之前，A机构工作人员做了相关的内容、材料、会务设备等准备，这些准备主要围绕"让讲解内容通俗易懂""会议氛围轻松自由且不失正规性""如何引导院落组织成员认真积极参与到讨论中"。针对这几个议题，工作人员选择了围圈而坐的轻松形式，并采用了开放空间的技术来调动成员们的积极性。

⑤工作内容：

◆所有参会人员逐个做自我介绍，在场人员相互认识。

◆广告公司设计师讲解房屋改建方案及图样设计等。

◆A机构主任讲解开放空间改建等相关内容，并让与会人员贴出公示以收集院内信息，争取在下周一早上确定是否改建。

◆院落自治组织成员讨论实录：讨论过程运用了开放空间技术，每一位成员都可以将自己的想法写在便签纸上，然后统一分类贴在小黑板上，每一个组员都平等地参与讨论，最后得出的总结也集合了所有人的意见，体现出民主决策精神，同时调动了每位组员的参与积极性。

⑥讨论过程：

◆自我介绍环节：以每个人自己介绍自己的形式来代替由领导——做介绍的方式，这样有利于会议成员从一开始就投入到会议中来，从而更加积极认真地参与会议。同时，做自我介绍也是工作人员了解每一位成员特长与优势的良好时机，有益于后续工作的开展。

◆开放空间讨论环节：这是院落组织成员第一次采用这样开放的形式来参加会议，会议前工作人员预估讨论现场会遇到一些困难，比如成员们不熟悉这种方式以至于不会配合等，但令大家惊喜的是，每个人都在积极地发表自己的观点，最终讨论得出了很多切实可行的意见。

⑦会后评估：将会议实况记录下来，发给每一位院落组织成员；根据会议讨论的结果，协助院落组织具体落实。

⑧跟踪服务：

院落组织成员尽快贴出公示，在周一早上收集好院落反馈，确定是否进行房屋改建。

公示内容为：为了打造"开放空间"，增加大家的活动场所，现征求大家意见，即是否同意在原有基础上扩大一间活动室。初步规划如附图所示。若有意见，请在两天之内，反映给徐先生：180×××8888；蒋女士：180×××9999。

公示时间是三天，A机构在周一时收集到了100号院成员的反馈信息。A机构表示，虽然只有少数人反对，但是如果忽略了他们的意见，恐怕会引起更大的纠纷，所以决定暂时搁置房屋改建方案。

2.3.3 参与式互助养老的方法

参与式互助养老的方法有老年个案工作、老年团体工作和老年社区工作。

（1）老年个案工作方法。老年个案工作方法是从老年人个人或其家庭入手，工作者与老年人个人或其家人在一对一、面对面的情景下，以感受到的困难、适应不良或有问题的老年人个人及其家庭为工作对象，通过工作者的介入，为老年人及其家人提供物质或情感上的支持与帮助，以改善其生活状况，缓解其心理压力的一种专业工作方法。例如，"一个观众的剧场"项目是一个非常类似的个案工作，只是其专业程度还有待增强。工作人员也不能清楚地说明针对老年人的服务到底处于哪个阶段、哪个过程，同时也缺乏一个有效的评估计划，对老年人所起到的效果还停留在感性层面。

（2）老年团体工作方法。团体工作是利用团体活动，增强团体老人自助与互助的能力，从而形成一个相互认可和接纳的互助体系的工作方法。这个体系能够影响老年人个人发生转变，培养老年人的社会责任心，担当积极的社会角色，从而实现老人的再社会化，重新认识自己，认识社会。笔者在对水井坊街道某社区机构的养老服务进行研究的过程中发现，多数时候团体性工作主要集中在社会互惠模式以及兴趣小组的活动上。

（3）老年社区工作方法。该工作方法是以社区为载体，以社区中的老年人及其他社区成员为对象的一种社会工作介入方法。它通过组织社区的老年成员有计划地参与集体行动，来解决社区中的老年人问题，从而满足社区老年人的需要，并使得老年人在社区活动中建立起对社区的归属感①，培养自助、互助和自决的能力、意识与精神，进而提高老年人的晚年生活质量。社会工作机构在参与式发展理念的指导下，协力构建更具幸福感的社区，采用社区工作的方法，动员社区志愿者开展老年人服务活动，其主要服务内容包括老年人社区照料、老年人健康教育、老年人社区活动等，丰富老年人的精神生活，恢复老年人的社会功能。

2.3.4 参与式互助养老的价值取向

通过对参与式互助养老模式的系统分析可以看出，该模式必须坚持社会工作价值观取向，以满足老年人的服务需求。参与式互助养老模式的社会工作价

---

① 夏黎. 浅析社会工作视角下的机构养老服务模式［J］. 学理论，2012（8）：10.

值观包括：

（1）社会工作者是环境改变的推动者。在养老服务的过程中，社会工作机构总是以改变现有不好的生活环境为动力，不断创造和发现新的养老服务方式，支持有各种需求的老人，通过改变老人的生活居住环境，使其能够在较为舒适、安全的环境中生活，从而提高老人的生活质量。

（2）社会工作者的使命是促进个人和社区正视现有的社会问题。在开展服务的过程中，社会工作机构力求促进社区组织和其他社会机构对老年人个人需要和社会问题予以正视，这一点同社会工作专业的使命是相同的。在参与式理念的指导下，社会工作机构的使命就是协力构建更具有幸福感的社区，让社区所有的人、组织都能够加入进来共同促进社区的发展；通过参与式互助体系建立社区居民相互信赖的网络，以社区文化艺术为切入点，开展社区邻里互助、居民自治等项目，形成社区居民主动关心社区事务、关心社区的发展、解决社区问题的良好局面；通过社区文化艺术，搭建普通居民表达自己的平台，让社区居民传递社区文化，凝聚社区精神。

（3）推动社区居民自治。居民以自下而上的方式参与到社区管理、院落整治、规范建设、环境改善等与社区居民生活息息相关的各个方面，社区居民经历了从开始对社区事务漠视到对社区每个事件的热切关注的转变，各个院落还成立了自己的自管小组，政府也为每个院落修建了居民议事空间。在这个过程当中，院落领头人主要由社区老年人担当，而大部分议事成员是由每个院落选举出来的较有威望的老人，他们虽然从自己的工作岗位上退了出来，但是他们仍然对社区的发展起着非常重要的作用。水井坊街道的自治体系能够收到这样的成效，主要得益于这些热心的老人以及他们所组建起来的团队。A机构能够把这项工作做好，也是在于有这帮老年人的积极参与。参与式理念就是要在参与中获得进步与发展。

（4）社会工作做的是一个资源链接的工作，社会工作者是一个资源整合者。A机构不仅仅是一个只顾自己做事的公益组织，还是一个善于运用各种方法调动社会资源、整合社会资源，为更多有特殊需求的老人提供多样化服务的公益组织。例如在"一个观众的剧场"项目中，A机构得到了社区热心志愿者、高校志愿者、小学生志愿者、企业志愿者等人力资源的支持，影响了街道办事处、社区居委会等政府组织为项目、为需要帮助的老年人提供物力支持，也动员了具有社会责任意识的企业、基金会等为老年人提供资金支持。

2.4　参与式互助养老模式的效果

2.4.1　参与式互助养老模式的成效

本节结合老年社会工作的基本理论，分析参与式互助养老服务模式的作用。

（1）预防和减缓老年人生理、心理和社会功能的衰退。

第一，参与式互助养老模式积极回应了老年人的精神需求。大量的实例印证，随着年龄的增长，老年人更容易陷入孤独和寂寞，尤其是居住在老旧社区的"空巢"老人、孤寡老人、独居老人。所以，除了解决其基本生活问题，还需要为其提供精神慰藉、陪伴等精神层面的帮助，协助老年人进入正常的生活状态。例如，A 机构的"一个观众的剧场"就是专门为这些社区的"空巢"、孤寡老人开设的一个项目。每周二都会有机构的专职社会工作者带领志愿者来到一位老人的家中，为其单独进行表演。志愿者用自己的爱心、热心去关心老人、慰问老人，帮助老人打扫卫生等，让老人感到无比的温暖，老人的精神也得到了慰藉。

第二，动员老人参与社区活动。无论是"一个观众的剧场"，以及"长者互助餐桌"，还是"长者服务中心"的老人服务活动，都体现出了社区自助养老的精神。参与不同于参加。参与是一个过程，是利益相关者的合作治理，是利益的分享。它既是一种理念，也是一种方法。参与者不仅是社区发展的受益人，更是社区发展的建设者、贡献者。充分调动老人的积极性，发挥老人的潜能，让老人看到参与的希望和可能的成效，维持积极健康的生活状态，从而预防或减缓老人各方面功能的衰退。

（2）恢复老年人受损的社会功能和社会关系。在退休之后，老人可能短期内无法适应没有工作的生活，加上年龄不断增大，身体确实发生了较大的变化，导致老人陷入心理上的恐惧，开始逃避社会，使得老人的社会功能逐渐丧失，社会关系也日趋减少。

参与式互助养老模式发挥专业助人的优势，使老人从孤寂的心境中走出来参与社区事务、社区活动，让老人感觉到自己没有被社会抛弃，充分地认识到除了家人外，社区也需要自己，国家更需要自己。通过参与式互助的一系列活动，帮助老年人逐渐恢复和发展他们的社会功能和社会关系。

（3）为老年人链接资源。参与理论的一个重要方面是使当地群众在他们熟悉的环境中充分地把他们自己的知识及技能运用到发展活动中去。

第一，挖掘老旧社区现有的优势与资源。城市老旧社区作为历史的写照，不仅是过去的历史，还是今天的镜子，它为现代社区的规划和建设提供了借鉴和启示。因此，工作人员应该协助老人重新认识其长期生活的社区的各种优势和资源，并为社区居民所重视。比如，A机构通过多次召开社区居民开放空间会议，动员老年人群体参与到社区的院落管理与决策中来，老年人从开始对社区问题的冷漠状态中脱离，并对参与社区治理产生了浓厚的兴趣。这样就充分调动了老年人的积极性，也减轻了社区管理人员的工作压力，使得社区的文化资源被充分保留下来。

第二，为老年人提供各种资源。参与式互助养老模式的工作人员积极关心他们所服务的每一位老人。例如，个案服务中的肖先生案例。社会工作者在得知肖先生的情况之后，便快速介入到肖先生所面临的困难之中，先后为肖先生链接了家政服务人员、健康检查服务人员，后来肖先生还受到了政府、社会爱心人士的关心和帮助，解决了肖先生生活上的困难，基本上消除了其对未来生活的担忧。"一个观众的剧场"的慰问演出，也使肖先生感受到了心情愉悦。

（4）促进基层政府转变决策方式。促进三方关系的改变也是水井坊街道A机构推动社区发展的基本目标之一，并希望能够将原来自上而下单一化的社区治理改变为自下而上、富有活力、主体多元、多中心的社区治理方式。

水井坊社区A机构参与式发展理念的目标见图2-2所示。

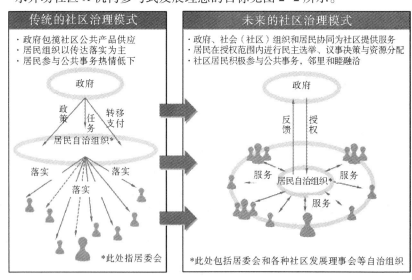

图2-2 水井坊社区A机构参与式发展理念的目标

在 A 机构的影响下，水井坊街道办事处将政府过去大包大揽、管不了又管不好的基层工作打包让渡给社会组织承接，赋予社会组织更多的权利，并以开放的姿态尊重和重视社会组织的建议和实践工作。政府在购买服务的过程中，体会到了居民参与社区治理的有效性，逐渐转变决策方式，并较为克制地参与到社区大小事务的讨论当中，治理效果较为明显。政府、居民、社会组织通过一次又一次的共同协商，逐渐建立起友好合作与信任关系，推动了社区的和谐发展。

2.4.2　参与式互助养老模式的经验

参与式互助养老模式的经验主要有以下几点：

（1）建设以老年人为主体的社区自治组织。参与式理念就是提倡让老年人参与到决策的过程当中，并充当决策的顾问。水井坊街道 A 机构经常召开议事会，让老年人参与讨论，机构只是做引导和梳理，将老人的需求量化并付诸行动。

（2）促进老旧社区养老自助与互助相结合。社区是一个微型的社会，而老旧社区因为老年人的存在而更多地保留了这个微型社会的历史。A 机构深入社区、深入院落、深入服务对象的家里，根据服务对象的需求为其提供服务，能够全面回应老年人的养老需求，同时老年人也参与到了服务内容的设计当中。

参与式互助养老为老旧社区行动不便的老人提供上门居家服务，为行动能力较强且愿意走出来参加活动的老人提供展示自我的平台，把生活在同一个社区的老人聚集起来，推动他们互助养老。例如，长者服务中心提倡老人自己举办各种文化娱乐活动，中心发挥引导和管理的作用。在活动中，老人充分彰显自己的聪明才智，通过活动策划与申请、活动的物资购买、活动的开展、活动的后期总结等一系列流程来提升和完善自己，促进了老年人的自主性与互助性相结合。

（3）充分调动社区内部与外部资源。

一是充分运用社区资源。虽然老旧社区被多数人贴上了"落后"的标签，但是其社区资源依然非常多，而且通常来说这些社区更具有人情味，邻里互助关系更容易建立起来。庞大的老年群体拥有巨大的潜力，是可依靠的力量，也是社区最重要的资源之一。他们在年轻时候普遍经历了较多的事情，也积累了年轻人所没有的经验，并且能够为年轻人提供生活指导。通过这些社区居民的互助和社区自组织服务，充分挖掘社区的人力、物力、财力潜力，尤其是通过社区养老服务，通过组织低龄健康老人向高龄非健康老人提供日常生活照料服务、精神陪伴、文化娱乐等，使社区居民的互助互济转化为巨大的服务资源①，对于建立老年人之间的互助网络，有效发挥老年人的余热也起着重要的作用。

二是链接外部资源。例如与成都市相关学校合作建立实践基地，引进学校志愿者为辖区老人提供服务；与社会企业建立友好关系，实现企业、社区、老人以及社区机构的共赢。

（4）其他方面的经验。参与式互助养老专注于给老人提供专业的服务，但不局限于只运用一种服务方法，而是寻求多元化的路径来满足老年人的需求。

第一，从社区文化入手满足老年人的精神需求。满足老年人的精神需求应该是老年社会工作者开展工作的出发点之一，无论是帮助老年人预防未来可能遇见的困难，还是解决当前所面临的危机，还是协助老年人挖掘生命的潜能，寻找发展生机，都应该在满足老年人精神需求上下功夫。从社区文化的角度出发，可以为社区老人带来丰富多彩的艺术表演，并且让老年人都参与进来，从而丰富了老年人的精神世界。

第二，良好的宣传。包括拍摄影视作品，不仅让观众观赏了好看的电影、电视剧，而且传递了参与式互助精神，让观众更容易理解公益行为；利用QQ群、新浪博客、腾讯微博、微信发布最新服务消息；与电视台、报社等合作，增强了其服务活动的普及性；积极与文化类组织合作，并用心承办它们推出的活动，让更多的组织参与进来。

第三，多样化的服务人员。为老年人提供服务的人员既有心理学方面的专业人士，又有善于歌舞表演的热心志愿者，机构的工作人员也来自社会学、心理学、社会工作、人类学、艺术、影视制作以及其他专业，他们有激情地开展工作，并持续地保持这种热度。

2.4.3 参与式互助养老服务模式发展中的问题与困境

参与式互助养老服务模式发展中的问题主要表现在以下几个方面：

（1）专业技术人员尚未充分发挥自身的作用。虽然参与式互助养老模式较多地运用了社会工作的方法，但是相关工作人员对社会工作理论普遍不理解，对社会工作学术研究不重视。在参与式互助养老模式不断深化的过程中仍然存在一些问题，比如相关工作人员专业度不够高，大部分只是进行文化娱

---

① 祁峰. 城市社区养老服务的特点与作用 [J]. 城市问题，2011 (11)：75-76.

乐、精神陪伴、家政服务、困难救济以及临时照顾，缺乏专业的老年社会工作者、老年护理人员，对老年学的知识知之甚少，老年人深层次的需求仍未能得到满足。

（2）资金使用的限制较大。要将老旧社区改造成为一个适老化的社区，不仅需要大量的维修资金，也需要大量的投入来培养老年服务人员，资金的不足仍然是提供参与式互助养老服务的阻碍之一。老旧社区与一般的新型社区不同，一般的新型社区内都有专门的维修经费，只要居民有需要并提出申请，物业公司便可先排查再维修，维修起来也比较容易。而老旧社区建成的历史较早，基础设施薄弱，而且投入使用较久，原有基础设施老化或者失去功能，加之早期的社区建筑缺乏足够的房屋监管机制，也没有设立专门的社区维修资金，因此，仅仅靠互助养老的服务力量将老旧社区改造成为一个适老化的社区显然是杯水车薪，需要政府、社会团体、居民共同努力，才能完成这个艰巨的任务。

（3）老年人健康档案有待完善。老年人具有多样化的需求，老年人有着不同的特点，建立老年人健康档案，是做好老年人服务的重要基础和前提。Landi 等在其研究中指出，对身体虚弱老年人的最佳照料取决于对他们的综合评估，促进全面的评估，以及生成一个标准化、多维的、与政策相联系的病人数据库是非常有用的①。当老年人身体状况发生变化的时候，应该让其得到更合适的服务。为此，应该组织专家协助为老年人建立一套完整、科学的老年人健康档案，为老年人建立健康评价档案，并出具健康报告，确定适合老人的社会服务范畴，由老人自行选择具体的服务项目②。

（4）参与式互助养老模式面临严峻的外部环境。一个项目或者一种设施的建设和运行总是在人力、财力和物力的支持下完成的。为此，客观上需要对老年社会工作提供各类经济投入③。老年社会工作需要寻找合适的途径，以期用最适度的经济投入取得最大的服务效果。

参与式互助养老服务模式发展中的困境主要体现在以下两个方面：

（1）缺乏必要的人力。开展老年社会工作除了资金之外，还需要可持续的人力资源的支持，否则服务工作难以为继。人力资源就包括专业的老年社会

---

① LANDI, CARRARA, ROBERTO. Minimum Data Set for Home Care: A Valid Instrument to Assess Frail Older People Living in the Community [J]. Medical Care, 2000 (12): 38.

② 高娜. 成都主城区居家养老服务完善与推广策略研究 [D]. 成都：西南交通大学, 2012.

③ 孙伊凡. 老年社会工作多元化投入问题思考 [J]. 河北大学学报（哲学社会科学版），2013 (4): 82.

工作者队伍、为老志愿者服务队伍、老年人专业护理人员以及其他能够为老年人提供服务的专业人员等。现有的老年社会工作队伍数量少、力量小，根本不能满足老龄化社会的需求，加之老旧社区中现有的物质条件（房屋、基础设施、社区环境等）对专业的高素质人才缺少足够的吸引力，社会工作者只靠热情很难坚持长久的服务工作。志愿者队伍力量薄弱，持续性有待提高。开展老年社会工作需要大量的志愿者协助其开展老人服务活动，志愿者也需要通过参加活动来体现自身价值。目前，能够参与志愿服务活动的主要是在校大学生，也有一些社区志愿者，很多机构的志愿者都是通过临时招募来参加活动，不仅加大了管理的难度，也使得志愿者流动性增大。专业的护理人员是极其重要的人力资源，同时也是最缺乏的人力资源。护理人员经过护理培训，掌握老年人护理的专业知识，深知处于不同状况的老年人的习性，其专业性难以替代。目前，很多养老机构所开展的养老服务，其护理人员都未能达到专业护理人员的标准，很容易导致对老年人的第二次伤害。

（2）政府的角色定位不清。参与式互助养老模式能够在水井坊街道得到实践和发展，与地方政府的定位有着非常密切的关系。作为一个以社区发展为使命的社会组织，A机构跟辖区内其他社会组织一样都得益于基层政府机构对社会组织的孵化作用①。政府通过组建孵化园，购买社会服务，设立专项扶持资金。政府的行为客观上为参与式互助养老模式的推广提供了良好的环境。然而，这并不意味着政府的角色有了良好的定位，特别是在城市老旧社区，政府角色不清、职能不明的问题并没有得到有效解决。地方政府因为出钱购买了社会组织的服务，就以为和社会组织形成了特殊的上下级关系，会对社会组织日常工作产生一定的压力，甚至还会要求社会组织做一些服务范围之外的事情，对社会组织管得过宽、过严，这就导致了社会组织不得不脱离专业的轨道而寻求与政府步调一致。机构工作人员既要从事专业的社会服务，又要完成政府方面下放的任务，会出现只做政府规定的任务而放弃机构最初的专业使命的现象。

2.5　本章小结

参与式互助养老的方式是以较低成本运行的养老方式，它就地取材，以现有的资源为主，注重发展社区邻里互助养老，又在某种程度上提高了老人的生

---

① 李斌. 成都"义仓"能否重塑"熟人社会"[J]. 四川党建，2011（11）：12-14.

活保障水平，老人只需留在熟悉的地方便可享受到参与式互助养老的便利，本质上没有改变老人与子女的赡养关系，反而减轻了家庭养老的负担。

参与式互助养老模式与老年社会工作有着内在的联系。首先，明确了老年社会工作与养老服务的关系。虽然两者的服务对象都以老年人为主体，但有着显著的区别。老年社会工作是一门专业、一门学科，老年社会工作者必须以专业的知识理论为指导，运用专业的老年社会工作知识和技巧帮助有不同需要的老年人，从而使老年人过上体面的有尊严的晚年生活。养老服务是专门针对老年人开展的一种服务，为老年人提供必要的生活服务，满足其物质生活和精神生活的基本需求。按照居所的不同，养老服务可以分为居家养老和机构养老，体现的是老年人养老的方式。因此，两者有着明显的区别。虽然两者的区别明显，但是作为实践中的服务者，必须将这两种概念都融入为老服务的工作中，才能更好地完成当前的老年人服务工作。其次，老年社会工作在实践中得到发展。老年社会工作的基本方法在参与式互助养老的实践中都有所体现。社会工作的价值理念指导着参与式互助养老模式的实践，其以协力构建更具幸福感的使命与社会工作的使命互相呼应，而且在实践的过程中，如基于社区文化的"口述历史""一个观众的剧场""长者互助餐桌""靓汤计划"以及长者服务中心等项目，在开展活动的过程中都不同程度地用到了老年社会工作方法，同时也拓宽了老年社会工作的内涵和外延。

在现代新型社区逐渐取代传统老旧社区的过程中，在家庭养老功能逐渐弱化的情况下，参与式互助养老模式依托社区，为社区老人提供服务，并综合了居家养老、机构养老、家庭养老的优势，既弥补了家庭养老的不足，又克服了机构养老的缺陷，应受到政府部门的重视和社会各界的关注。这并不是说参与式互助养老模式就可以完全替代居家养老、机构养老或者是家庭养老。在中国规模庞大的人口压力下，解决人口老龄化所带来的问题并非一种模式就可以完成，也非一朝一夕的事情，而是需要长期的、多角度的思考和实践，探索更加适合当地经济、社会文化要求的养老服务方式。

参与式互助养老模式是在人口老龄化的宏观背景下探索形成的，它反映了当前社区发展突出的问题，也说明老年人在社区发展中发挥着应有的作用。同时，参与式互助养老模式以老年人为主体的原则体现了新时代所弘扬的积极老龄化的观念，丰富了中国传统意义上的敬老、爱老思想，从观念上容易被人们接受，但也面临着诸多挑战。

第一，目前以项目制为主导的社会养老服务机构，其资金、资源主要来自政府购买、基金会支持，缺乏长久性和可持续性。项目制就是为解决当前迫切的问题而临时组建的工作团队、工作规范，相对于事业制来说其更具有灵活性，往往能够较快地解决或者缓解当前的问题，其缺点是项目的临时性，使得其存在感不强、团队成员归属感不强，员工没有安全感。政府、基金会以及企业以项目的形式招标符合条件的社会服务机构开展社会服务活动，收到了良好的效果，但也存在一些隐患，如在项目完成之后，社会服务机构容易陷入项目持续发展的危机之中。一旦项目失去资金投入，从事项目服务的机构以及个人便失去了依靠，其长久性和持续性便得不到保证。

第二，参与式理念要求受益群体在发展过程做出相应的贡献和努力，对项目的成功具有相当程度的承诺并具有一定的实施项目的能力，这使得参与式互助养老模式在那些失能、失智的老人身上的效用大大降低。参与式互助养老模式以老年人为行动主体的特点，强调老年人在养老服务中的主体作用，对于那些不愿意承担责任，或者没有能力承担责任的老人来说，其功效就不是那么明显了。对于想要在退休之后享受个人清静生活的老人来说，他们并不愿意再次承担起较多的社会责任，因为年轻时长期的工作确实给他们带来了较大的负担。参与式互助养老模式尊重每个老人自主选择的养老方式，对那些失能、失智的老人来说，想其承担责任并做出贡献是一件非常困难的事情。但是参与式互助养老并没有放弃这些失能、失智的老人，而是努力发掘老人的潜能，使老人度过有尊严的晚年生活。

第三，政府的支持力度、养老的政策环境仍然是影响参与式互助养老模式的关键因素。参与式互助养老模式能够较好地适应社会化养老的要求，也容易被老年人接受，它综合了社区养老、居家养老、机构养老的优点，并且将老年人养老自助与互助相结合，充分展现了老年人参与社会活动的主体性。只有从国家层面上支持和鼓励养老模式多元化，特别是从制度上放宽对养老服务行业的限制，才能实现服务效果的最大化。而现实情况是，在诸多社会化养老的实践中，提供服务的团体或个人除了担心项目资金、人才短缺，还担心政策变动等问题，比如水井坊街道 A 机构现在正在为养老场所担心。长者服务中心自2013 年 6 月份运营以来，为水井坊街道养老服务做出了较大的贡献，中心获得了辖区老人以及辖区外老人的较高评价，但由于政府打算拆迁中心以及附近的房屋，给托老中心的后续发展带来了较大的影响。这些都是有待后续研究的议题。

3 社会工作介入县域养老机构实务研究[①]

3.1 研究背景与文献回顾

3.1.1 研究背景及意义

3.1.1.1 "未富先老"的现状及养老模式社会化的必然趋势

根据 2010 年第六次全国人口普查公布的数据[②]，2010 年我国总人口数为 133 972 万人，其中 60 岁及以上的人口有 1.78 亿，占总人口数的 13.26%，比 2000 年第五次全国人口普查上升了 2.93 个百分点；65 岁及以上人口约 1.17 亿，占总人口数的 8.87%，比 2000 年第五次全国人口普查上升了 1.91 个百分点（见表 3-1），我国成为全世界老年人口最多的国家。此外，我国 80 岁及以上的高龄老年人口数已从 1990 年的 80 万增长到 2000 年的 1 100 万。根据中国人口老龄化发展趋势预测研究报告，2020 年，我国 60 岁及以上老年人口数达到 2.48 亿，其中 80 岁及以上高龄老人超过 3 000 万，到 2050 年，老年人口总量将超过 4 亿（见表 3-2）。

---

① 本章初稿完成于 2014 年，出版时有修订。
② 中华人民共和国国家统计局网站：http://www.stats.gov.cn/tjsj/pcsj/rkpc/6rp/indexch.htm.

表 3-1 我国历次人口普查数据

年份	总人口数 /万人	0~14 岁 /%	15~64 岁 /%	65 岁及以上 /%
1953	59 435	36.28	59.31	4.41
1964	69 458	40.69	55.75	3.56
1982	100 818	33.59	61.50	4.91
1990	113 368	27.69	66.74	5.57
2000	126 583	22.89	70.15	6.96
2010	133 972	16.60	74.53	8.87

表 3-2 2020—2050 年中国老年人口发展趋势 单位:%

年份	60 岁及以上	65 岁及以上	80 岁及以上	80+/60+
2020	16.43	11.31	1.69	10.26
2030	23.05	15.43	2.40	10.42
2040	26.99	21.09	3.78	13.99
2050	29.73	22.42	6.18	20.80

与国外相比,我国人口老龄化呈现以下特征:老年人口基数大,增长速度快;人口老龄化存在较大的地区差异和城乡差异;呈现高龄化趋势;未富先老与未备先老;失能老人与独居老人数量增多。在此情况下,随着家庭规模的缩小、传统家庭养老功能的弱化,养老模式的社会化成为必然趋势。但目前社会养老水平低,自我养老和社会养老意识低,养老需求日趋个性化与多元化,养老服务难以适应需求。在"老有所养"的基础上,如何实现"老有所乐"与"老有所为",满足老年人养老需求,已然成为不容回避的现实问题。

3.1.1.2 机构养老成为我国养老服务体系的重要支撑

老年人因其生理机能下降,需要更方便的公共生活设施、社会照顾与支持系统。全国人口普查数据显示,我国家庭户规模 1982 年为 4.41 人/户,到 2010 年下降到 3.10 人/户,家庭结构趋向小型化与核心化,同时家庭中年轻一代还面临着巨大的经济压力、竞争压力,导致由家庭承担的养老功能逐渐弱化。在当前我国社会经济发展水平下,特别是在二线城市和小城镇,并不完全具备提供优质社区养老服务的能力和资源。由于家庭结构的变化及社区养老服务所存在的局限,机构养老成为一种趋势,其在满足老年人的养老需求和更高层次的服务中起了重要作用，我国也逐步向"以居家养老为基础，社区养老为依托，机构养老为支撑"的养老服务体系迈进。

3.1.1.3 养老机构呼唤先进养老理念和专业化服务

我国养老机构普遍存在服务项目偏少，机构服务设施功能不完善、利用率低，养护人员短缺，专业化服务程度低等亟待解决的问题。相关研究表明，我国目前失能、半失能的老人约 3 300 万，如果按照 3∶1 的比例配备养护人员计算，需要约 1 100 万名养护人员[1]。而现状是全国养老机构从业人员不足 100万，每年取得养老护理员职业资格证书的只有约 2 万人。为此，如何提高养老机构的专业化水平越来越受到政府及社会各界的重视。社会工作秉承公平、正义的价值追求和促进社会改变的宗旨，以专业助人理念、知识与技巧提供专业性老年服务，其可行性和必要性已在我国的养老实践中得到证实，但还未在不同的养老机构特别是中小城镇的养老机构中推广。

3.1.1.4 四川省 2013 年"三区"计划[2]仪陇县社会工作服务项目契机

中国的社会工作已从民间的呼吁进入官方的视野。2013 年 5 月，四川大学中国西部反贫困研究中心与四川省民政厅、仪陇县民政局签订了"四川省'三区'计划——仪陇县社会工作服务项目"。在为仪陇县福利中心提供社会工作服务的过程中，课题组人员深入了解该福利中心及其所在社区环境，研究社会工作在养老机构中综合运用的方式、效果，以期该项目对于同类机构具有借鉴性和一定的推广性。

本研究以行动研究为主要方法，从仪陇县的机构养老现状与问题出发，在社会工作理论的指导下，对仪陇县福利中心进行社会工作综合介入实践研究，再对实践研究效果进行归纳与提升，使研究成果既有理论性，也有务实性。其研究意义体现在以下几个方面：

第一，为社会工作的本土化积累丰富的经验，促进我国老年社会工作理论与方法的本土化建设，为创新我国老年学研究贡献绵薄之力。

社会工作在中国的本土化是指"产生于外部的社会工作模式进入中国，同中国的经济、政治、社会文化等制度体系相互影响进而适应中国社会的需要而发挥功能的过程"[3]。我国社会工作从起步到现在已有 20 多年，在这期间社

① 贾素平. 养老机构管理与运营实务 [M]. 天津：南开大学出版社，2013：7.

② 三区：指边远贫困地区、边疆民族地区和革命老区，来源于《四川省边远贫困地区、边疆民族地区和革命老区人才支持计划社会工作专业人才专项计划 2013 年实施方案》（简称"'三区'计划"）。

③ 王思斌. 社会工作本土化之路 [M]. 北京：北京大学出版社，2010：317.

会工作教育取得了快速发展，社会工作专业实践也获得了一定进展，但作为"舶来品"的社会工作理论特别是实践理论是在国外的文化习俗和政治制度下形成的，并不完全适用于我国，导致在社会工作应用过程中出现各种水土不服的问题，特别是涉及与我国传统文化、伦理观念相排斥的内容。因此，我们在借鉴、吸收国外先进经验之时，更要注重探索适合当地及各个机构实际情况的社会工作发展之路。要通过对社会工作在养老机构的综合运用实践研究，探索其方法的可行性、效果和推广性，积极寻找一条适合我国养老机构的社会工作发展之路，有效推动我国老年社会工作理论与方法的本土化建设。

第二，加快推进我国"老有所养、老有所医、老有所教、老有所为、老有所学、老有所乐"和谐社会目标的实现。

社会工作的与众不同在于其独特的价值追求和促进社会改变的宗旨。"国家和社会应采取措施，健全对老年人的社会保障制度，逐步改善保障老年人生活、健康以及参与社会发展的条件，实现老有所养、老有所医、老有所为、老有所学、老有所乐。"① 社会工作在养老机构的应用，旨在更好地为老人提供专业服务，以满足其个性化、多层次、多元化的需求，将维护老年人权益与实现老年人价值有机统一，促进社会公平、正义，加快实现和谐社会。

第三，丰富机构内老年人的精神生活，提高机构内入住老年人的生活质量，同时减轻子女照顾老人的负担。社会工作进入养老机构，基于入住老年人的个性化、多元化需求提供各种专业服务，关注老年人的心理和情感需求，尊重老年人个体及群体的价值并促进其自我实现，提高了机构老年人的生活质量，维护了老年人的尊严，在"老有所养"的基础上推动"老有所学"和"老有所乐"的实现。

第四，发挥社会工作在机构养老中的积极作用，构建老年人服务志愿者团队，促进社会化养老服务事业的发展。社会工作进入养老机构，除了提供直接的老年社会工作服务之外，更为重要的是传递更加人性化的价值理念，用积极老龄化视角去替代传统消极的老龄化观念，推动社会关注的焦点由"老年负担/问题"向"老年价值"转变，为老年人创造友善的社会环境。

第五，在了解养老机构的现状与老年人需求的前提下，通过社会工作的开展，探索社会工作专业方法在养老机构中的运用方式和效果，推动中国社会工作的职业化和养老机构的专业化进程，真正发展老年福利事业。

---

① 《中华人民共和国老年人权益保障法》2013 年修订版［EB/OL］.https://www.mca.gov.cn/article/gk/fg/ylfw/202002/20200200024078.shtml.

总之，探索社会工作方法在养老机构中的应用，总结养老机构中的社会工作服务模式，对于养老机构和社会工作的发展具有重要的意义和价值。

3.1.2 国内外相关研究文献综述

3.1.2.1 养老机构概述

养老机构是顺应人口老龄化背景下老年人的个性化、多元化养老需求而逐渐出现的。相比于传统的家庭养老，养老机构可以通过提供社会化养老服务为家庭分担养老压力；与社区养老相比，其能够为老人特别是失能老人提供更为专业的服务，养老机构作为专业照料者的优势得到凸显，并在养老服务体系中发挥着不可替代的作用。

3.1.2.1.1 我国养老机构概念及其服务对象

养老机构是为老年人提供饮食起居、生活护理、健康管理、文娱活动等综合性服务的机构①。根据民政部 2001 年颁布的《老年人社会福利机构基本规范》，我国养老机构有 8 种类型，分别是：

（1）老年社会福利院。它是由国家出资举办和管理的社会养老服务机构，综合接待城市的"三无"老人、自理老人、介助老人、介护老人，这是目前我国数量最多、接待老人数最多的养老服务机构。

（2）专供老人集中居住的老年公寓。这种公寓根据老人的体能、心态特征来设立，为入住老人提供餐饮、清洁卫生、文化娱乐和医疗保健等多项服务。

（3）养老院或老人院。一般分为两种，一种专门接待自理老人，另一种则综合接待自理老人、介助老人和介护老人。

（4）专为接待介护老人而设立的护养院，设有生活起居、康复训练、医疗保健、文化娱乐等多种服务设施。

（5）专为接待介助老人而设立的护老院，提供生活起居、文化娱乐、康复训练、医疗保健等多项服务。

（6）托老所是专门短期接待老人，进行托管服务的社区养老服务场所，设有生活起居、医疗保健、文化娱乐等服务设施。

（7）老年服务中心是为老年人提供各种综合性服务的社区服务场所，除了提供生活起居、康复训练、文化娱乐、医疗保健等多项或单项服务之外，还提供上门服务项目，分为日托、临时托、全托等。

---

① 贾素平. 养老机构管理与运营实务［M］. 天津：南开大学出版社，2013：38.

（8）在农村乡（镇）、村设立的敬老院。它提供生活起居、康复训练、医疗保健、文化娱乐等多项服务，主要供养"三无""五保"老人，同时也接待社会上的老年人。

本章研究对象仪陇县社会福利中心属于老年社会福利院，即由国家出资举办和管理的社会养老服务机构，它综合接待自理老人、介助老人、介护老人以及供养城市"三无"老人。

3.1.2.1.2　养老机构的性质

目前我国养老机构根据其是否以营利为主要目的，大致可划分为福利性、非营利性和营利性三种类型；根据投资主体的不同又可分为国办（投资主体为国家）、集体办（投资主体为城市街道、农村乡镇）和民办（投资主体为个人、民营和外资企业）三种类型，其中国办与集体办的也称为"公办"。

由民间投资自办的养老机构，分为营利性和非营利性两类。营利性养老机构需要在当地市场监管、税务部门进行登记，一般不享受国家优惠政策，在完成税收征收后，其利润可以分红，属于老龄产业；而非营利性养老机构则在当地民政部门以民办非企业单位注册登记，持有"社会福利机构执业证书"，民政部门对其按照民办非企业单位进行管理，具有非营利性组织的特征，以谋求社会福利为宗旨，享受国家优惠政策，且不需上缴税收，但盈利部分只能用于养老机构滚动式发展，不能分红，属于老年社会福利事业。理论上讲，营利性与非营利性养老机构都是为老人谋福利的机构，因此都具有社会福利性质。

公办民营养老机构指已由各级政府和公有制单位办成的公有性质的养老机构，交由民间组织或社会力量去管理、运作，使机构更快地与行政部门脱钩，实现多种经济成分并存、多种管理和运营模式并存、充满生机和活力的发展局面。

公建民营则是指在新建养老服务机构时，按照"管办分离"的发展思路，由政府出资，招标服务团体或社会组织去经办和管理运作的养老机构，政府只承担行政管理的责任。

本章研究对象仪陇县社会福利中心属于公办民营养老机构，它是由国家出资建设，地方政府举办成立之后交由社会组织——德善老人服务中心管理和运营。

3.1.2.1.3　养老机构的类型

人们通常根据养老机构的服务内容及功能将养老机构分为不同的类型。相较于社区养老和居家养老，养老机构的服务更加专业化。在养老机构的分类上，目前主要采用的是功能分类法，即根据养老机构入住老人所需要帮助和照料的程度对养老机构进行科学分类。例如，在美国有三种不同功能类型的养老机构：一是技术护理照顾型，专为需要 24 小时精心医疗照顾但不需要经常性医疗服务的老人而设立；二是中级护理照顾型，主要接待需要 24 小时监护和护理但不需要技术护理的无严重疾病的老人；三是一般照顾型，主要接待需要提供个人帮助和膳食服务但不需要医疗服务及 24 小时生活护理服务的老人。在具体形式上又分为独立生活、辅助生活、独立和辅助生活、辅助医疗生活四种。

在我国，除属于卫生部门主管的老年护理医院和民政部主管的老年公寓有较明确的功能定位之外，其他养老机构均未进行功能定位，是一种混合型管理模式，其入住老人涵盖自理到完全不能自理的老人。这些养老机构基本上只是在机构内部根据入住老人需要照料的不同程度来划分护理等级，实行分部或者分区管理。目前我国大部分养老机构在功能和服务对象上存在交叉现象，难以清楚地按照老年公寓、护理院、临终关怀机构进行分类，这限制了我国养老机构的专业化服务与科学管理、运营水平的发展与提高。所以，对养老机构进行功能定位将会是未来我国养老机构服务发展的方向之一。

本章研究对象仪陇县社会福利中心同我国大多数养老机构一样未进行功能定位，属于混合型管理模式。其入住的老人涵盖自理、半自理及完全不能自理类型。

3.1.2.2 养老机构社会工作服务研究综述

3.1.2.2.1 国外研究现状

西方发达国家社会工作历史悠久，其社会工作已经与其社会文化和大众日常生活相融合，老年社会工作服务也形成了一套完备的体系以满足家庭、社区、机构三种不同养老模式下老人的养老需求，并没有专门针对养老机构社会工作的相关研究。这些国家较早进入老龄化社会，在应对人口老龄化方面经验丰富，在养老机构的运行与管理特别是养老机构的服务质量监管方面积累了大量的经验。

（1）美国的养老机构及社会工作服务

在凯恩斯主义和新自由主义的深刻影响下，美国成为一个社会保障产业化、社会服务社会化和社会保险商业化的国家[①]。为此，在美国现行的养老服务体系中，养老机构大部分以私人供给的方式存在，公办性质的养老机构并不多见，形成了美国机构养老的产业化模式。美国步入老龄化社会已有 70 余年，

---

① 高岩. 机构养老服务的国际比较 [J]. 劳动保障世界（理论版），2011（8）：48-49.

在美国老年人群中有20%左右老人选择机构养老。美国的养老机构主要划分为技术护理照顾型养老机构、中级护理照顾型养老机构和一般照顾型养老机构/老人公寓三种类型。美国养老机构在不断实践与探索的过程中，经历复杂的发展与演变后，形成了世界上非常成熟的养老机构服务质量评价体系，主要包括补偿管理和质量管理①。美国政府对养老机构的功能分类，建立了可操作的质量评价体系并严格监管，保障了养老机构服务的质量和专业化水平，真正促进了老年人社会福利事业的可持续发展。

美国社会工作有着上百年发展历史，其老年社会工作服务内容也相当丰富，主要包含以下几个方面：一是社会工作直接进入到老年人日常生活之中，为老年人及其家庭提供生活以及心理上的支持和帮助，解决问题和发展能力；二是社会工作者作为资源链接者，为老年人及其家庭提供帮助和多项服务；三是在宏观层面上促进与老年人有关的社会政策的制定、发展与完善。在老年社会工作发展过程中，经过业界工作人员的不断努力和实践，美国探索出以社区为本的长期护理模式——"全面照顾老人计划"。该计划所提供的"一站式"全面服务，包括所有国家医疗保障制度和医疗辅助服务，以及社区长期护理医疗和社会服务，其不设利润卜限、杂项收费等②。"全面照顾老人计划"，可以让身患多种不同疾病的老人在同一所服务机构中享受到其所需要的全部服务。在美国，从事老年社会工作服务的人员必须具备老年医学或老年学专业知识。

（2）英国的养老机构及社会工作服务

英国是世界上最早进入老龄化社会的国家，同时也是最早建成"从摇篮到坟墓"全民福利的国家。英国的养老机构同其福利制度一样，也经历了"发展→陷入困境→勇于改革→稳步向前"的发展过程③。住院式的照顾模式是英国传统养老机构的主要模式，其接待对象主要是孤寡、残疾老人。该模式成功地救济了低收入老年群体，解决了其住房问题，但是服务层次较低、机构管理官僚化、入住老人独立性差，最终导致供需失衡，大量机构闲置。1993年，英国开始推行社区照顾，即专业工作人员为社区内的养老机构提供服务，社区内养老机构包括老人日间护理服务中心、养老院、老人福利院、老人护理

---

① 郭红艳，彭嘉琳，雷洋，等. 美国养老机构服务质量评价的特点及启示 [J]. 中华护理杂志，2013（7）：652-654.

② 梅陈玉婵，齐铱，徐永德. 老年社会工作 [M]. 上海：格致出版社，2009：233-243.

③ 孙建萍，周雪，杨支兰，等. 国外机构养老模式现状 [J]. 中国老年学杂志，2011（4）：163-164.

院等①。英国养老机构主要有以下三种类型：一是由地方政府的相关部门负责养老机构管理与运营的公办养老院；二是根据市场规律运作，可以满足不同身体状况的老人的需要的私立养老院；三是老人公寓，它由政府设立，是专为无人照顾且有生活自理能力的老人提供的收费较低的公寓式住房。此外，处于贫困线以下的低收入及无收入家庭成员，在其60岁以后可以申请政府提供的养老补助金②。

老年社会工作在英国有着上百年的发展历史，至今已形成了完善的理论体系与实践模式，特别是在老年人社区服务上，更是备受政府和社会的肯定，社会工作为解决英国养老问题发挥着不可替代的作用，并有力地提高了整个社会的养老服务质量。英国是社区照顾的发端国家，虽然其服务对象不限于老年人，但是从其所提供服务内容和理念上看，无不彰显出对养老问题的关注。社区照顾针对老年人提供的服务主要有：生活照料、物质支援、心理支持和整体关怀（包括改变老年人生活环境和条件、调动周围有效资源予以支持、提供各种类型的老年人工作室）。英国的养老机构以其所在的社区为依托，除社区配备专业社会工作者外，也会向专业社会工作机构购买（或直接获得）需要的服务。为保证社会工作服务质量，英国政府主要采用项目管理的方式对社会工作机构和服务人员进行监管。社会工作机构在承接项目之前，需要接受资格审核，只有通过项目评估并达到相应标准和规定的，才能获得政府拨付的资金支持。

（3）瑞典的养老机构及社会工作服务

享有"世界社会福利制度之窗"美誉的瑞典，其有关老年人的社会福利制度很完善。每个瑞典公民都享有基本养老金，且赡养老人是政府的职责，所以兴办国家级的养老机构自然成为瑞典解决养老问题的方案之一。瑞典政府是老年社会工作开展的主体。

瑞典市级地方政府根据老年人的特殊需要兴建养老福利机构，并竭力做到使入住机构的老年人像生活在自己的家里一样。按照老年人所需服务层级，瑞典主要设立了以下四类功能型养老服务机构：第一，提供入户服务的公寓。老年人选择租住一室一厅或两室一厅的单元房并享受由市政府社会工作部门提供的各项入户服务。第二，退休老年人可以通过个人申请入住设施完备的老年公寓，入住老人可根据自己的喜好布置房间，而且公寓还可以 为生活不能自理或

---

① 祁峰. 英国的社区照顾及启示 [J]. 西北人口，2010（6）：21-24.
② 高岩. 机构养老服务的国际比较 [J]. 劳动保障世界（理论版），2011（8）：48-49.

身患疾病的老人提供护理人员送药、打针和理疗等服务。第三，配备专业护士照料的疗养院，主要接待患重疾晚期、老年痴呆症以及需要经常性医疗护理的老年人。第四，家庭照顾，主要接待存在认知障碍的老人。一个家庭通常入住6位老人，他们各自有独立的房间，而且有专业工作人员和他们生活在一起，提供24小时服务①。

（4）日本的养老机构及社会工作服务

有着东方文化底蕴的日本，在养老问题上支持"属地养老"的原则，即鼓励无生理或心理障碍的老人在自己家中接受照料，或尽可能在靠近自己社区的类似"老年之家"的机构中接受照料。在日本，虽然家庭养老仍占主体地位，但在人口老龄化日益严重的社会背景下，以机构养老为支撑的社会化养老趋势不可阻挡。

日本的养老机构分为生活护理机构和医疗护理机构两大类，按照运营主体的不同又分为非营利性养老护理机构（主要由社会福祉法人、医疗法人、公益法人等创办和运营）与营利性养老护理机构（主要由财团法人等创办和营运）。日本养老机构最突出的特点就是多元化服务，包含了老年公寓、康复保健机构、特别养护之家、疗养院（包括老年医院、老年病房等）、痴呆老人生活小组、静养关怀、日间托管服务等②。社会工作亦在各类机构提供各种层级的专业服务。需要入住的老人无论其经济状况如何，在经过专门机构的评估后，其护理保险都可以在养老机构中使用，而老人入住机构的费用主要来源于护理保险。日本政府为确保养老护理机构健康有序发展，采用第三方评估的方式，对养老护理机构进行有效的监管，老人也可以根据官方公示的评估结果，选择理想的护理机构入住③。

3.1.2.2.2　国内研究现状

（1）对于社会工作进入养老机构的必要性及意义的研究

在这方面，大多数学者采用的研究思路是先评述目前我国养老机构的现状、问题和发展困境，然后针对问题提出解决策略和建议。在建议和策略中，学者们提倡用社会工作专业理念和工作方法提升养老机构管理和服务水平，突出社会工作在养老机构中应用的必要性和意义。如《养老机构管理与运营实务》作者贾素平认为，养老机构的专业化、科学化发展离不开社会工作、医

---

① 王文. 瑞典的老年福利机构［J］. 社会福利，2008（2）：51-52.

② 孙建萍，周雪，杨支兰，等. 国外机构养老模式现状［J］. 中国老年学杂志，2011（4）：163-164.

③ 董红亚. 我国民办养老机构研究综述［J］. 浙江外国语学院学报，2013（1）：96-102.

疗技术护理人员等专业人员的加入，并指出社会工作在养老机构中可以发挥不可替代的积极作用①；孙唐水的《社会工作引入传统养老机构的必要性探讨》一文首先就养老机构服务理念缺乏人性化、服务方法落后等问题做了相应的阐述，然后在解决问题的过程中倡导社会工作的积极作用，并论证说明了社会工作的介入能改善养老机构的现状并推动机构养老事业登上一个新台阶②。

部分学者从社会工作的视角阐述了社会工作进入机构养老领域的必要性和意义。例如，许爱花在《社会工作视阈下的机构养老服务》一文中通过分析目前我国养老机构服务的现状，以及对发达国家和地区养老机构服务先进经验的阐述，论证了社会工作在养老机构中的作用，并提出在社会工作视阈下完善城镇机构养老服务的对策建议③；赵婷婷的《发展老年社会工作：借助构建养老社会服务体系的契机》一文提到社会工作介入养老服务体系，借助社会构建养老服务体系的契机，可以促进社会工作特别是老年社会工作的发展④。

此外，有学者从社会工作价值观的角度出发，阐述养老机构社会工作服务的必要性。刘国亮认为养老机构单纯的生活照料和保姆式的服务可能会消磨老年人的意志，降低他们自己解决问题的能力，而社会工作者"助人自助"的价值观以及"服务对象本身才是解决问题的关键"的工作理念，能很好地调和这个矛盾⑤。常华的《养老机构：专业社工大有作为》一文，根据养老机构的服务现状和发展方向，论证了将社会工作实务中的老年社会工作运用到养老机构的可能性和方式，证明了社会工作的专业优势可以在养老机构中得到充分的发挥⑥。

（2）对于养老机构中社会工作者角色的研究

无论在哪个领域的社会工作者都肩负着服务与监督的双重职能。一般意义上的社会工作者扮演了服务提供者、支持者、倡导者、管理者、资源获取者和政策影响者等角色。例如董瑞科的《社会工作者在机构养老中的角色探析》一文，结合其所在机构的具体案例，分析了社会工作者在机构养老中承担的角色：心理咨询服务的提供者、机构所需资源的整合者、合理诉求的支持者和老

① 贾素平. 养老机构管理与运营实务 [M]. 天津：南开大学出版社，2013：108-267.
② 孙唐水. 社会工作引入传统养老机构的必要性探讨 [J]. 社会工作，2010（2）：14-15.
③ 许爱花. 社会工作视阈下的机构养老服务 [J]. 江淮论坛，2010（1）：128-133.
④ 赵婷婷. 发展老年社会工作：借助构建养老社会服务体系的契机 [J]. 中国城市经济，2011（10）：314-315.
⑤ 刘国亮. 养老机构需要社会工作者 [J]. 社会福利，2009（4）：17-19.
⑥ 常华. 养老机构：专业社工大有作为 [J]. 社会福利，2010（9）：29-31.

年人自主生活的倡导者①。臧其胜的《社会工作在传统养老机构发展中的专业角色》一文分析认为，社会工作者在养老机构中所扮演的角色有：法律法规践行者、政策扶持激活者、机构环境评估师、组织服务设计师、机构服务营销员、公益捐赠劝募者等②。

（3）对于社会工作在养老机构中的实践的研究

有关这方面的研究主要探索了社会工作方法在养老机构中的应用方式与方法，研究者绝大多数是社会工作专业的大学生或者是机构的专职社会工作者。研究者一般都会深入某个养老机构内，并在该机构工作一段时间，研究思路基本是在社会工作理论指导下，通过对社会工作的某些工作方法在养老机构中的具体实践，验证所使用社会工作方法的效果，最后总结归纳出养老机构中可运用的社会工作方法，通过阐述其在某个养老机构的实践过程或者案例分析来论述如何运用社会工作方法。

例如，李京芳的《机构养老服务中社会工作方法的应用研究：以苏州市社会福利院为例》。首先，作者采用文献资料法、实地观察参与法与个案访谈法，对国内机构养老服务发展现状、服务方法及其不足做出阐述。作者认为，目前我国的养老机构服务内容单一，大多数只涉及生活照料服务，对老人精神及心理方面的照料很少，且管理和服务也缺乏规范和专业；机构养老服务所使用的工作方法主要有康复护理、医疗服务及管理人员所提供的行政服务三种工作方法，现有的这些方法存在专业化水平低、服务内容单一、服务方法之间缺少联系等不足。其次，作者通过实地参与观察法研究苏州市社会福利中心的社会工作方法运作程序，阐述了苏州市社会福利院以生态系统理论、系统折中法及整体护理模式为理论基础的"系统干预"社会工作模式和社会工作者参与、统筹医疗部门、护理部门与行政部门"四位一体"的服务模式。再次，作者通过个案工作方法应用于老年人人际关系调整和机构生活适应的两个案例来分析个案工作方法在养老机构中的作用，通过在福利院开展团体工作实务，分析社会工作方法对入住养老机构的老人的服务效果，以及通过对接受社会工作服务的老人进行访谈，验证该方法的有效性和评估个案工作与团体工作方法在机构养老服务中的可行性，认为个案工作方法和团体工作方法在养老机构中具有突出的、不可替代的作用。其认为，"系统干预"与"四位一体"两种模式下的社会工作方法能有效提升养老服务水平。但社会工作方法在实际运用过程中

---

① 董瑞科. 社会工作者在机构养老中的角色探析 [D]. 西安：西北大学，2012.
② 臧其胜. 社会工作在传统养老机构发展中的专业角色 [J]. 社会工作，2010 (2)：18-19.

也存在不足之处，如社会工作理论、工作方法与技巧还需探索创新，养老机构中社会工作人才培养不足以及社会工作督导制度缺失。最后，作者根据存在的问题提出相应的微观层面及宏观层面对策，如建立和完善养老机构中的社会工作服务制度、明确社会工作者的岗位性质、建立社会工作者支持网络、提升民众对社会工作的认可度；推动社会工作教育体系的不断完善，加强社会工作者人才培养机制建设，政府部门应着力推动社会工作资源网络的发展①。

李晓峰的《论运用社会工作方法介入机构养老：以广西重阳老年公寓为例》一文，阐述了如何运用个案工作和小组工作的方法去解决实际问题和提供老年服务，并对养老机构中社会工作的开展提出了自己的看法。第一，社会工作者必须联合医疗、康复、生活服务等部门共同组织策划机构内老人的精神文化活动，丰富他们的精神文化生活；第二，通过开展个案、小组服务，帮助老年人解决其心理问题；第三，为养老机构工作人员提供支持服务，建立工作人员的社会支持系统；第四，增强社会工作者的实务能力，提高其专业水平；第五，养老机构中的社会服务工作需要多方参与②。

此外，还有学者通过在长春老年乐老年护理院开展社会工作专业活动，探究老年人实际需求与社会工作者服务的需要，认为老年社会工作者应当具备医学、生物学、经济学、法学、社会学等多种学科知识，教育部门应当加强对相应方向社会工作的人才培训，在服务内容上应重视对老人健康生活的指导，加强对社会工作者人才的培养和招募，还要建立和发展志愿者队伍③。

也有研究专门分析某一社会工作方法在养老机构中的运用。如《个案工作在机构养老中的作用探索：以合肥市某老年公寓为例》，作者通过案例分析论证了个案工作方法在老年公寓中运用的有效性④。又如《养老机构社会工作专业化路径研究：基于北京市第一社会福利院SWOT分析》，作者以北京市第一福利院为例，通过分析该福利院社会工作科的优势、劣势、机遇及挑战，提出了养老机构中的社会工作部门去行政化和更专业化的发展路径⑤。

① 李京芳. 机构养老服务中社会工作方法的应用研究：以苏州市社会福利院为例 [D]. 苏州：苏州大学，2012.

② 李晓峰. 论运用社会工作方法介入机构养老：以广西重阳老年公寓为例 [J]. 黑河学刊，2011（10）：190-191.

③ 郑艳艳. 民营养老院老人服务需求与社会工作介入实践：以长春老年乐老年护理院为例 [D]. 长春：长春工业大学，2013.

④ 李修霞. 个案工作在机构养老中的应用探索：以合肥市某老年公寓为例 [J]. 社会工作（上半月），2010（8）：20-24.

⑤ 颜小钗. 养老机构社会工作专业化路径研究：基于北京市第一社会福利院SWOT分析 [D]. 北京：中国社会科学院研究生院，2012.

3.1.2.2.3 对已有研究的简要评述

综上所述，西方发达国家因其完备的社会保障和社会福利制度以及崇尚独立、自由的文化等多方面因素，导致这些国家的老人大多选择居家养老，选择机构养老的老人只有 5%～15%（数据源于我国"十一五"规划）。西方国家平均每位老人拥有的床位数、养老机构的专业化水平均远高于中国，其先进的管理方式和运营模式值得我们借鉴。

第一，西方国家对其养老机构按照入住老人所需照顾的程度对机构照料功能进行了科学分类，形成边界清晰、功能各异的养老机构，以满足不同护理级别老人的各种需求。不同护理级别的老人入住不同类型的养老机构，不仅保障了各养老机构本身的专业化服务水平，而且提高了整个机构养老服务的质量和专业化程度，推动了老年人福利事业的发展。

我国养老机构除需要进行专业分类之外，其整体的发展方向应是养老责任共同担当，养老社会化与普惠化。其中公办养老机构应回归社会福利的本职功能，实现市场型与福利型分类经营和法人化经营，并不断寻求法制保障和自我完善。至于民办养老机构，政府应发挥其宏观调控作用，促进投资主体多元化，重视规模化经营，建立并完善服务监督体系，加强管理，提升机构养老服务水平。

第二，在老年社会工作服务方面，为实现资源的充分、高效利用和公共服务均等化的目标，加之完备的社会保障和老年社会福利制度，这些国家的老年社会工作服务已形成了一套完备的体系，由专门的社会工作机构提供以满足家庭、社区、机构三种不同养老模式下老人的个性化与多元化需求。养老机构社会工作服务包含了个案、小组、社区及个案管理，而不同功能的养老机构其社会工作服务内容也不同，各养老机构的社会工作者作为养老机构的专业服务人员，应积极配合其他领域的专业人员（如医疗康复训练师、营养师等）共同为机构入住老人提供全员、全面与全程服务。

第三，有关老年社会工作的研究多集中在老年社会工作的方法、内容与开展背景等问题上；一些学者也提出老年社会工作研究新视角，如积极老龄化视角、老年群体增权视角；也有学者从伦理学的视角论述老年社会工作价值体系的构建。从这些研究文献中可见老年社会工作理念的变化，它已从过去旨在改善老年人生活待遇与提高服务水平转变到挖掘老人潜能、提倡老人互助及为老年人争取合法权益等方面。但是老年社会工作的研究还存在一些不足，对老年社会工作价值体系及伦理操守的研究还有待继续深入，而与我国国情、社情相适应的老年社会工作理论体系尚未形成，对农村老年社会工作的研究更是非常少见。

第四，实践证明老年社会工作不仅能为养老机构工作的开展提供理论与专业技能指导，提升养老机构的管理能力和服务水平，还能有效促进老年人发挥自身潜能，积极应对老年生活，提升其晚年生活的幸福指数。对养老机构中社会工作的研究大多关注老年社会工作进入养老机构的必要性和意义、社会工作在养老机构中的实践应用、养老机构社会工作者的角色等问题。研究者大多通过案例分析或者深入到某城市养老机构开展老年社会工作实务服务，在结合实践的基础上分析如何在养老机构中开展社会工作，以及检验社会工作方法的效果。但是这些研究还存在一些不足，其中多数研究停留在理论层面，存在理论与本土文化和实践的脱节、缺乏系统性和指导性等问题。在实践研究上，存在社会工作专业方法的运用单一和研究不足等问题，这些少部分的实践应用研究虽论述了老年社会工作如何开展服务的具体方法，却几乎全是以城市的养老机构为例。众所周知，农村和城市的养老机构在地理环境、资源、文化、经济、社会心理等方面都存在较大差异，故适用于城市养老机构的社会工作服务方法或模式未必可以在农村地区推广。因此社会工作方法在养老机构的运用还有许多问题值得我们去探讨和做进一步的研究，比如探讨社会工作在贫困地区、革命老区等养老机构中的实践应用，如何将社会工作方法和人才推进到"三区"养老机构等。

综上所述，在今后的研究中，我们要在借鉴国外先进理论、方法的基础上，结合我国养老机构及其所处环境的实际情况，探索最合适、有效的社会工作介入机构养老服务的模式，同时注意跨文化和多学科协同研究，为实现"老有所养、老有所医、老有所教、老有所为、老有所学、老有所乐"提供理论指导与技术支持。

3.1.3 研究设计

3.1.3.1 相关概念界定

（1）养老机构。养老机构指为老年人提供饮食起居、清洁卫生、生活护理、健康管理、文娱活动等综合性服务的机构，包括老年社会福利院、养老院/老人院、老年公寓、护老院、护养院、敬老院、托老所、老年服务中心等，其服务对象主要是老年人，但是某些养老机构也接待辖区内的孤残儿童或残疾人。按照其是否以营利为主要目的，可划分为福利性、非营利性、营利性三种类型；按照投资主体的不同可分为国办、集体办和民办三种类型，其中国办与集体办的也称为"公办"①。

本章研究对象仪陇县社会福利中心属于老年社会福利院，即由国家出资举办和管理的综合接待城市"三无"老人、自理老人、介助老人、介护老人的社会养老服务机构；其性质为公办民营养老机构，即由国家出资建设，地方政府举办成立之后交由社会组织——德善老人服务中心管理和运营；类型上属于混合型管理模式，其入住的老人涵盖自理、半自理及完全不能自理三种类型，同时也是革命老区的福利性社会养老机构。

（2）"三区"计划。"三区"计划指四川省委组织部、省民政厅、省教育厅、省财政厅、省人力资源和社会保障厅、省扶贫和移民工作局印发的《四川省边远贫困地区、边疆民族地区和革命老区人才支持计划社会工作专业人才专项计划 2013 年实施方案》（简称"'三区'计划"）。四川省民政厅负责组织实施全省"三区"计划，"三区"县级民政部门和省内有关社会工作服务机构（包括社会工作研究、教育机构）在申报的基础上，经四川省民政厅同意，负责"三区"计划的具体实施。四川省"三区"计划仪陇县社会福利中心社会工作服务项目是四川省民政厅、四川大学中国西部反贫困研究中心及仪陇县民政局根据"三区"计划开展的合作项目。

（3）本土性社会工作。本土性社会工作指对某种助人模式（包括助人理念、过程和方法）的判断和认定，即指那些生长于本土的，与其经济、政治、社会制度和文化传统相适应的有效的、制度化的行动过程和助人模式②。其最大的特点为行政性服务。所以，本研究中"福利中心本土性社会工作"指的是在课题组人员进入该机构之前业已存在的职业性助人活动和助人/服务模式。

（4）社会工作本土化。社会工作本土化指产生于外国（或其他地区）的社会工作进入某一国家或地区发生变化的过程。一般指社会工作较为发达的国家或地区的经验进入后发展国家或地区所发生的变化。社会工作在中国的本土化是指产生于外部的社会工作模式进入中国，同中国社会相互影响进而适应中国社会的需要并发挥作用的过程③。

（5）老年社会工作。老年社会工作指基于社会老年学的宏观理论，专为老年人提供的社会工作服务，包括协助老年人恢复受损的社会功能和社会关系，提升老年人运用资源的能力，预防老年人社会功能的衰退，建立对老年人友善、长幼共融的社区，旨在使老年人健康地享受其人生最后阶段的生活，按

---

① 贾素平. 养老机构管理与运营实务 [M]. 天津：南开大学出版社，2013：36-46.
② 王思斌. 社会工作本土化之路 [M]. 北京：北京大学出版社，2010：317.
③ 王思斌. 社会工作本土化之路 [M]. 北京：北京大学出版社，2010：316-317.

自己的意愿去实现自我，安享晚年①②。

3.1.3.2　研究内容

本课题组在人口老龄化及"未富先老"的社会背景下，从南充市仪陇县的机构养老现状与问题出发，以仪陇县社会福利中心为服务对象，探索社会工作方法的综合运用方式及其服务效果。本课题主要研究内容为：①对仪陇县福利中心的本土性社会工作服务现状进行分析，阐述其已有服务方法存在的不足与发展困境。②基于老年人的多元化与个性化需求，以"助人自助"为基本原则，在生态系统理论、老年群体增权理论及优势视角等理论的指导下，综合运用老年个案工作、小组工作及社区工作方法对该养老机构进行社会工作综合介入实践研究，发掘社会工作在养老机构中可以使用的方法，探索社会工作在养老机构中综合运用的服务模式。③对社会工作方法综合运用模式效果进行研究，探讨社会工作综合介入养老机构服务模式的可行性、必要性与推广价值。④反思社会工作者工作方法在养老机构实务工作中的运用及我国老年社会工作未来的发展方向。

3.1.3.3　研究方法与资料来源

3.1.3.3.1　研究方法

本研究使用了多种研究方法。

（1）观察法，包括参与式观察与观察式参与。研究者通过与入住养老机构的老人同吃同住的方式融入其生活，体验其生活方式，从而更加全面准确地掌握老人需求和心理状态，为方案的设计、实施以及获得良好效果打下坚实的基础。非参与式观察也一直贯穿整个实践研究过程，包括观察介入前后机构软硬件的变化、与福利中心相关的其他机构组织的变化等。

（2）访谈法，包括结构式访谈与非结构式访谈。在实践研究的各阶段以及每次活动结束时，研究者选取一定数量的服务对象进行访谈，搜集服务对象需求信息、评估活动效果及社会工作方法在改善机构养老服务方面的实用性。

（3）行动研究。行动研究是在实际工作过程中进行研究，由实际工作者与研究者共同参与研究，使研究成果为实际工作者理解、掌握和应用，从而达到解决问题，改变社会行动目的的研究方法。课题组通过在仪陇县福利中心开展个案、小组及社区社会工作实务活动，在实践过程中不断反思并调整自己的工作方式方法，一方面为养老机构提供社会工作服务，提升老年人生活品质和

---

①　梅陈玉婵，齐铱，徐永德. 老年社会工作［M］. 上海：格致出版社，2009：20.

②　吴华. 老年社会工作［M］. 北京：北京大学出版社，2011（7）：10.

机构服务水平；另一方面研究养老机构中社会工作综合运用模式的效果及价值。

3.1.3.3.2 资料来源

本研究课题来源于四川大学中国西部反贫困研究中心承担的"四川省2013年'三区'计划仪陇县社会工作服务项目"，本研究主体部分所使用的资料均来源于该项目的一手资料，本研究中的实践部分也都是该课题组人员在仪陇县社会福利中心开展的社会工作服务内容。

3.2 县域养老机构本土性社会工作现状

本土性社会工作指的是那些生长于本土的，与其经济、政治、社会制度和文化传统相适应的有效的、制度化的助人模式（包括理念、过程和方法）①。这里的本土性社会工作不同于国际上通行的专业社会工作，它只是专业社会工作在进入福利中心之前就存在的一套助人活动方式和服务制度。社会工作本土化是指外来的专业社会工作进入某一社区文化区域发生的适应性变化，是外来的社会工作同本土性社会工作的互动过程，所以外来的社会工作与本土性社会工作在意识形态、工作模式、工作方法与技巧层面上的亲和程度决定着两者之间的共生与融合程度，也决定着社会工作本土化的过程。所以，对仪陇县社会福利中心本土性社会工作的研究，不仅有利于专业社会工作服务的开展，而且对促进社会工作本土化进程也将发挥积极作用。

3.2.1 县域养老机构现状

仪陇县位于四川省南充市东北部，面积1 767平方千米，人口108万，辖区内有56个乡镇。截至2012年底，仪陇县60岁及以上老人约20万人，约占全县总人数的18%，可见仪陇县人口老龄化程度较高，养老压力较大。目前该县老年人养老大致有三种模式，一是居家养老，这是最主要的养老模式；二是敬老院养老，全县现有敬老院62所，主要接待农村"五保"老人，大约供养了3 000人，约占全县老人总数的1.5%；三是福利机构养老，也就是入住仪陇县社会福利中心养老。该福利中心现为全县仅有的一所社会化养老机构。截至2014年8月底，有134位老人入住，约为全县老人总数的0.067%。

---

① 王思斌. 社会工作本土化之路 [M]. 北京：北京大学出版社，2010：317.

仪陇县社会福利中心（以下简称"福利中心"）是仪陇县首家也是唯一一家福利性综合养老机构，其为县民政局创办，由下设福利中心管理，而福利中心又以政府购买服务的方式将机构一定时期的经营权转给了民办的德善老人服务中心，县民政局对德善老人服务中心进行监管，因此该福利中心为公办民营性质的养老机构。该福利中心位于仪陇县新政镇宏德大道东二段，占地面积20亩（每亩约667平方米，全书同），建筑面积7 100平方米，于2012年建成并开始运营。福利中心设有星级标准间75间，规划床位150张，现有124张床位，配套设施包括医疗、综合评估、文化娱乐、图书阅览、膳食保障等，设有阅览室、医疗室、棋牌室、门球场、羽毛球场、户外健身广场等。仪陇县民政局拟将福利中心建设打造成为仪陇县老人寄养栖息、安度晚年的幸福乐园。

截至2014年8月底，福利中心累计登记入住177位老人，当月登记入住的有134位老人，常住130位老人。入住老人平均年龄82岁，其中失能、半失能老人29人，约占入住老人的21.6%。福利中心现有工作人员27人，其中县民政管理人员3名，德善老人服务中心管理人员4名，护理工作人员14名，后勤人员4名，门卫2名。福利中心工作人员与实际床位之比为1∶5，护工数与常住老人数之比为1∶9.3。福利中心没有专业社会工作者和心理咨询师，由四川大学中国西部反贫困研究中心派出的四川省2014年"三区"计划社会工作服务项目团队提供社会工作专业服务与督导。

3.2.2 县域养老机构本土性社会工作概述

仪陇县社会福利中心自2012年成立以来，县民政局就积极探索管理与经营模式，采用政府购买服务的方式面向社会公开招标社会组织对福利中心进行经营与管理，最终德善老人服务中心竞标成功。县民政局和德善老人服务中心均缺乏养老机构经营管理经验，部分工作人员有一定的服务老人的经历，各方一直积极主动学习和探索适合该养老机构的管理和经营模式、服务模式，初步形成了一些有效的助人方式和服务模式，这即是福利中心本土性社会工作方法。

3.2.2.1 本土性个案工作

2013年6月，课题组人员进入仪陇县社会福利中心，发现福利中心的本土性个案工作主要包含以下两个方面：

（1）入院评估。准备入住福利中心的老人在子女或者其他委托者（子女委托代表行使自己权利的其他身心健康的人员）的陪同下到福利中心办公室办理入住手续。

入住程序为：到二级及以上医院进行体检→根据体检结果和自理程度确定护理等级→签订入住协议→填写个人基本信息表→缴费并入住。其中，在确定护理等级时，管理人员根据当前体检报告和老人身体情况来确定护理级别，并未对老人心理、人际交往、社会资源等方面进行评估。中心搜集的入住老人的个人信息主要有个人基本信息、紧急情况联系人姓名和联系方式。尚未建立完备的个人档案，也没有电子信息管理系统。

（2）个案咨询服务。当入住老人之间发生矛盾或冲突时，当事人所在楼层的护理人员、福利中心的经理或者老人志愿者就出面协调，一般采取劝导的方式和让当事人避开不见面的方式解决。对于心理抑郁严重的老人，德善老人服务中心通知其家人将老人带回家或者送进医院，心理抑郁轻微者，则让护理人员或者老人志愿者随时关注其行动并进行日常咨询和劝导。有些新入住不适应环境的老人，由于机构管护人员有限，不可能都照顾到，这些老人一般会自己寻求室友或其他老人的帮助，有的则待在房间里不出门活动。

2.2.2 本土性小组工作

已有研究和实践证明，老年小组工作在养老机构中的运用最为广泛和有效。养老机构同质性和异质性并存，所以可以组建各种功能性小组，丰富老人的日常生活，机构管理者也可利用小组动力满足老人需求，利用小组规范规范老人行为。该福利中心的本土性小组工作主要有以下方式：

（1）娱乐性小组，有棋牌小组、健身操小组、太极拳小组、"拉家常"小组等。比如，对下棋或者麻将感兴趣的老人，在经常性的下棋或者打麻将活动中慢慢固定下来，形成一个棋牌娱乐小组。这些小组界限模糊，没有小组规范，没有小组领导和小组目标，没有形成小组动力，只具备娱乐功能和一定的社交功能，属于日常活动中形成的小组，并非专业意义上的社会工作小组。

（2）老人志愿小组。福利中心一些活跃且有着较强的组织管理能力的身心健康老人成立了一个志愿小组，即"民主管理委员会"，小组成员由福利中心入住老人民主选举产生。小组成员退休前基本都是其所在工作单位的干部或者领导，知识水平高、管理经验丰富且在老年群体中有一定的威信，有的甚至是意见领袖。该小组除了监督和参与福利中心的管理与服务之外，还是福利中心环境维护和楼层值班的志愿者，其中部分成员还是上文提到的个案咨询志愿者。该小组不仅能使参与小组的老人发挥余热，同时也向社会传达了"老有所为"的信息，让社会从"积极老龄化"的视角去审视老人和老龄化问题。此外，从某种意义上说，该小组也是福利中心工作人员与入住老人之间沟通的桥梁。当然，其主要目的与任务是代表福利中心所有老人行使监督权，一方面维护入住老人的权益，另一方面为福利中心的管理、运营和服务提供建议与意见，促进福利中心管理与服务水平的提升。

3.2.2.3 本土性社区工作

仪陇县民政局拟将福利中心打造为整个仪陇县乃至南充市的社会福利事业单位示范点。因此，县民政局相关工作人员即福利中心领导，以福利中心的需要和发展为核心，积极寻找社区资源，开展社区教育，宣传机构养老发展目标，宣扬敬老爱老的优良文化传统。其主要工作方式和内容如下：

（1）社区教育。社区教育主要指的是对新政镇①乃至整个仪陇县民众宣传仪陇县社会福利中心和机构养老服务模式，希望通过广泛的宣传来提高福利中心的入住率，通过对机构养老服务模式的宣传让大众特别是老年人了解社会化机构养老的运作方式以及机构养老的优势等，慢慢改变老年人及其家人的传统家庭养老观念，推动仪陇县社会化养老进程，同时增进老年人社会福利。其采用的具体工作方式主要有：一是通过地方报纸、电视等媒体进行宣传；二是向各个村、居民小区发放宣传册或张贴宣传海报等；三是采用行政性的方式，如召开社会化养老工作会议等，对各个乡镇、街道工作人员进行社会化养老相关知识普及。

（2）社区服务。社区服务通常指的是在政府的引导和扶持下，以街道办事处和居民委员会等组织机构为依托，发动社区成员，利用社区资源，为满足社区成员的各种需要而开展的本质为社会福利性质的社会服务活动②。我国的社区服务是从传统的"民政服务"发展而来的，所以本土性社区服务中很多还是政府主导的，民政部门为实施主体。以仪陇县社会福利中心老人作为服务对象所开展的社区服务主要是志愿者服务，如福利中心领导会联系新政镇的医院为老人提供义诊服务；仪陇县老年协会成立的"帅乡晚霞红玩友会"每个月都会到福利中心为老人表演节目及送一些小礼品；新政镇一些理发店也会主动到福利中心为老人提供免费理发服务等。

综上所述，仪陇县社会福利中心经过不到两年的发展，入住率已近90%，也形成了一套与其经济、政治、社会心理、文化传统相适应的本土性社会工作模式，并发挥着一定的积极作用，为福利中心老人提供有效的服务。但是，很显然，这套本土性的助人模式还不完善，有很多不足的地方，如入院评估过于简单，缺乏对老人心理问题的关注；福利中心出现了一些老人兴趣小组，但未

---

① 新政镇是仪陇县新县城所在地。

② 夏建中. 社区工作 [M]. 北京：中国人民大学出版社，2005：156.

发挥出小组功能；新政镇居民热心公益也有着浓烈的互助文化，但是缺乏专业工作者去促进社区服务的发展，志愿者活动也缺乏科学的组织；有了社区教育的意识，但其方式和内容需要进一步完善，等等。这些不足之处导致老人的高层次、多元化需求得不到满足，也严重限制了福利中心管理运营能力和服务专业化水平的提高。

3.2.3　县域养老机构的发展困境

上文已经对福利中心本土性社会工作方法、内容、效果和不足之处做出了简要论述。除了在服务模式上存在不足之外，福利中心还面临着其他一些问题。

第一，福利中心经营亏损，需要政府加大支持力度，进一步完善福利中心的硬件设施。养老服务业本来就是一个投资大、回报周期长的高风险行业，加之仪陇县福利中心才开办一年多，2013 年 6 月之前入住率不足 50%，2014 年初，入住率将近 90%。但由于前期投入资金大，总体上还处于亏损状态。另外，福利中心配套的硬件设施需要进一步完善，如医务室、多功能活动室、康复器材和场地等还需要配置，以满足老人的娱乐活动和医疗保健需要。

第二，"政府购买服务"模式下的公办民营养老机构，政府与社会组织之间的权责关系需要更加细化和明确。由于县民政局首次采用购买服务的方式管理养老机构，还没有相关经验，所以相关工作人员以及现在经营福利中心的德善老人服务中心管理人员要积极学习其他地方或者机构的相关经验，对已签的购买服务协议做出进一步的细化和完善，明确双方的责和权。

第三，福利中心功能定位不清晰。目前该福利中心只接待社会自费寄养老人，并未接待城镇"三无"老人。从这点来看，其已失去了公办养老机构的公益性与福利性。另外，福利中心接待的老人从完全自理到完全不能自理都有，服务对象属性的过度差异不仅容易导致管理上的混乱，而且老人特别是那些有特殊需要的老人，如痴呆老人，也难以获得所需要的高质量服务。

第四，专业人才缺乏，专业化水平低。这主要体现在以下两个方面：一方面，福利中心管理与运营的专业化程度较低。福利中心管理人员相关管理经验不足，加之护理工作人员学历较低，缺乏专业护理知识和方法技术；机构管理者缺少科学的专业管理思维，管理方式以情感式管理为主，机构在入院评估、护理分级管理、护理风险管理及护理质量管理等方面很少使用客观评估工具，福利中心管理与运营的专业化程度不高。另一方面，服务功能单一，专业化服务水平低。福利中心规模较小，管理专业化水平低，护理人员数量不足，导致福利中心主要提供基本的生活照顾服务，老人的心理健康问题基本被忽视，老人的康复护理需求也无法得到满足。福利中心入住的老人平均年龄约82岁，且失能半失能老人占33%左右，他们对于保健、康复的需求极大，但是由于缺乏专业人员，这些需求都难以得到满足。

3.3 社会工作介入县域养老机构实务

在社会转型的大时代背景下，我国养老模式也从传统单一的家庭养老模式向"以家庭养老为基础、社区养老为依托、机构养老为支撑"的现代养老服务体系转变。目前我国养老机构普遍存在服务功能单一、机构服务设施不完善及利用率低、养护人员短缺及专业化水平低、资金短缺等亟待解决的问题，特别是在经济发展水平较落后的中小城镇及农村地区，这些问题更加严重。近年来，社会工作作为社会建设的重要组成部分，在我国各个领域都发挥着特殊的作用，它"助人自助"的服务宗旨与社会公正的价值追求、完善的理论体系以及助人技能，在转型期下扶助老年人群体是大有可为的。

3.3.1 社会工作在养老机构中的功能与作用

社会工作的直接作用和最终功能是在帮助服务对象解决问题的过程中，使之得到相应的服务和满足，以改善其物质生活和精神生活条件①。社会工作的功能主要体现在以下三个方面：①解决服务对象的问题，恢复其受损的社会功能；②发掘和提供资源，以促进人与社会的发展；③及早发现和控制社会问题，预防社会功能失调。社会工作是一门应用型科学，其服务方式、内容、工作方法的选择与实施都离不开具体情景，所以在不同的领域和环境中，其实现的功能和发挥的作用也不可能完全一样。在养老机构中，社会工作者除了可以为机构中的老人直接提供社会工作服务之外，也可以链接社会资源为老人和机构工作人员提供间接服务。社会工作在养老机构中的功能与作用主要表现在以下三个方面：

第一，提供老年社会工作服务，提升养老机构的专业化服务水平。目前我国养老机构存在的主要问题之一就是专业化服务水平较低，社会工作进入养老机构，可以为老人提供各种专业服务，积极灵活地支持他们，满足机构个性化

---

① 范明林. 社会工作方法与实践 [M]. 上海：上海大学出版社，2005：5-12.

与多元化的需求，帮助解决其面临的困境和问题以及恢复受损的社会功能，链接相关资源，创建对老人友善的社区环境，提升老人自身能力，增强老人的权益，提高其生活品质。例如，对入住养老机构的老人进行多角度评估以准确全面地了解其需求，评估范围应包括生理、心理及情绪、家庭状况、独立生活能力、社会功能和经济条件等。提供心理咨询服务，缓解老人心理压力，预防老人抑郁，培养其自我调节的能力，以提高老年人心理健康水平。协助建立各种类型的老年小组，丰富老人日常生活，调适老人与其他人及周围环境的关系，消除老人间的隔阂，恢复或维持老人良好的人际关系，以提高老人自身的能力。此外，社会工作还可以发挥资源链接和促进社区环境改变的功能，除了发掘老年人和机构本身的资源和潜能之外，社会工作者还可以发掘政府、社区、非营利组织乃至企业的资源，并将其与养老机构链接，为养老机构提供各种支持和服务，以创建一个关爱老人、志愿服务养老机构的良好社区环境。

由此可见，与养老机构内一般服务人员不同，社会工作者以利他主义为导向，秉承"以人为本"和"助人自助"的服务原则，在理论的指导下，灵活运用个案、小组、社区等专业工作方法和技巧为入住养老机构的老人提供各种服务，其工作方法更加人性化、工作过程更具科学性。所以，社会工作进入养老机构必将使机构养老服务水平登上一个新台阶，对提升养老机构的专业化服务水平具有重大的积极意义。

第二，参与养老机构的管理与运营，完善养老机构服务模式。目前，我国多数养老机构特别是二线城市及以下城镇的养老机构提供的服务仅限于生活照料和日常护理。这种偏重生活照料的传统养老服务模式，除了受经济条件的限制之外，最主要的还是受传统社会文化特别是养老机构管护人员价值观念的影响。如长期以来影响整个社会的"消极老龄化"观念，它将人口老龄化看成严重的社会问题，认为老年人是社会的负担；其理论依据是以所有老年人都愿意过"消极"生活为理论假设的社会撤离理论，该理论认为老年人应该从社会主流生活中撤离出来，降低活动频率以摆脱压力、安享晚年。此外，目前很多养老机构的服务模式企图将老人单独地保护起来，有着将老人与主流社会隔绝的倾向，这种保护实际上把老人孤立了起来。但是，随着经济、社会的发展，老人们的需求也逐渐趋于个性化、多元化，养老机构单纯的生活照料和日常护理服务已经无法满足老人的更高层级需求。社会工作进入养老机构，可以转变养老机构传统的服务理念和服务方式。在社会工作者等专业养老服务人才的参与下，养老机构除了提供生活照料、日常护理和精神慰藉之外，还可以为老人提供休闲娱乐、临终关怀、政策咨询等服务。此外，社会工作者可以把政府、社区、非营利组织乃至企业有效地协调起来，从中获取养老机构和老人所需的各种资源，把养老机构内的老人和社会、社区重新联系起来，形成一种有益的互动，从而在一定程度上有效解决养老机构资金短缺、基础设施不完备和人员缺少的问题。所以，社会工作参与养老机构管理和运营，不仅有利于养老机构科学化、专业化发展，更是养老机构服务模式由传统单一的生活护理服务向现代化全面服务转变的助推器。社会工作将是养老机构未来发展之路上不可或缺的动力因素。

第三，丰富养老机构的人力资源，促进养老机构专业人才队伍建设。按照国家对养老机构的相关规范要求，一个合格的养老机构应该配置有资质的医生、护士、社会工作者和康复人员之类的专业人才。社会工作者因其知识专业性、能力多样性和服务综合性特点，已经被西方发达国家乃至中国的很多福利部门接受和认可。国家和各省（自治区、直辖市）出台的养老机构相关文件已明确要求"养老机构应适当配置社会工作人员"。养老机构中适当引进社会工作专业人才是未来养老机构中人力资源体系建设的必然趋势。

养老专业人才匮乏是目前几乎每个养老机构都面临的现实问题。在这种情况下，社会工作者如果能通过政府设定的渠道进入养老机构，势必为整个机构养老服务注入一股新鲜血液。对于老年人服务，社会工作者无论是在理论上还是在实务操作上都具备一定的知识基础和专业技能，可以说社会工作者在养老服务领域拥有明显的专业优势。所以，社会工作者进入养老机构，不仅为养老机构提供了丰富的人力资源以有效缓解养老机构专业人才匮乏的问题，更代表着一支拥有养老专业知识的人才队伍进入养老机构，这将有力地促进养老机构专业人才队伍建设，进而推动机构养老服务的发展。

从以上三个方面可以看出，养老机构的发展需要引进社会工作，而社会工作可以从服务的专业化、养老模式创新、专业人才队伍建设三个方面为我国养老机构的发展注入新的活力。社会工作者在养老机构将发挥其专业优势，为养老机构内的老人提供多元化服务，为养老机构的发展做出积极贡献。

3.3.2 社会工作介入县域养老机构的基本原则与理论依据

社会工作是融价值、知识和技巧为一体的应用性科学，既注重理论研究与建设，更强调实用性。社会工作独特的价值追求及促进社会改变的宗旨使之与众不同。从价值层面而言，社会工作代表的是一种基于人本主义的责任、关怀与奉献；从专业层面而言，社会工作体现为立足科学知识、回应不同人群的需要并寻求社会积极改变的制度安排。

3.3.2.1　基本原则

在整个实践过程中，无论是方案的设计还是社会工作实务的开展，应坚持"以服务对象为本"和"助人自助"的基本原则。

养老机构不仅仅是为老人提供服务的场所，更是为老人提供可选择性服务的场所。为入住老人提供安心和安全的服务是养老机构管理和运营的核心内容，也是其存在和发展的必要条件。所以，养老机构应由具有相应资质的人员提供专业化服务，以赋予老人自我选择与自我决定的权利，确保服务的公平性与中立性，也要维护老人的尊严，保护老人的个人隐私。作为专业服务团队成员之一的老年人服务社会工作者，旨在努力链接各方资源为老人提供优质专业服务，建造对老人友善的社区环境、增进老人福利，让其过上优质的生活，而有效的服务方案必然是基于老年人的个性化与多元化需求以及相关系统资源的。

3.3.2.2　理论依据

3.3.2.2.1　社会生态系统理论（society ecosystems theory）

社会生态系统理论在社会学、社会工作学术界内又被简称为"生态系统理论"（ecosystems theory），它是考察人类行为与社会环境交互关系的理论。该理论把人类成长和生存于其中的社会环境（如家庭、机构、团体、社区等）看成一种社会性的生态系统，强调生态环境对于分析和理解人类行为的重要性，注重人与环境各系统的相互作用及其对人类行为的重大影响，是社会工作的重要基础理论之一[①]。查尔斯·扎斯特罗把人的社会生态系统区分为三种基本类型：微观系统（micro system）、中观系统（mezzo system）、宏观系统（macro system）。其中，微观系统是指处在社会生态环境中的看似单个的个人；中观系统是指小规模的群体，包括家庭、职业群体或其他社会群体；宏观系统则是指比小规模群体更大一些的社会系统，包括文化、社区、机构和组织。在微观系统内部，生物的、心理的和社会的事件会在人的一生中相继发生，并持续地相互作用，影响人的行为[②]。养老机构就是由老人系统、机构管护系统、老年人家庭系统、社区系统等构成的一个生态系统。

3.3.2.2.2　需要层次理论

美国著名心理学家亚伯拉罕·马斯洛将人类的生存需要分为五种不同的层级，按层次逐级递升分别为生理的需要、安全的需要、归属与爱的需要、尊重

① 冯丽婕. 基于生态系统理论的儿童个案实践及反思 [J]. 社会工作，2010 (9)：21-23.

② 师海玲，范燕宁. 社会生态系统理论阐释下的人类行为与社会环境：2004 年查尔斯·扎斯特罗关于人类行为与社会环境的新探讨 [J]. 首都师范大学学报（社会科学版），2005 (4)：94-97.

的需要、自我实现的需要。还有两种未被列入需要层次排列之中的需要，即求知的需要和审美的需要，马斯洛认为这两者应处于尊重的需要和自我实现的需要之间。在其需要层级中，生理的需要是人的所有需要中最基本的，它包括了人对食物、水、空气、排泄、衣服以及性的需要等。安全的需要是在人最基本的生理需要得到相对满足后所产生的保护自己的肉体和精神不受威胁、免于伤害和保证安全的需要。归属和爱的需要指的是人们对友谊、情爱、关心等各方面的追求，希望得到他人或社会群体的重视与接纳的需要。尊重的需要包括自尊和得到他人的尊重，因为人们总是希望自己有稳定、牢固及强于他人的社会地位。自我实现的需要，即一个人希望实现自己的人生理想，能充分发挥自己的潜能和才智，取得一定的成就，对社会有着较大的贡献。马斯洛认为，一个人在满足其较低层次的需要之后自然会出现较高层次的需要。虽然其需要的递进性观点遭到了抨击，但不可否认的是，人的生存需要是多样的。

3.3.2.2.3 优势视角理论

社会工作的优势视角并不是指生活中看待事物的态度或是其他专业中的优势取向，而是指社会工作者应在某种程度上立足于发现、探索及利用服务对象的优势和资源，协助他们达到自己的目标，以及直面他们生命中的不幸与挫折，抗拒社会主流的控制①。其理论假设是只要帮助人们认知到日常生活中的积极力量与优势，他们就能有意识地运用内在的智慧与潜能。优势视角并未聚焦于问题的解决，但也不是直接地忽略服务对象的问题，实际上，优势视角是在利用或者建立、强化人们已有优点和能力的过程之中解决问题、实现目标。优势视角理论认为，即便是贫穷、疾病、歧视、困难也有可能成为机遇。社会工作者只有通过与服务对象沟通，让其正确对待这种关联，并相信环境中充满资源和机遇，服务对象个人才能实现成长和提高能力。优势视角理论肯定了环境优势对于个人潜能开发产生着关键的作用，所以社会工作者还必须不断推进个人与环境的互动，以此来提升个人优势和潜能，以达到改变的目的。服务对象的优势包括个人优势系统与环境优势两大部分，社会工作者可以通过生活安排、娱乐、工作、教育以及社会关系的互动，促使服务对象发挥个人志向、能力及自信的优势，同时联络服务对象所处环境的机会、资源、有形资产和服务的优势，以此达成服务对象问题的解决和生活的改变。可见，优势视角理论与生态系统理论一样，都是辩证地看待服务对象的弱势，都强调服务对象与所处环境之间的互动。

---

① 梁莹. 优势视角与系统理论：社会工作的两种视角 [J]. 学海，2013 (4)：15-19.

3.3.2.2.4　增能理论

美国著名学者所罗门（Soloman）是首位将"增能"概念用于社会工作专业领域的学者，其对"增能"的定义是：社会工作者针对服务对象所采取的一系列行动，其目的在于减少污名成员群体因负面的评价而形成的无力感。在社会工作实务中，一般对增能的解释是：个人在与他人、环境的积极互动过程中，获得更大的对生活空间的掌控能力和自信心，以及促进个人对环境资源和机会的运用，以进一步帮助个人获得更多能力的过程①。协助弱势群体，通过行动去增强适应环境的潜能，通过社会政策和计划去营造一个正义的社会，使社会成员有平等的机会去接近和获取资源是增能的基本价值。其理论假设是，环境对人的排挤和压迫导致个人需求不足及问题产生，因此为服务对象提供帮助时应着重于增进他们的能力，进而对抗环境的压力。

社会工作者可以从三个层次来实施增能行为，分别是：第一，在个人层次上，通过增能使个人感觉到有能力去影响或解决问题；第二，在人际层次上，通过个人与他人合作促成问题的解决并获得经验；第三，在政治层次上促成政策的改变。社会工作实践增能的策略和原则有：①服务对象和工作人员合作，使服务对象了解专业人员的知识和技巧是可以分享和运用的；②相信只要给予资源和机会，服务对象就会充满改变的能力；③专业人员只是帮助服务对象解决问题的伙伴，服务对象自己才是解决问题的主体和推动改变的主角；④确认服务对象的主体经验，尊重服务对象的"话事权"；⑤解决问题的方案可以是多元化的；⑥非正规支援可以减少服务对象焦虑、提升个人能力和控制感；⑦服务对象自己决定增能的目标、方法和结果；⑧服务对象意识的提升很重要，社会工作者向其提供丰富的资料有助于改变的出现；⑨增能的过程也是持续的能力培养与建设的过程。人们的能力不是别人给予的，而是源于自身的努力。

3.3.3　个案工作及其在县域养老机构中的应用

3.3.3.1　养老机构中的个案工作

虽然入住养老机构的老人差不多出生、成长和生活在同一个时代，其经历的社会历史事件基本相同，而且绝大多数生活在同一个地域内，存在很多共性和相似之处，但生命历程总是一种个人的经验，并且以独特的方式塑造每一个

---

① 高万红. 增能视角下的流动人口社会工作实践探索：以昆明 Y 社区流动人口社区综合服务实践为例 [J]. 华东理工大学学报（社会科学版），2011（1）：30-36.

人。所以，每一个老人都是独一无二的。相关研究表明，老人与老人之间的区别比任何年龄段的人都更大。所以，社会工作者既要关注群体共同的需要，也要兼顾个体的需要，特别是那些有着特殊需要的老人。除了群体中个体差异较大之外，相对于其他年龄段群体来说，老人也比较敏感，自尊心较强，很多时候不愿意将个人的经历公开分享。对于这种情况，最有效的方法就是个案工作。

个案工作是指社会工作者遵循基本的价值理念，运用科学的专业知识和技巧，以个别化的方式为感受困难的个人或家庭提供物质和心理方面的支持与服务，以帮助个人或家庭减轻压力、解决问题、挖掘生命的潜能，不断提高个人和社会的福利水平①。养老机构中可以采用个案工作方式提供服务的主要有以下两个方面：

（1）对每位老人进行多角度的评估。老年社会学针对老年人需求进行了大量研究，研究结果显示，拥有健康和有意义的人生目标，从事有意义的活动，有良好的经济条件，对自己社交圈子感到满足的老人，会对自己的生活感到满意。所以，社会工作者对老人进行评估的内容通常包括其生理、心理、经济条件、家庭状况、独立生活能力、社会交往能力及社会功能等。社会工作者要了解老人在各方面是否失衡，并在有需要时及时介入，帮助老人自己解决问题和改变现状，让老人能够在一个有利且有支持的环境下生活。此外，社会工作者要明白评估是一个动态的持续的过程，而不只是在老人刚入院时进行评估。在评估的过程中，社会工作者要细心观察老人和环境、生理、心理等因素的相互影响，从老人的角度去了解老人社会交往、身心机能与生活环境的关系。老年社会工作的有效介入必须基于准确全面的评估。由此，掌握专业评估的知识和技巧，并能够正确使用一些评估工具来了解老人的多方面需求，就成了老年社会工作者提供有效服务的前提。

（2）对有特别需要的老人进行个案辅导与咨询服务。已有研究结果显示，大多数老人拥有极强的适应力，他们能够成功应对晚年老龄化过程所带来的失去感和情绪考验。但有些老人在处理生命中的失去和挑战时，会遇到心理或情绪上的困难，进而导致其身心极度疲惫和悲伤，由此可能需要专业的援助和支持。采用个案辅导的方式可以帮助那些受到心理、情绪困扰或者有自杀倾向的老人对自己的行为和情绪有更深入的了解，缓解其压力和悲伤，提升老人处理情绪和认识问题的能力，增强老人解决问题的信心，恢复其社会功能和心理健康。

---

① 许莉娅. 个案工作［M］. 北京：高等教育出版社，2004：2-7.

实践证明，社会工作者和老人的每一次接触（无论是正式的治疗还是探访、陪伴）都会建立关系，都具有治疗性的作用，从而也改善了老人的情绪状况。这里有三个有效的辅导方法，包括：一是改变情况，即社会工作者协助老人去改变那些导致痛苦、危险或难以忍受的情况；二是改变老人，即社会工作者通过改变老人的看法和心境，使其适应一个无法改变的情况或者环境；三是改变老人及其所面对的情况，比如一位因中风而导致行走不便的老人，通过辅助器械可以帮助其重新适应环境，继而让其情绪得以改善，而且，只要老人愿意改变，并能直面挑战，社会工作者亦可以协助其改善环境。

3.3.3.2 个案工作在县域养老机构中的应用

通过与福利中心老人交流和对他们生活的观察，课题组人员发现福利中心的很多老人都处于消极的情绪状态，经常产生悲观失望的想法，有的甚至抱着等死的心态去度过晚年。如果长期处于这种消极状态就会产生心理抑郁，严重者可能会自杀。因此，开展老年个案工作的主要目标之一就是帮助老人澄清"老不中用"和"负担、包袱"等误区，以改变老人消极悲观的想法、缓解心理压力，促进其以积极乐观的心态面对晚年生活。老人之间存在差异性，有的老人个性突出，集体生活时容易与他人发生矛盾，或者认为没有人理解他而将自己孤立起来。社会工作者在面对这类老人时，积极的倾听和理解显得尤为重要。

【案例3-1】心理、情绪和人际关系辅导

（1）案例描述

刘女士，68岁，初中文化程度，仪陇县蓬安乡人，曾从事过基层农村工作和妇女工作，每月有1 000多元的养老金，无其他收入，于2013年4月入住仪陇县社会福利中心。老伴已去世，有四个儿子一个女儿。在入住福利中心之前，刘女士住在四儿子家中，与儿媳关系不太融洽，于是刘女士更愿意在福利中心养老，但对福利中心的收费不太满意，认为福利中心不应该收取费用。她选择室友也比较挑剔。刘女士患有较严重的关节炎，行走需要借助拐杖，因喉咙患过病，导致现在声音很沙哑，身边的人都不喜欢听她讲话，也听不清楚，所以她与机构内老人交流较少，朋友不多。但是刘女士有很强的倾诉欲望，非常希望得到社会工作者的关注。2013年8月初，刘女士突然情绪很低落，看到社会工作者也不打招呼（平时她情绪和精神状态较好，很喜欢跟社会工作者聊天），后来我们得知刘女士与机构管理人员产生了矛盾，发生了争执。在课题组督导的建议下，社会工作者主动介入，为服务对象刘女士提供帮助和支持。

（2）问题界定

问题表征：①刘女士怀疑其他人（可能是护工或者其他老人）偷拿她的

个人物品，福利中心晚上不让锁房间门让她感觉不安全①；刘女士认为自己的房间没有阳台，所以不应该同有阳台的房间收取一样的费用。②护工认为刘女士故意把自己的东西藏起来却说被偷了，属于故意找麻烦。③机构管理人员认为刘女士神经有问题，一个人"霸占"一个房间②，机构已经对她免除另一个床位的费用了，她还是不按时缴费，想让她退院，她又不愿意退。④福利中心联系她家人，但其儿子不想承担费用而想让刘女士回家住，刘女士觉得回家不自由，不愿意回家，要继续留在福利中心。⑤刘女士新室友私自走出福利中心，好心的路人发现其为一名老年痴呆患者，也不知道将其送去哪里，就送到了当地公安局，公安局后来将该老人送回福利中心。福利中心管理人员为此责备刘女士，认为是刘女士把室友带出去"弄丢"的。

问题实质：①信任问题。刘女士缺乏安全感，也不信任周围其他人，自我防御心理较强。②沟通问题。刘女士与福利中心管护人员缺乏有效的沟通，每次出现问题或者事件，管护人员都认为是刘女士个人的问题，而不听刘女士的解释和理由。这种先入为主的偏见是福利中心管护人员对刘女士的生理、心理与情绪、经济条件和家庭情况等不了解引起的，一直以一种"问题人员"眼光看待刘女士，缺乏对刘女士的关心。③刘女士家庭沟通与互动出现问题。

（3）个案工作目标

首先，澄清问题实质，帮助服务对象解决当前的问题，消除刘女士与福利中心工作人员之间在具体事件上的误会，帮助刘女士缓解心理和情绪压力；其次，促进刘女士与管护人员之间的交流与沟通，促进双方相互信任和理解关系的建立，改善刘女士的人际关系，增强刘女士的安全感，帮助刘女士恢复积极乐观的生活和情绪状态，提高其生活品质；最后，通过家庭咨询和家庭工作坊促进刘女士与家人的沟通和交流，增进彼此之间的理解，满足刘女士对亲情的需要，恢复家庭系统的功能。

（4）辅导过程

第一阶段：澄清问题，缓解服务对象心理和情绪压力。

社会工作者已经对刘女士进行过预估，加之每次组织老人娱乐活动也都和刘女士有过交流，双方建立了良好的信任关系。故课题组两名社会工作者直接去服务对象的房间，为服务对象提供个案辅导服务。

社会工作者在服务对象同意的情况下进入服务对象房间（房间很干净、

---

① 福利中心为方便护工晚上能及时照顾老人，或防范突发情况，晚上一般建议不锁房间门。
② 据说曾经出现过刘女士把室友赶出去的情况。

整洁），服务对象对社会工作者表现友善，但情绪很差，感觉自己不被理解，很失落，所以社会工作者首先要帮助服务对象把心里不好的感受都宣泄出来，通过接纳、积极倾听、同理、鼓励等支持性技巧的使用，缓解服务对象的心理压力，并逐步使服务对象的情绪恢复平静。

服务对象在情绪得到宣泄后，心理和情绪都平静了很多。这时社会工作者运用生命回顾技巧，让服务对象回忆自己以前工作和生活中曾经的快乐事件及成功事件，通过回忆让服务对象再次生活在快乐和成功的环境中，再次体验喜悦和荣耀，找回失落的尊严与自信，重新认识自己，恢复服务对象曾经积极乐观的心理和情绪状态。

在增能理论的指导下，社会工作者相信只要给予服务对象一定的支持，她就有能力应对眼前的问题，并会做出积极的改变。所以社会工作者秉持"助人自助"的服务宗旨，与服务对象一起界定遇到的问题和困境，帮助服务对象找出问题出现的原因，并讨论解决方案。之后，社会工作者鼓励服务对象积极主动解决眼前的问题，与福利中心相关工作人员一起澄清问题的实质，并促成双方达成改变的协议。

第二阶段：促进服务对象与福利中心工作人员建立良好的信任关系，改善服务对象人际关系，增强其安全感和归属感。

社会工作者与服务对象一起探讨自己的健康问题（生理、心理及社会功能），为服务对象提供一些关于风湿关节炎及其他常见老年疾病的医学科普知识和养生知识（因为服务对象有吸烟的嗜好），使服务对象可以在一定程度上掌握自己的病情以及加强其对健康的关注，希望能在一定程度上改善服务对象某些不良习惯，如吸烟。

鼓励服务对象积极参加社会工作者在福利中心开展的各种活动，通过活动促进服务对象与福利中心工作人员之间建立信任关系，把活动中的相互合作延伸到日常生活中的相互帮助，促进福利中心老人、工作人员相互间的理解、信任和关心，以改善服务对象的人际关系，增强服务对象的归属感和安全感。

第三阶段：促进服务对象家庭关系改善，满足服务对象的亲情需要、重获家庭系统的支持。

在家庭咨询过程中，社会工作者鼓励服务对象表达自己对家人的关爱、对亲情的渴望，描述自己理想中的家和家人是怎样的。社会工作者也鼓励服务对象的家人（儿女）表达出对服务对象的关爱，说出自己内心深处对服务对象的感受。社会工作者澄清双方之间出现的沟通问题和障碍，与家庭一起寻找问题出现的原因。通过辅导，双方增加了对彼此的理解，关系得到缓和，双方同意努力做出积极改变。结果：服务对象继续住在福利中心，其儿女则表示会常到福利中心看望服务对象。

（5）个案总结

社会工作者在增能理论和生态系统理论的指导下，坚持个别化的原则，根据服务对象的个性特征和需求，灵活地运用老年社会工作方法和技巧，如直接治疗、间接治疗、生命回顾等，基本上解决了服务对象的问题，帮助服务对象重拾了自信，恢复和增强了服务对象应对问题的能力，并且使服务对象在心态上有了积极的改变。在本个案中，服务对象对社会工作者的信任是成功的基础，服务对象自我能量的发挥和积极配合是成功的关键，同时社会工作者相信服务对象一定有能力做出积极改变的信念也尤为重要，它不仅表现出对服务对象的尊重和支持，而且也是对社会工作者自己的心理和精神支持，是社会工作者服务的动力。

由于社会工作者在老年个案工作方面的实践并不多，在工作技巧应用上不够专业和灵活，整个过程中专业技巧的应用略显粗糙。因为老年服务对象多具有情绪不太稳定、表达不是很清楚、喜欢倾诉等特点，个案工作的开展通常不能遵循严格的、理想化的工作程序，只能尽力将个案工作技巧体现在工作过程中。可见，在实践中，社会工作者需要根据具体情景和服务对象个性特征对社会工作理论、方法及工作程序进行适当的调整，从而促使服务目标达成。

在老年个案工作中，社会工作者要特别注意做到对服务对象的尊重、接纳、同理、耐心和积极倾听，以获得老人的信任，这是开展服务的前提和基础。接案阶段最重要的工作就是良好的沟通，为此社会工作者要根据老人身体情况提前为老人准备好一些辅助工具，如助听器、老花镜、笔和纸等。在制订服务方案时，要特别注意老人身体、心理及社会等方面的功能状况，以保证老人在社会工作者服务过程中有能力参与，并且不影响老人的选择自由。此外，服务计划要有弹性，也要平衡好老人独立生活与依赖两方面的需求。

3.3.3.3　老人个案预估

在课题组人员刚进入福利中心时，该机构工作人员就向他们反映机构内老人之间经常出现矛盾和争吵，有些老人很喜欢挑福利中心各方面的毛病，似乎对机构提供的所有服务都不满意，这让福利中心工作人员感到身心疲惫，工作积极性也大受打击。同时课题组人员也发现，福利中心对入住老人的信息搜集很不全面，提供的服务也局限于基本生活照护，难以满足老人的精神需求。为此，课题组人员认为有必要将个案预估方法带入福利中心，对老人的需求进行评估，以提供有针对性的服务。

（1）预估的内容

从狭义上讲，预估只是个案工作过程中的一个必要步骤和环节，它是依据既定情景中的事实与特点推论出有关服务对象问题含义的暂时性结论的逻辑过程，也是搜集资料和认定问题的过程。其目的是了解服务对象，为制订服务计划做准备。然而，这里所讲的老人预估并不限于个案介入的老人，而是面向全体老人的；预估的着重点也并非只在于找出老人日常面对的挑战和潜在问题，还关注其能力和以往生命历程中的适应力和性格强项；同时力求准确全面地了解老人目前的需求。预估通常包括以下三个方面内容：

①服务对象自身系统的预估。这包括服务对象生理（年龄、健康状况、活力水平等）、生活（生活习惯、生活自理能力）及情感与智力（情绪、心态、认知能力）等方面。

②服务对象家庭系统的预估。这包括服务对象家庭的基本情况（家庭成员、家庭收入等）和家庭关系（夫妻关系、父母关系、亲子关系、兄弟姐妹、子女关系等）。

③服务对象社会系统的预估。这包括服务对象支持系统（伙伴、朋友、同事等）、物理环境（起居生活环境、活动环境）和体制与组织环境（福利中心、居委会等）。

（2）预估的目的

首先，通过预估全面搜集福利中心老人的信息，了解老人多方面的需求，评估老人拥有的资源，从而找出最适当和有效的服务方法。其次，通过预估去发现老人的问题，为有问题的老人及时提供帮助和支持，以积极主动的方式预防问题的产生。最后，也可以让福利中心管护人员了解老人预估的重要性和意义、掌握预估的方法，以改进其服务理念和方式，提高其服务水平。

（3）预估的方式

初次预估时可以采取半结构式访谈的方式。在初次预估后，发现可能存在心理和认知问题的老人，专业人员可以再利用评估工具，如专业量表进行测量，以准确评估问题。

（4）预估的总结

预估表由社会工作者设计，但是在预估开始前，需要向福利中心工作人员解释预估表中每一项指标的设置原因、含义、作用，以加强工作人员对预估的深入理解。

预估结束后要把预估信息整理成电子文档，一位老人一个档案。老人个案预估是一个动态的过程，除了在老人刚入院时进行预估之外，每隔两三个月就需要再次进行评估，对于某些有特殊需要的老人，还需要每隔一个月或更短的时间就进行再次评估。

（5）注意事项

首先，要告知老人预估的目的，并承诺对其提供的所有信息保密。在预估过程中，工作人员一定要尊重预估对象，对于老人坚持不愿意谈及的问题，工作人员要尊重老人的选择，不要勉强；有些老人的听力和语言功能可能出现了弱化，所以工作人员在进行预估时要有耐心，尽量不打断老人。预估时间尽量控制在30分钟左右，因为时间太短则信息可能搜集不全面，时间太长则可能导致双方疲惫不堪，也影响工作效率。

其次，在预估场地的选择上，一定要选择能让老人有安全感和情绪放松的地方。如果老人同意的话，其居住的房间就是最好的场所，因为在自己的房间内，老人不仅能感受到安全和放松，而且工作人员也可以观察老人的房间环境，获取更多的信息。

最后，在预估前，社会工作者要对养老机构工作人员进行预估知识和与老人沟通技巧的培训。为使养老机构工作人员掌握预估的方法，社会工作者与养老机构工作人员可进行一对一的分组配对，前两次预估由社会工作者进行，养老机构工作人员辅助或旁观，以后就由养老机构工作人员进行，社会工作者协助或旁观，在确定养老机构工作人员完全掌握预估方法后，社会工作者就可以抽身出来了。社会工作者刚进入养老机构时，对老人来说是个陌生人，预估开始前需要由护工予以引见，使老人放松情绪，去掉戒备心理。

3.3.4　小组工作及其在福利中心的应用

小组工作指经由社会工作者的策划与指导，通过小组活动过程及组员之间的互动和经验分享，帮助小组组员改善其社会功能，促进其转变和成长，以达到预防和解决有关社会问题的目标[①]。小组工作适用于各个年龄段的群体，社会工作者可以建立不同目标的小组以满足小组成员不同的需要，通过小组活动让小组成员学习不同的技巧去面对不同的处境和环境。根据小组功能的不同，可把小组分为社交型小组、教育型小组、治疗型小组、支持型小组等类型。在任何一个有计划的老人小组发展过程中，除了主要的目标之外，其他的功能也都会存在。比如，社交型小组的主要目标是建立健康的社交关系，同时也有教

[①] 罗纳德·W. 特斯兰，罗伯特·F. 里瓦斯. 小组工作导论 [M]. 刘梦，等译. 北京：中国人民大学出版社，2010：25-38.

育性和支持性的功能；治疗型小组的主要功能是治疗，但也会有社交型、支持型和教育型的功能①。无论什么类型的小组，其活动的基本目的都是让组员建立社交关系。小组内的多种互助关系是组员改变和成长的推动力。

3.3.4.1 县域养老机构中的小组工作

已有研究显示，小组工作在养老机构大有作为，用小组工作的方式为入住养老机构的老人提供服务成效明显，且较个案辅导更具有效率。小组方法可以使更多的老人得益，小组鼓励组员参与，给予组员独立自主的感觉。此外，由于小组具有"疗伤"的功效，社会工作者利用小组动力能够帮助老人创造奇迹，小组历程与小组工作方法是让组员成为帮助其他成员"疗伤"和成长的新文化②。比如抑郁治疗小组。在小组中，老人会感到自己并不孤单，还可以相互成为他人的帮助者，这样便减少了孤独感，了解到其他人的经历都会感同身受，故可以相互扶持，在小组外或小组结束后，组员可以用电话帮助更多的孤独老人。助人乃快乐之本，当老人愿意以分享自己的生命经历去鼓励其他人时，也增强了自信心，自己的创伤变成了给别人的祝福，开始走上成长之路，这便是小组动力可以帮助老人创造的奇迹。又如面对刚退休的老人或者一批刚入住养老机构的老人，小组可以作为有力的镜子，去把他们的情绪和创造力聚焦起来，并增强他们在晚年适应转变的自信心③。

在实践中，养老机构最常见的小组类型主要有三种：一是有助于老人成长和发展的社交小组，这类小组可以由不同兴趣的组员自行组成，社会工作者远距离协助。小组的主要目的是让老人继续享受有目标有内容的生活，小组成效是多方面的，小组内容多姿多彩，只要切合老人的兴趣和能力，都可以是社交小组的活动内容。二是有教育和安慰功能的支持小组，主要针对老人自己或家庭的特殊问题（老龄化过程中可能面对身体、心理、情绪、退休、疾病等的挑战）而设，小组的主要目的是为他们提供心理情绪和其他实际支援。三是有医治和重建功能的治疗小组，小组活动的动力和组员间的互动是治疗的资源和解决问题的力量，其目的是帮助老人改善在危机或者生命考验中的不适应问题，提高和恢复老人的正常心理功能。在治疗小组中，社会工作者要有这样的

---

① MADELYN IRIS, JOHN W RIDINGS, KENDON J CONRAD. The Development of a Conceptual Model for Understanding Elder Self-neglect [J]. The Gerontologist, 2010 (3): 303-315.

② MARY ROSE DAY, GERALDINE MCCARTHY, PATRICIA LEAHY-WARREN. Professional Social Workers' Views on Self-Neglect: An Exploratory Study [J]. British Journal of Social Work, 2012 (42): 725-743.

③ 孙越. 福利机构老年社会工作研究：以长春市社会福利院为例 [D]. 长春：吉林大学, 2012.

信念，即相信大部分老人的难处都会有改善的希望。此外，有滋润老人身心功效的缅怀小组是老人小组工作最常用的方式，因为它有社交、娱乐、身心滋润等功能，而且适用面非常广，对于患有失智症的老人也可以使用且效果很好。缅怀小组的目的是帮助老人回忆以往愉快的事件，从而再感受到喜悦的情绪。缅怀小组活动用不同的工具去诱发组员回想以往愉快的日子，帮助组员再活在那些快乐情绪的回忆之中，这是给组员的一份温暖的礼物，特别是患抑郁症的老人和患失智症的老人，这些以往美好的回忆将成为组员现时生活的力量。

社会工作者在老年小组工作中，不仅要尊重老人的自决权利，也要教育组员懂得尊重其他组员的隐私和遵守小组保密的规则，为组员建立一个可信赖、安全和有建设性的小组环境。

3.4.2　小组工作在县域养老机构的应用

福利中心的老人虽然每天生活在一起，同吃同住，但实际上很多老人总是独来独往，加上福利中心娱乐和活动设施不多，而且他们也不能随便走出福利中心，这些老人生活很单调，内心世界也非常孤独和寂寞。所以，社会工作者可以通过小组工作，给组员提供分享生活经验和挑战生命的机会，从而互相鼓励、支持，由此满足老人归属和爱的需要。通过小组经验的获得帮助老人提高自尊，以及在自己最后一个生命阶段中重拾自信和勇气。福利中心之前没有社会工作服务，课题组选派的人员是第一批进入福利中心的社会工作者。在之前的预估过程中，社会工作者发现很多老人及一部分护工特别喜欢唱歌，所以社会工作者决定先在福利中心组建一个老人唱歌兴趣小组，一是积累经验，二是希望通过典型示范，带动其他老人的积极性，为成立各种类型的娱乐性小组甚至其他功能类型的小组做好准备。

3.3.4.2.1　发展县域养老机构的老年兴趣小组

小组名称：自娱自乐唱歌兴趣小组（小组名称是由组员共同讨论确定的。以下简称"唱歌小组"）。

目的：从老人兴趣出发，为喜欢唱歌的老人和护工提供一个温馨活跃的经验交流与分享的平台，发展组员兴趣和人际关系，满足精神和娱乐的需求，增强自信及自身的社会认同感，提高生活满意度，促进老人自身潜能的开发和社会功能的恢复。

小组性质：娱乐型社交小组。小组为自助会社的形式，即小组组员自行负责计划、组织和运作，社会工作者担任顾问角色。

工作对象：福利中心爱好唱歌的老人和护工，其中护工 3 名。

活动主题：为爱好唱歌的老人提供支持，丰富精神生活，增强社交能力，建立福利中心互帮互助的机构文化。

组员招募：海报宣传，社会工作者鼓励有唱歌特长的老人积极参与。

（1）小组的筹建

通过前期的老人预估，社会工作者发现福利中心很多老人爱好唱歌，且年轻时大都是唱歌能手，课题组就计划组建一个老人唱歌兴趣小组。为验证该计划，并发现想唱且能唱的老人，社会工作者在福利中心开展了一个"猜猜谁会唱"的活动。该活动面向全体老人，方法是：工作者播放音乐，由老人猜歌曲名并唱出歌曲。活动过程中，老人们都积极参与，而且出现很多爱唱且能唱的老人，活动气氛也很活跃。活动快结束时，社会工作者向老人宣传拟组建唱歌兴趣小组的计划，鼓励有唱歌兴趣的老人积极参与。活动结束后，社会工作者与在活动中表现积极的老人交流，鼓励他们加入兴趣小组。

趁着"猜猜谁会唱"活动的余热，社会工作者将有意愿加入兴趣小组的老人和唱歌特长的 2 名护工组织起来，在福利中心活动室召开交流会。主要内容包括两个方面：

第一，社会工作者向组员说明成立小组的目的和意义，小组的总目标和性质，小组成立后可以获得的支持有哪些，包括社会工作者可以提供的支持，如担任小组顾问角色、引导小组发展、提供小组队服、协助小组申报并协调其需要的资源等；福利中心可以提供的支持，包括提供小组活动场地、设备及其他需要的资源等。

第二，社会工作者鼓励和引导组员采取民主的方式选出小组组长、副组长，确定小组名称，制定小组规则，计划小组活动等。通过讨论，会议确定小组的组名是仪陇县福利中心自娱自乐唱歌兴趣小组，共同选取兴趣小组的联络人为护工 L、护工 W 和老人 Y，商谈并确定以后兴趣小组每周活动一次，接下来兴趣小组的口号、规则、聚会主题都由成员自己商量决定，课题组中 2 名社会工作者跟进兴趣小组的日常活动。此外，在小组成员的建议下，社会工作者动员福利中心管理层关心兴趣小组的组建、提供兴趣小组活动所需设备等，确保兴趣小组正常开展活动。

（2）小组的发展

经过社会工作者、福利中心工作人员的共同努力和老人的积极配合，福利中心第一支老年人兴趣小组终于成立了，其中有 6 位老人、3 位护工，并确定了小组的组名、联络人以及小组活动频次，希望可以增强老人自身的社会认同感，满足其精神需求。从第一次聚会起，小组工作就进入了小组初期，也将开始开展小组活动。这个时期小组工作者的主要任务是帮助组员建立相互信任关系。由于该小组成员在一起生活过一段时间，彼此之间已有一定的信任基础，对于该小组来说，围绕着共同兴趣开展小组活动也就更重要了，通过活动增进组员友谊，加强小组凝聚力，使组员获得归属感。为了使刚成立的唱歌小组更稳固，增加小组成员对组员身份的认同感，社会工作者还为每位组员准备了队服。

在福利中心成立老人唱歌兴趣小组的目的，不仅仅是培养和发展老人唱歌的兴趣、满足其唱歌的需要，更是要帮助老人通过唱歌发展人际交往能力，提高参与社会活动的积极性，重拾自信，获得自我的继续发展。所以社会工作者引导小组积极参与到福利中心举行的各种娱乐会演中，并将其作为小组活动内容。表3-3对唱歌小组的三次活动做了简要阐述。

表3-3　唱歌小组活动情况

节数	地点	活动目标	内容	所需物资
第2节	福利中心食堂	激发老人唱歌的兴趣；确定和练习自己下一次活动表演的歌曲	小组成员一人一首循环演唱第一次活动提供给社会工作者的歌曲，唱完之后选出下一次活动要表演的一首歌曲，并告诉社会工作者。在活动过程中，社会工作者要给老人拍照	音响、话筒、音乐、歌词、茶水、相机等
第3节	福利中心食堂	通过向福利中心全体老人及工作人员演唱歌曲，发展自己的人际交往能力，提高参与社会活动的积极性，重拾自信，促进自我实现需要的满足	小组的每位组员都上台演唱了一首歌曲；组员在社会工作者未提前告知的情况下，都穿着队服参加这次活动；每位组员上台演唱时，社会工作者要为其拍照；会演结束后，社会工作者与小组成员一起合影留念	音响、话筒、音乐、歌词、茶水、相机等
第4节	福利中心阅览室	相互鼓励，分享活动感受和收获，总结这几次小组活动的效果	首先，依次对每位组员的优点进行讨论；其次，每位组员分享自己有关小组活动的感受以及收获；再次，社会工作者将小组活动的照片与组员分享并对小组活动进行评价，分享自己的感受与收获；最后，合影留念	纸、笔、茶水、相机等

3.3.4.2.2 县域养老机构中小组工作注意事项

老年社会工作者在养老机构开展小组工作时，除须掌握小组工作的必要技巧之外，还要注意在开展小组活动过程中一些技巧的使用存在其特殊要求。

第一，做好老年小组工作的前期筹划。社会工作者在养老机构开展小组工作之前一定要做好充分的准备工作，包括组员的甄别、需求评估、确定小组目标三个方面。成功的老人小组由选择合适的组员开始。在组员甄别上要尽量将具有同样需求的老人安排在一起，这样有利于老人之间的互动和共享。接着社会工作者需要对老人做全面的需求评估，发掘那些比较共同的需求（介于全部或绝大多数老人的共同需求与极个别老人的特殊需求之间），社会工作者可以从这些需求中选择那些通过小组工作能有效满足的需求确定为小组目标。在小组活动过程中，当组员为共同的困难而做出互动时，将产生极大的心理支持和行动力量，并促成小组团结，这时小组也将给予组员安全感和归属感①。此外，社会工作者还必须评估老人对小组目标和小组活动是否感兴趣。

第二，在小组活动过程中，社会工作者要注意老人的特别需要，为老人创造一个友善的小组环境。入住养老机构的老人身体状况比较复杂，多半是高龄、多疾和身体功能不健全的老人，所以社会工作者需要照顾到这些老人的特殊需求，可以为他们准备轮椅、软座椅、视听辅助器材等，尽量避免老人因部分身体障碍而不能参加小组活动的情况出现。当然，有些老人因身体方面的限制太严重而不适合参加小组活动，这时社会工作者可以提供个案辅导服务。

第三，保密原则在小组工作中也很重要。因为养老机构是一个老人集中居住的场所，老人的个人空间已经很有限了，老人对个人隐私也比较敏感。在封闭型小组中，社会工作者须向组员强调小组内容保密的重要性，组员相互保证其个人感受、个人隐私不会成为老人朋友圈和养老机构的新闻，这种保密承诺可以让组员感到安心和被保护。

第四，社会工作者要与老人、养老机构工作人员进行积极的沟通。在小组开展社会工作者之前，社会工作者要主动与老人交谈并建立感情，在小组活动过程中，社会工作者要对小组需求及组员表现做出及时的回应，小组活动结束后要询问组员的感受和反馈意见，以便及时调整和完善小组活动计划。社会工作者通过与养老机构的交流和沟通去获取养老机构的理解和认同，并向养老机构争取小组工作开展需要的各种资源。

---

① 孙越. 福利机构老年社会工作研究：以长春市社会福利院为例 [D]. 长春：吉林大学，2012.

第五，每次小组活动时间一般控制在一小时左右，活动安排要适合组员的身体状况，活动氛围不能太活跃，以免组员过于兴奋，导致其血压升高和失眠，最好也不要安排在晚上，否则可能会影响老人的睡眠。

3.3.5　社区工作及其在县域养老机构中的应用

3.3.5.1　县域养老机构中的社区工作

社区工作是增强人们应对困难和窘迫环境的能力，使人们能够对自己周围的环境有更大控制能力的一种专业活动。其主要目标是满足社区需要，解决社区问题，培养社区成员的归属感和认同感；增加居民信心、技能和社区自组织的权利，促进社区整合，改善社区环境，实现社会公正①。社区工作在社会福利的范畴内具有"福利服务"和"政治性"双重特征。综合社区工作的性质，有人归纳出四个工作范围，如表3-4所示②。

社区工作的性质	社区的性质	
	地域性	功能性
福利性	服务提供、社区照顾、义工服务、老人教育	老人义工
政治性	争取权益	争取权益、发展选民；反对年龄歧视

无论老人是身处社会中的一个功能社群还是一个地理社区，都有其独特的服务需要。针对养老机构的社区工作方法主要体现在社区服务和社区教育两个方面。

第一，在社区服务方面，社会工作者可以动员社区人士作为老年服务志愿者，探望和支持入住养老机构的老人，以减轻其孤独感，感受社会对其的关心；社会工作者也可以鼓励入住养老机构的老人参与社区活动，丰富其生活，在活动中与其他人接触，得到别人的尊重和认同，以满足其尊严的需要。

第二，在社区教育方面，一是社会工作者可以为入住养老机构的老人提供补偿型教育服务。我们应该相信老人有一定的求知欲、学习能力和可塑性，老人也应该持有终身学习的精神，这样才能更好地适应当今瞬息万变的社会，使老年生活更加充实。比如，社会工作者可以设计一些适合老人的电脑培训课

---

① 夏建中. 社区工作 [M]. 北京：中国人民大学出版社，2005：19-22.
② 梅陈玉婵，齐铱，徐永德. 老年社会工作 [M]. 上海：格致出版社，2009.

程，以让老人能紧跟时代的步伐。二是推动社会开展敬老护老的社区教育工作。社会工作者可以通过协助养老机构或养老机构所在辖区的民政部门工作人员挖掘辖区的资源，建立志愿者服务队伍，为养老机构提供支持和服务，亦可以通过社区教育去减少社会人士对老年人的误解或偏见，了解并肯定他们的需要和社会角色。三是可以设计培训课程。如对养老机构的管护人员进行护理培训及社会工作知识普及等，进而提升养老机构管护人员的服务理念以及专业化服务水平，为老人提供更加友善的生活环境，满足老人的多元化和高层次需求。

综上所述，个案、小组和社区社会工作方法在养老机构中都能发挥积极的作用，并提供有效的专业服务。入住养老机构的老人有着个性化与多元化的需求，老人们虽然衣食无忧，但还是存在着复杂多样的问题与矛盾。如果想要有效地满足这些需求、解决和预防问题与矛盾，社会工作者需要根据实际情况灵活地选择工作方法和技巧或者综合运用个案、小组和社区工作方法去帮助和支持老人，设计富有创意的支持系统和社区环境去促进养老机构的发展，维持和保障老人晚年的优质生活，让他们继续成为家庭和社会的资源与智慧。在提供服务的过程中，社会工作者要很小心地维护老人们的尊严，这是作为老人服务社会工作者最起码的职业操守。

3.3.5.2 社区工作在县域养老机构中的应用研究

相对于个案和小组工作而言，作为宏观社会工作方法，社区工作服务的受益面更加广泛，更有利于促进环境发生积极的改变。无论老人是身处一个地理区域，还是在社会中形成一个功能社群，都有其特殊的服务需求。社会工作者面对入住养老机构的老人的共同需要和问题，需要采用社区工作方法才能达到较广泛的效果，并为老人的福祉做出贡献。社会工作者将社区工作方法和技巧运用到养老机构中，可以为养老机构链接更多的社会资源以满足老人们多元化的需求。但是在已有的关于养老机构服务研究、老年社会工作研究及社区工作的理论框架中，几乎没有一种完全适合养老机构的社区工作服务模式，可见社区工作方法在养老机构中的有效运用需要社会工作者采取多种工作方法，以协同服务的方式开展。社会工作者要促进养老机构与社区中其他成员、单位的联系和互动，整合社区内各种资源为入住养老机构的老人提供服务，满足老人需求，推动社会敬老、爱老。在本部分，笔者将以仪陇县社会福利中心为例，阐释老年社会工作在养老机构中运用的具体情况。

第一，开展社区教育，提升福利中心应对困难和窘迫环境的能力，推动社区老年社会工作的发展。

社区工作的主要内容之一是通过社区教育增加非专业人士的知识，提升人们应对困难和窘迫环境的能力，使人们能够对自己周围的环境有更大的控制能力。社区教育的目的是向社区澄清错误的老年标签、消除老龄歧视，宣传和普及积极老龄化知识，推广专业老年服务经验，以达到令社区居民在认识、信念、行动三个方面都有所改善，从而推动更大范围的社会改变，在观念、文化、制度等方面减少对老年人的歧视①。

仪陇县老年人口数量大、老龄化速度快，老龄化问题严重，社会化养老发展滞后，且面临重重阻碍，唯一的社会化综合养老机构——福利中心也刚成立2年，尚处于发展初期，其发展也面临资源短缺、服务理念落后、服务内容单一、管理水平较低等问题。理论研究和实践都已证明，社会工作在促进养老机构管理与服务发展上效果明显且发挥着不可替代的作用。鉴于仪陇县新政镇及福利中心对社会工作认识不足、老年社会工作服务零基础的情况，社会工作者采用社区教育的方式，对福利中心工作人员、新政镇社区工作者及仪陇县民政局从事与老年管理服务相关工作的人员进行社会工作基本知识的普及培训，以加深人们对社会工作的认识，推动当地老年社会工作的开展，为福利中心社会工作的发展打下基础，也有利于社会工作者在福利中心开展老年社会工作服务时能得到福利中心、县民政局的理解和支持，最终增进老人的社会福祉。培训对象包括：仪陇县民政局工作人员、福利中心工作人员、各乡镇敬老院负责人等。具体培训方式、内容等见表3-5。

表3-5　社会工作知识普及培训

培训方式	时长	内容
集中授课	1小时	社会工作在民政工作中的作用；对社会工作在民政工作中的必要性、重要性和可行性进行剖析和解读，力图使学员深刻认识到将社会工作知识运用到实际工作中的重要性和迫切性，提升工作能力
参与式讨论	1个半小时	讨论仪陇县养老服务机构服务现状、困难和应对之策。以"参与式圆桌会议"的方式引领学员对仪陇县养老服务机构服务的现状、困难和建议进行小组讨论，使学员参与并探究相关议题
集中授课	2个半小时	社会工作概论（社会工作是什么、社会工作的发展历程、社会工作做什么等内容）

---

① 夏建中. 社区工作 [M]. 北京：中国人民大学出版社，2005：22-24.

表3-5(续)

培训方式	时长	内容
集中授课	2个半小时	小组工作方法介绍、老年人预估,包括什么是小组、小组工作的模式、如何开展小组工作等;预估的含义及目的、预估的内容、预估应注意的事项、预估的方式
集中授课	2个小时	老年个案工作(精讲个案管理方法)、案例分析,包括个案社会工作的含义、原则,并结合福利中心实际情况,介绍老年个案管理
集中授课	1个半小时	精讲与老人沟通的技巧和方法、角色扮演;小组讨论;案例分析。目的是让学员了解老人的生理和心理特点,学习沟通的知识和技巧

　　为了达到培训目的,保证培训效果,开展社会工作知识培训时需要注意以下几点:①在开展培训之前需要根据当地需要及实际情况,并结合在福利中心具体开展的社会工作实务内容来设计培训方案。培训方案包括培训的目的、内容、方式、对象、时间等。同时需要与当地民政局官员交流培训方案设计,并获取他们的支持,如场地、影音设备、召集培训对象等。②社会工作知识培训要尽可能与实务开展相结合,包括内容的结合及时间的相近,这样培训对象既能学习理论知识又能参与实践,可以更好地理解和掌握社会工作知识与技巧。③每次培训结束时,要及时搜集学员对培训的反馈信息,以便调整培训内容和培训方式等。④由于培训对象的语言环境是四川话,而且其理解能力有限,对社会工作认识不足,所以社会工作者在进行培训时要尽量使用四川话,结合案例说明社会工作服务理念、工作方法和技巧,少讲抽象的理论。

　　第二,整合社区资源,构建老年服务志愿者队伍,为入住养老机构的老人提供各种服务,促进敬老、爱老的社区文化及对老人友善的社区环境的形成。

　　让老人过上幸福的晚年生活,需要全社会的共同努力,同时也是家庭、政府和社会的责任。社区工作需要寻找和利用更多资源,所以招募志愿者和义务工作者也是养老机构老年社区工作的主要工作之一。在养老机构开展志愿服务活动,对老人、养老机构、志愿者乃至整个社区都有积极意义。对志愿者而言,参与志愿服务不仅可以帮助到老人,给老人带去欢乐,而且通过服务也使自己获得了学习机会、丰富了生活经验、提高了人际交往能力、结识了志趣相投的朋友、拓展了人际圈、培养了才能、树立了正确的价值观、提升了人生价值。对于养老机构来说,让志愿者参与到机构服务中来,不仅可以节省机构运营成本,而且可以充分发挥志愿者的人力、物力资源优势,加大机构的宣传力度、提高机构的知名度。

一方面，仪陇县社会福利中心工作人员不足，工作和护理任务繁重，老人需求多样而复杂，需招募更多的社区志愿者为福利中心老人提供服务，充分调动社会资源支持福利中心的发展，同时也推动社区更好地发展；另一方面，由于当前仪陇县财政预算经费较少，政府购买社会组织开展服务还有很长的一段路要走，因此要充分依靠社区内部的志愿者资源，进行自我管理和推动自我发展。为此，课题组协助民政局在仪陇县新政镇组建了一支老年服务志愿者队伍。为了实现福利中心的志愿者服务持久化和常态化，课题组推动福利中心成为志愿者服务示范点，并在福利中心组织开展了一次志愿者服务示范活动。本项社区工作的开展过程及服务内容如下：

（1）动员县民政局工作人员积极参与志愿服务活动，招募民政系统内部的老人服务志愿者，以在社会上起到志愿服务的带头示范作用。在民政局工作人员的协助下，社会工作者通过志愿服务宣讲会的方式调动民政系统内工作人员参与志愿服务的积极性，并招募志愿者。志愿者动员与招募活动的内容主要有：①宣传"民政人"参与志愿服务的意义。②结合身边志愿服务的案例讲述志愿服务工作的意义和价值。③福利中心经理结合老人服务经验和心得，具体阐述老人服务志愿者需要做什么。④福利中心老人代表讲述自己被服务的感受。⑤民政局老年服务志愿者代表发言。⑥志愿者现场报名。

福利中心入住老人刘先生代表老人发言：老人在福利中心最期待和最开心的事就是家人和子女来看望自己，虽然只是短暂的相聚，但那是一种亲情的关怀与对爱的期待；另外，由于福利中心工作强度大，因此很多时候管护人员不能很好地照顾到每一个老人的需求，因此需要有更多的志愿者团队来协助他们的工作。他还说，福利中心较年轻的老人对于团队工作非常热心，如果有较专业的人员为他们做一些指导，他们很愿意参与到互帮互助小组当中，发挥自己的余热。

（2）充分挖掘政府、社区事业单位的资源，争取领导对志愿者队伍的建立和开展服务活动的重视与支持。通过民政局工作人员的引见，社会工作者主动向民政局分管领导汇报福利中心社会工作服务效果，介绍志愿者队伍建设及志愿服务的工作情况和计划，希望获得县民政局领导的重视和支持。

通过交流与沟通，相关领导对社会工作者的工作给予充分的肯定，表示一定积极配合和支持社会工作者的工作，也非常希望组建一支志愿者服务队伍。针对志愿者队伍建设，县民政局领导还提出了几点希望：①希望在志愿者队伍建立起来之后，对于后期志愿服务工作的开展，课题组能够给予一定的指导和引导；②希望课题组为志愿者队伍推荐阅读社会工作相关书籍，并能延长指导和服务时间。从民政局分管领导对于课题组工作情况的反馈中，社会工作者不仅看到了接下来工作实施的希望，同时也看到了民政局工作人员在实际的工作中已经在行动，社会工作专业助人理念之"助人自助"已经在他们的心里扎了根、发了芽。他们开始认识到要真正将社会工作应用在实际的社会工作中，就需要自己动手，依靠自身内部资源。

（3）根据老人需要，链接社区资源。通过与福利中心经理的沟通，我们了解到，老人的需求主要有按摩护理、理发、聊天陪伴、看幼儿园小朋友表演等。为此，社会工作者到新政镇城区为福利中心链接到理发店、幼儿园等单位的志愿服务资源。

社会工作者进入社区链接社会志愿者服务资源，资源链接的对象主要是提供"义剪"服务的"玫瑰精灵发型部"和"名匠发型会所"两家理发店，此外，还为福利中心链接了"金太阳幼儿园"并与幼儿园主要负责人就后期活动的具体安排进行了简单的意见交流。幼儿园负责人表示，在平时的少儿教育中，他们也将敬老、助人作为其教育学生的一个重要方面，并定期地带领园内学生做一些服务老年人的活动，活动形式主要是为老年人表演节目。此项服务活动，一方面能够教育孩子学会敬老和助人，另一方面也能够充分发挥自身单位的作用，志愿服务于社会。同时，该负责人还表示，很愿意参与到服务社会的活动当中，充分发挥幼儿园的社会作用。在链接"义剪"单位的过程中，单位负责人对于此次"义剪"活动也给予了充分的支持。其负责人说他们在平时也会组织工作人员进入社区、敬老院开展免费理发活动，一方面是为自己做宣传，另一方面也是为服务社会做贡献。

在链接资源的过程中，社会工作者发现，对于推动仪陇县志愿服务工作的发展，仪陇县自身有着很好的发展环境，社会人士和单位对志愿服务工作都有比较充分和明确的认识，同时也愿意身体力行，积极加入到志愿服务的队伍当中，服务于社会福利中心的老人、服务于更多的需要服务的人。在此次社会志愿者资源链接的过程中，社会志愿者对服务工作的支持与热情也很好地激发了民政局建立志愿者服务团队的积极性。

（4）"起点"志愿者团队成立，仪陇县社会福利中心成为志愿者服务示范点，社会工作者组织"起点"志愿者队伍在福利中心开展志愿服务活动。

综上所述，在养老机构中，当个别老人遇到个人困难和问题时，个案工作可以提供实质性的援助或情绪、社交上的协助；当一些老人有类似的兴趣或者遇到相同的问题时，社会工作者可以通过小组工作让他们共同学习和发展兴趣，或通过组员之间的互勉互助，分享解决问题的心得与经验；当老人群体存在共同需要或面临共同问题时，如经济保障需要、居住环境问题等，社会工作者可以采用社区工作方法在宏观层面改善老人的社区环境，甚至推动政府政策改变、社会变革等。

3.4　社会工作介入县域养老机构的效果

社会工作在福利中心的综合应用实践探索，不仅为福利中心老人提供了各种社会工作服务，满足了老人各类需求，提升了福利中心老人的生活品质，而且将"助人自助"和"以老人需求为本"的服务理念带进了福利中心，促进了福利中心的管理和运营理念升级及专业化服务水平的提高。通过社区工作，一方面将社会工作专业理念嵌入具体的实践中，采取社区教育的方式对非老年服务工作者进行社会工作专业知识培训，再结合实务开展引导他们学以致用，一定程度上推动了本土社会工作的发展。另一方面通过整合社区资源，组织志愿者服务等活动，推动了"爱老、敬老、助老"社区文化和社区精神文明的建设，促进了对老人友善的社区环境的形成。

3.4.1　个案工作在县域养老机构中的应用效果

养老机构中老年个案工作以单个老人为服务对象，协助服务对象处理困难和问题，预防原有困难和问题再发生，开发服务对象的潜能，增进服务对象的福利。上文通过案例分析，说明了老年个案工作在养老机构中是如何运用的，本部分将进一步阐述个案工作在福利中心运用的效果。

（1）由于老人个体差异性大，需求也趋于个性化，故针对老人个性化的问题，个案工作是最合适的方法且效果明显。

例如上文案例3-1中的刘女士，她的问题并不具有普遍性的特征，很大一部分原因是她自己的个性特征。通过个案工作，社会工作者不仅直接帮助服务对象解决了问题、促进了其能力的发展和个人福祉，也间接帮助了服务对象生态系统内的其他人士，促进了整个生态系统良性运行和系统内个体之间和谐关系的构建，换句话说，帮助了服务对象就帮助了服务对象生态系统内的每个人。社会工作者通过个案辅导帮助刘女士解决了其当前的问题，消除了刘女士与福利中心工作人员之间在具体事件上的误解，缓解了刘女士的心理和情绪压力；促进了刘女士与管护人员之间的交流与沟通以及信任关系的建立，改善了刘女士的人际关系，也恢复了她积极乐观的生活和情绪状态，其生活品质获得提高；使刘女士与儿女的亲密感增加，使受损的家庭系统功能得到恢复。总之，老年个案工作方法在老人适应养老机构生活、调整老人人际关系等方面都有非常好的效果。

（2）老人个案预估在社会工作者、福利中心工作人员的工作中，以及福利中心的管理上都体现出积极效果。

第一，通过预估搜集老人的全面信息，特别是老人需求，为社会工作者服务方案的设计提供了有用信息和参考。如通过预估，课题组了解到入住养老机构的老人的兴趣和特长，针对一些共同爱好，课题组发起组建了老人兴趣小组；社会工作者也根据福利中心老人身体、心理和文化状态设计了合适的活动和游戏，由此保障了活动的有效性。第二，福利中心工作人员通过预估了解到老人的脾气、性格，然后根据这些信息来分配餐桌和室友，从而减少了老人之间的矛盾和摩擦。第三，福利中心管理者通过预估，明白了老人预估的重要性和必要性，并将此理念引入福利中心服务管理模式中，建立了老人综合评估机制。后来，福利中心经理在课题组组织的外出探访活动中成功链接并积极借鉴其他养老机构的经验，购买了基于云计算技术的专业老人评估软件，推动了福利中心老年服务的信息化。第四，通过预估，福利中心工作人员可以发掘拥有丰富社会资源和在老人中有威信、具有意见领袖潜质的老人，并邀请这些老人参与福利中心的管理和服务，丰富了福利中心的人力资源，更成了福利中心管理者和老人之间沟通的桥梁和润滑剂。

不过，社会工作者和福利机构工作人员必须明白评估是一个动态的持续过程，而不单是在老人刚入院时的评估。在评估的过程中，社会工作者要细心观察老人和环境、生理、心理等因素的相互影响，从老人的角度去了解老人社会交往、身心机能与生活环境的关系。老年社会工作的有效介入是建基于准确全面评估老人的知识上的，由此，掌握专业评估的知识和技巧，并能够正确使用一些评估工具来了解老人的多方面需求，就成为老年社会工作者提供有效服务的前提和保障。

一些主观方面（主要是社会工作者个人专业能力有限）与客观方面的原因①，导致在福利中心开展的老人个案服务存在以下几个方面的不足和需要进一步完善的地方：第一，提供服务的数量有限，不能保证服务的连续性。课题组在福利中心的实践模式是间歇性"潮汐式"的，每次社会工作者去福利中

---

① 客观原因主要是福利中心社会工作服务几乎是零基础，缺乏对社会工作的认识和理解，以及课题组开展社会工作活动的时间有限等。

心是完成服务方案的内容后就离开，中间进行远程督导。第二，社会工作者实践经验不足，专业方法和技巧应用不熟练，特别是缺乏社会工作临床治疗技巧，提供个案服务的内容有限，更无法提供临终关怀服务。

3.4.2 小组工作在县域养老机构中的应用效果

老年小组工作有多方面的功能，小组本身就是一个治疗工具，它为组员提供分享生活经验和挑战生命的机会，从而相互鼓励、支持和帮助，以增强老人信心，通过小组经验的获得促进老人继续成长和发展。小组经验在于组员能够自由表达个人情绪的同时，也可以与其他组员建立相互信任的关系。当组员在互动中相互了解、学习相处时，小组便会凝聚一种亲密的关系，组员可以完全放开自己，表达自己内心情感，也可以学习和反省小组外的其他人际关系技巧，这样小组生活便成了组员的期待和安慰的源泉。小组的经历使他们可以自由地扩展友谊、学习去爱、去包容，扩大他们的胸襟。在上文，我们以案例分析的方式展现老年小组工作在福利中心运用的过程，并分析了养老机构中老年小组工作的注意事项。本部分将具体阐述老年小组工作在福利中心运用的效果。

3.4.2.1 成功组建了福利中心第一个老人小组——自娱自乐唱歌兴趣小组

小组活动的开展，不仅培养和发展了老人唱歌的兴趣，满足了其精神需要，而且促进了护工和老人之间的团结，组员的人际交往能力也得到恢复和发展，参与社会活动的积极性得到提高，老人们重拾自信，获得自我的继续发展。比如小组中的郑先生和尹先生因下棋产生了矛盾和争吵，之后两人也处于冷战状态，但是在参加完一次小组活动后，两人的关系又恢复和谐，成为朋友。此外，晏女士跟高先生也获得了更多的友谊。高先生因病入院，其他组员都陪晏女士去医院看望和陪伴高先生，带给高先生和晏女士极大的心理安慰和情感支持。林先生在参加小组之前朋友很少，常常独自活动，通过几次小组活动（林先生有点驼背，但是每次唱歌的时候都会挺起胸膛，背挺得笔直），他结识了更多的老人朋友，福利中心的老人和工作人员也都认识了他。现在的他开朗了，也自信了，我们每次看到他，他都是在和老人朋友、福利中心工作人员一起有说有笑。还有 3 名护工，其中 2 名是护理失能老人的，他们工作很繁重，但是参加小组活动都非常积极，因为他们对唱歌的热爱，每次小组活动不仅让他们收获了快乐，而且也缓解了工作的压力，他们通过歌声将内心对老人、亲人、家乡和国家的关心与爱表达出来。小组不仅满足了组员的归属和爱的需要，而且为组员提供了把自己的快乐也传递给他人的机会和途径，以满足其自我实现的需要，促进了组员自身潜能的开发和社会功能的恢复。

3.4.2.2　自娱自乐唱歌兴趣小组在福利中心发挥了典型示范的作用

唱歌兴趣小组不仅给组员带来了快乐和精神需要的满足，而且在小组活动中，组员唱歌给福利中心其他老人和工作人员听，丰富了老人的娱乐活动，组员通过歌声表达对周围人的爱和祝福，给福利中心其他老人带去了欢乐。小组动力不仅促进了组员的成长和发展，也对小组外的其他老人和工作人员产生了积极影响，传递着正能量和对生活的热情。后来由其他护工牵头成立了"快乐舞步小组"，热爱下棋的老人也自建小组，并向政府的相关部门申请到活动经费，可以自己筹办小组活动（如象棋比赛等），自己买奖品，不需要福利中心的帮助。现在福利中心的很多老人不再无所事事，娱乐活动丰富了，精神需要获得满足，福利中心互帮互助的文化正在慢慢形成。福利中心管理人员也感受到了小组活动给福利中心带来的积极改变，意识到建立各种功能的老人小组和开展娱乐活动的重要性，他们也学着以优势视角去看待老人，发掘老人的潜能。如福利中心经理发现有几位老人有很好的刺绣技艺，并且热爱刺绣，便打算帮助这些老人成立一个手工制作小组。福利中心为他们提供资源支持，设置一个展柜，展示和义卖他们的作品，既可以满足他们的兴趣爱好，也在一定程度上满足了其自我实现的需要，还可以获得一些经济收入。

2013 年 11 月 15 日，课题组人员对社会福利中心老人兴趣小组的开展情况进行跟踪指导。在进入到福利中心四楼活动室时，课题组人员被深深地感动了。社会工作者感觉从第一次到第四次开展项目服务活动，最大的变化之一就是福利中心老人对社会工作者工作的认可和支持。在第一次开展服务工作时，中心老人大多数持观望态度，他们不会主动要求参与到活动当中来，需要社会工作者反复动员。但是这一次，老人对社会工作者开展的活动发自内心地支持和期待。在当天的兴趣小组跟进工作中，除了老人兴趣小组的成员外，还有更多的老人听说社会工作者要来，老早就在活动室等着了。在他们眼里，他们所等待的不是几个社会工作者，而是一份来自社会的关爱。在下午的兴趣小组指导活动中，课题组人员不仅引导兴趣小组成员进行自由唱歌活动，同时还对兴趣小组的发展情况做了跟踪访谈。在同老人 2 个小时的交流中，社会工作者看到了老人脸上的幸福与笑容。如果说每一次活动的实施所收获的成长是必然的话，那么老人给予社会工作者的这份期待便是课题组在四次活动中收获的最令人意外、最大的惊喜。

由于专业社会工作人才缺乏、实践时间较短和专业水平有限①，社会工作者只能组建自助会社式的娱乐型、社交型或者教育型等小组，虽然这些小组也具有一定的治疗功能，但毕竟不是以治疗功能为主的小组类型，所以无法通过建立治疗小组去支持和帮助那些有较严重的心理和情绪困扰的老人。如果要满足入住养老机构的老人的多元化需求及特殊需要，养老机构需要建立社会工作制度、设立社会工作部门、引进社会工作人才队伍（包含社会工作督导），这样的养老机构才真正称得上现代化综合服务养老机构。

3.4.3　社区工作在福利中心中的应用效果

社区工作是一种宏观的社会工作方法，它背后的理念是倡导社会的公义、平等、互相关怀和帮助等。在具体成效上，通过集体参与，体现自助互助精神，一是可以提供福利服务，二是可以促进社会工作政策、制度乃至文化的改善。老年社区工作方法在养老机构中的运用，可以达到较广泛的效果，为入住养老机构的老人获取社区正式、非正式系统的支持，为增进老人的福祉做出贡献。

3.4.3.1　社区教育对县域养老的影响

（1）仪陇县社会福利中心工作人员通过参与几期社会工作专业知识的培训，对什么是老年社会工作、如何开展老年社会工作服务已有初步的认识，并掌握了一些工作方法和技巧，比如如何进行老人预估。福利中心的服务理念也得到了一定的转变，变"重管理"为"重服务"，在服务内容上，加强了对老人提供娱乐服务的重视，而且福利中心文化建设也成了管理层的工作重点和努力方向。护工也学到了一些新的、有效的与老人沟通的技巧，他们看待老人的观念也发生了一定的改变，对自己的护理工作也有了重新的认识。一位护工告诉社会工作者，之前她觉得福利中心的老人很可怜，得不到儿女的照顾，自己就是代替他们的儿女尽孝，将自己护理的老人当成自己的父母（其实这种想法有时候会成为护工的心理负担），后来，她意识到自己从事的是护理的工作，自己与老人之间是护理与被护理的专业关系，在护理老人时不能只有爱心，还应该遵守护理者的职业道德和操守。

（2）仪陇县民政局了解了社会工作在民政工作之中的重要性，基本掌握了社会工作基本理念、知识和技巧，对宣传和普及社会工作有一定的积极作

---

① 福利中心并没有全职的专业社会工作者，也未设立社会工作部门，而四川大学中国西部反贫困研究中心课题组选派的社会工作者是按项目合同在福利中心提供服务。

用；而且工作人员对社会工作产生了较大的兴趣，涌现出一部分积极参与报考助理社会工作师的人员；仪陇县民政局领导对培养社会工作者抱有较大的期望，希望课题组能够为他们持续提供服务和指导，开展社会工作服务活动。

（3）参与社会工作知识培训的还有各个乡镇敬老院院长、社区和街道工作人员，培训加深了他们对社会工作的认识和了解，进而促进了新政镇乃至整个仪陇县对社会工作的认识，为当地社会工作的进一步发展打下了基础，做好了铺垫。

总之，通过社区教育增加了非专业人士的社会工作知识，宣传和普及了积极老龄化知识，对澄清错误的老年标签、消除老龄歧视起到了积极作用。

3.4.3.2 资源链接与志愿者服务效果

（1）通过链接社区资源，构建了仪陇县社会人士志愿者团队，让社会爱心人士积极有序参与养老服务。如名匠发型会所，之前他们主要在居民小区、敬老院等为老人提供免费理发服务，但是没有去过福利中心，因为不知道福利中心在哪里；还有金太阳幼儿园也会定期去敬老院为老人表演节目，但这之前也未到过福利中心。通过社区资源链接，课题组将这些单位与福利中心链接在一起，并且将他们整合到"起点"志愿者队伍中，一来为他们的志愿服务提供组织支持和保障，二来可以促进整个志愿者资源合理配置，实现资源的有效利用。

（2）建立了福利中心内老人自助和互助志愿者队伍，促进了福利中心养老能力建设，帮助福利中心挖掘内部资源，逐渐形成自助与互助相结合的养老模式；另外，老人通过志愿服务活动和与其他人的接触，得到了别人的尊重和认同，满足了尊严的需要。诚如心理学家埃里克森所说，老人应该发展至人生的整合阶段，对他们的人生历程做出总结，体现自我的理想和人生目标。为此，社会工作者可以根据个别老人的具体情况，为他们安排有意义的志愿服务工作或活动，让他们发挥专长，并在帮助他人的过程中实现老有所为、老有所乐。

（3）建立了仪陇县民政系统内部（领导干部、工作人员）养老服务志愿者队伍；初步构建了仪陇县民政系统志愿者团队管理的规章制度。社会工作者为福利中心充分挖掘社区内正式与非正式系统的资源，并将其整合，推动成立了仪陇县老年服务志愿者队伍——"起点"志愿者队伍，这标志着仪陇县在推动志愿服务事业上迈出了坚实的一步，福利中心则成为该支志愿者队伍最主要的服务对象。

通过社区工作在福利中心的综合运用，福利中心工作人员不仅在观念上学会了社会工作"助人自助"的理念，他们同时也将这种理念应用于实际的工作当中，开始从老人的角度出发，运用优势视角，逐步建立老人互助小组和老人志愿服务队伍，调动老人参与服务活动的积极性，使他们老有所为、老有所乐。社会工作加强了县民政局领导及工作人员对志愿服务和志愿者队伍建设的重视。仪陇县民政局分管领导表示，希望在后期的志愿服务活动中能够得到课题组的持续指导。虽然仪陇县民政局"起点"志愿者服务团队已经建立，但是他们在专业知识和技能方面还较缺乏，需要有专业的引导者，才能推动社会服务工作更好地发展。

3.5　本章小结

在探索社会工作在福利中心服务方式及社会实务开展的过程中，课题组人员运用了社会工作的改变策略探索社会工作在养老机构中综合运用的模式，不仅直接为老人提供各种社会工作服务，满足了老人在精神层面的需求，提升了老人的幸福感，更促使福利中心在服务理念、态度、服务方式及管理与运营方式上都发生了明显的积极变化。入住养老机构的老人有着个性化与多元化的需求，存在着复杂多样的问题与矛盾，社会工作者需要根据实际情况灵活选择工作方法和技巧，综合运用个案、小组和社区工作方法去帮助和支持老人，设计富有创意的支持系统和社区环境去促进养老机构的发展，维持和保障老人晚年的优质生活，让他们继续成为家庭和社会的资源与智慧。

本次实践研究过程已清晰地体现出社会工作在养老机构服务中的积极作用，验证了社会工作在养老机构中综合运用模式的可行性与有效性，不仅为老人们带来了美好的晚年生活，更促进了老年人群体、养老机构及社会工作者的成长和发展，加强了老年人系统、机构/管护系统及社区系统之间的联系和互动，为推动对老人友善的社区环境建设产生了积极作用。此外，本次实践也说明了此社会工作服务模式在同类养老机构或者社会环境中具有一定的推广意义。作为老年服务社会工作者，不仅要力求将社会工作服务理念、专业方法逐渐渗透到机构养老服务领域，开创养老机构社会工作服务新局面，更要引入批判性视角，时刻做到对老年群体服务的审视与反思。这样才能有力地促进我国老年社会工作理论与方法的本土化，加快我国社会工作专业化、职业化进程。

养老机构不仅是开展老年社会工作实务的重要场所，也是对老年社会工作专业人才需求最大、最多的领域。社会工作对更新养老机构服务理念和方法，提升其服务的专业化水平具有重大意义。养老机构中的社会工作服务要在积极老龄化理念①的指导下，坚持"以服务对象为本"和"助人自助"原则，综合运用个案、小组、社区等知识和方法，整合各种资源，协调老人系统、机构/管护人员系统、老人家庭系统及社区系统之间的运作，维系整个生态系统的平衡，充分调动各个系统的资源及老人自身潜能，促进老人和养老机构的发展。

第一，要推动养老机构的社会工作制度建设，使工作人员开展老年社会工作服务时有制度和模式可依，进而推进养老机构中社会工作服务的常态化和可持续发展。

推动养老机构根据自身实际情况设立社会工作者部门或专业社会工作岗位，为养老机构链接当地高校或专业社会工作机构等资源，促进养老机构社会工作专业人才引进和人才队伍建设。对于公办养老机构，可以采用社会工作行政的方式，推动养老机构上级政府主管部门制定相应的社会工作人才培养、转化、评估和激励制度，为养老机构的服务管理模式改革和创新营造良好的外部制度环境。

第二，养老机构社会工作的服务对象除了老人之外，还有机构其他管理者和工作人员，因此社会工作者应努力构建满足老人精神需求的社会支持网络。

每个人都处于一定的社会生态系统之中，入住养老机构的老人的生态系统包含了老年人群体系统、机构/管护系统、老人的家庭系统和社区系统等，所以养老机构中的老年社会工作也需要兼顾微观、中观、宏观层级上老人个体与系统的良性互动和发展。而且为老人提供直接服务的护理人员，其服务质量关系到老人生活品质，社会工作者有义务为其提供相应的服务与支持。另外，还需要建立老人家属支持网络，重建老人与家人的交往模式。老人对亲情的需求是别的东西替代不了的，特别是入住养老机构的老人，由于与其儿女相处的时间较少，他们对亲情的渴望更加强烈。社会工作者可以运用家庭工作坊的方法，帮助家庭成员了解老人的各种生理、心理特征，鼓励其家人经常到养老机构看望老人，满足老人对亲情的需求。

第三，社会工作者除了可以通过招募、训练、支持志愿者到养老机构为老人提供服务之外，还应主动到社区寻找养老机构所需的社区服务，动员社区资源为入住养老机构的老人服务。

由于老人入住养老机构实际上是脱离自己原本生活的社区而进入另一个不

---

① 积极老龄化是把社会参与作为核心和精髓与健康老龄化、有保障的老龄化结合起来的一种理念，非常强调老人享有充实的生活，按照自己的需要、愿望和能力继续学习，健康、安全和积极地参与社会、经济、文化和公益活动。

同的社区，所以社会工作者要推动养老机构积极营造一个社区的环境和氛围，变封闭式管理为开放式管理，避免使老人产生脱离社会的孤独感和失落感。如法国的圣雷米老人村，它的娱乐、活动、健身、餐厅、图书室等设施一律对外开放，并积极组建面向社会的老人休闲俱乐部，广招会员。所以，有条件的养老机构可以通过积极向外延伸机构的社会养老功能，打破入住养老机构的老人被相对隔绝的局面，让其始终有一种融入社会的感觉，进而延缓他们社会功能退化的程度和被边缘化的速度，在物质幸福的基础上保障其社会幸福和精神幸福。

第四，社会工作的理论、方法与我国养老机构实际工作还处于磨合期，适合我国养老机构现实情景的实务指导理论和工作模式还未形成体系，使得现有的社会工作理论、方法无法在实际工作中发挥较大效力，所以社会工作者既要关注行动，也要重视反思。

在实务工作中，一方面我们要做到批判性实践，即在拥有良好的理论储备和对实践情景下社会政策的洞悉基础上，力求打破对已有的、程序化的框架的习惯性依赖；在提供咨询服务的过程中，应对自身行为具有文化自觉和批判反思的能力，敏锐察觉自己助人行为背后的文化动机及该行为可能给老人带来的影响和改变；另一方面要有文化同理的能力，做到深入理解、洞察老人行为举止背后更深层次的文化因素，能针对不同的工作对象提供与其生活文化相适应的服务。

老人不是问题，对老人有偏见和年龄歧视，以及对老龄化过程的误解，却是当下的社会问题。所以，面对日益增加的高龄老人数量，针对老年人的社会政策和服务系统还需要继续创新，将服务模式做出与时俱进的转型和改革以满足老年人群体的多样化、多层级需求，有关老人服务的专业，如医疗、护理、社会工作等需要预备更多的专业人士来回应急剧增加的服务需求。从发达国家的经验来看，作为一支重要的服务力量，老年社会工作者对提升老人生活品质和促进社会公正发挥着积极的不可替代的作用。我国老年社会工作起步较晚，还处于理论学习和老年社会工作本土化探索的阶段，是社会工作服务中一个最具发展潜质的领域。我们认为当前应做好以下几项工作：

第一，从老年社会工作的现实出发，构建与我国政治、经济、社会和文化相适应的老年社会工作价值体系，为老年社会工作的发展打下坚实的伦理学基础，为社会工作者的道德实践提供可靠的方法原则。

社会工作是基于人本主义的助人实践活动，老年社会工作与社会的道德价值观念是紧密相连的。老年社会工作价值体系应包括价值目标、基本原则、具体规则三个层面。首先，应当将老年人的基本生存状态和需要作为确定老年社会工作价值目标的出发点，将尊重老人生命价值作为价值目标。尊重生命是人类最基本的道德准则，尊重老人生命价值就是把每位老人都视为有生命尊严的个体，每一位老人，无论他是否健康、富有，都具有其独特的价值，都应得到尊重、关怀和帮助。其次，由于老人群体有着独特的生理和心理特征，所以老年社会工作除了要遵循一般社会工作的道德原则之外，还应遵循其特有的基本原则，即老人幸福原则、家庭代际平等原则和代际公正原则①。老人幸福指的是老人在物质上、精神上获得满足的心理体验，老年社会工作应努力使老人实现物质幸福、社会幸福和精神幸福。在我国目前社会大转型的背景下，家庭伦理也发生了变化，理性的契约交换与血缘的亲情情感相交织。由此，老年社会工作者应辅导老人认识和接受家庭代际关系与代际伦理的变化，并根据变化重建适合老人的养老支持网络。代际公正则包括代际平等②、代际互惠③和代际补偿④。最后，在老年社会工作实务中，要遵循接纳、尊重、信任和关怀的道德规则，这是老年社会工作价值体系的基层具体规则，也是构建老年社会工作实务操作模型的依据。

第二，基于批判性视角探索与构建我国老年社会工作动态发展的理论体系。老年社会工作实务的开展需要相关理论的指导，而老年社会工作实践又反过来推动理论的不断进步与完善。当前的老年社会工作急需理论的说明和指导。在老年社会工作的开展历程中，各国学者提出了各具特色的老年理论，包括美国学者库明和亨利提出的社会撤离理论，罗伯特·哈维格斯特的活动理论、连续理论、符号互动理论、社会交换理论以及新近的增能理论等。从这些理论的发展脉络来看，学者们都试图为老年社会工作实务提供某种高屋建瓴的理论指导，探寻使老人与外在社会环境良性互动的途径，为老年人的现实生活提供某种解释和说明，以帮助老年人获取幸福的晚年生活。但是，每一种理论都未能囊括与老人或老龄化相关的所有方面，也无法提供一种全面而准确的实务指南，所以需要学者、实务工作者带着批判性的视角进行理论研究和实务实践，在实务工作中检验理论的科学性和指导作用，从而构建出老年社会工作本土化理论体系。

---

① 江娅. 老年社会工作的理论基础 [J]. 中国青年政治学院学报，1998（2）：109-112.

② 代际平等，指老年人与年轻人平等参与政治、经济、文化各项事务，平等享有社会经济发展的成果。

③ 代际互惠，指老年人与年轻人之间的互助、互利、互惠。

④ 代际补偿，指给予无依靠和低收入的老人一定的经济补偿，在经济上给予老人适当的支持，保障每位老人都能幸福地度过其人生的最后一程。

第三，加强老年社会工作实务研究，在实践过程中探寻外来的社会工作方法与本土性工作方法的契合点，形成有效的老年社会工作方法体系和服务模式，推进我国老年社会工作本土化进程；同时丰富老年社会工作服务内容，扩大老年社会工作服务领域，尽最大努力去服务整个老年群体。

老年个案、小组、社区管理等工作方法在各国的老年社会工作实践中都已证明对某些老年问题的解决和老年需求的满足效果明显，至于何时或针对何种问题采取何种工作方法，并没有标准，因为每位老人都具有独特的生命历程和个性，唯一的标准就是，所采取的工作方法要符合老人的身心特点和具体情景。此外，要加快推进老年社会工作在"三区"及广大农村地区的发展。传统的家庭养老和居家养老是农村绝大多数老人选择的养老方式，也符合农村老人养老意愿，加之农村居住较分散，对老年社会工作的认识度低，所以目前在农村地区较有效的老年社会工作方法是社区工作和小组工作，至于如何实践、效果如何，还需要更多的探索和实践。这不仅可以丰富老年社会工作实践内容，推动老年社会工作的发展，更重要的是将提高农村老人的生活质量，对建设和谐新农村发挥积极作用。

第四，积极探索与尝试构建有利于老年社会工作发展的外部环境，包括推动有利于老年社会工作发展的制度和政策建设、合理的经济投入规模和结构。

当前我国老年社会工作发展需要从战略上进行设计，不只是自身内部的改进和完善，也需要努力营造一个有利于自身发展的外部社会环境。从市场经济的角度来看，老年社会工作的建设和运行需要合理的人、财、物投入作为保障。老年社会工作的准公共产品[1]属性决定了其经济投入应当是政府和市场相结合的多元主体合作模式，让每位老人都有一个幸福的晚年生活是家庭、社会和政府的责任，也需要多方的通力合作才可能实现。由于我国社会工作的发展是自上而下推动的，且社会工作职业化还处于起步阶段，特别是在经济发展缓慢的地区和农村，对老年社会工作的认识程度和认可度都很低，所以要推动这些地区的老年社会工作发展，目前主要还得依靠政府的财力投入和政策支持。从长远来看，老年群体的巨大需求决定了老年社会工作的投入巨大，单靠政府的投入和支持是不可持续的，所以老年社会工作服务也要进入市场经济、导入商业机制，同时要制定和完善相关法律法规，建立有效的监督管理体系，防止市场主体在参与过程中损害老人权益。

---

[1] 准公共产品，指介于纯公共产品和私人产品之间，具有有限的非排他性或有限的非竞争性的公共产品。对于准公共产品的供给，在理论上应采取政府和市场共同分担的原则。

4 技术反哺与老年人的信息化适应①

4.1 研究背景与文献回顾

4.1.1 研究背景

当前，全民数字素养与技能日益成为衡量一个国家国际竞争力和软实力的关键指标。以习近平同志为核心的党中央高度重视全民数字素养与技能提升工作，为进一步贯彻落实习近平总书记关于网络强国的重要思想，中共中央网络安全和信息化委员会办公室会同相关部门研究起草了《提升全民数字素养与技能行动纲要》，明确了提升全民数字素养与技能的指导思想、主要任务和保障措施等，为建成网络强国、数字中国、智慧社会提供了有力支撑②。

与出生起就浸润在数字时代的年轻一代不同，老年群体在各方面都带有非信息化时代的明显印记。现代社会高速发展的信息技术，不仅没有如想象般地为老年群体带来生活便利，反而为其带来了又一层的社会风险。然而，面对高度信息化的社会，老年群体并未完全丧失主动性，部分老年群体能够有效借助自身支持网络消解边缘风险，实现社会适应。截至 2020 年 12 月底，我国 60 岁及以上网民占比 11.2%③。2020 年新型冠状病毒肺炎疫情的发生，更是让许多从未接触过互联网的老年人经历了人生中第一次"触网"，仅 2020 年 6 月，新增的 60 岁及以上网民便达到 3 000 多万人④。一般而言，老年人作为特殊弱

---

① 本章初稿完成于 2022 年，出版时有修订。

② 中共中央网络安全和信息化委员会办公室. 提升全民数字素养与技能行动纲要[EB/OL]. http://www.cac.gov.cn/2021-11/05/c_1637708867754305.htm.

③ 中国互联网络信息中心. 第 47 次中国互联网络发展状况统计报告[EB/OL].http://www.cac.gov.cn/2021-02/03/c_1613923423079314.htm.

④ 中国互联网络信息中心. 第 46 次中国互联网络发展状况统计报告 [J]. 国家图书馆学刊，2020，29（6）：19.

势群体，其解决自身问题的能力较差。相关数据显示，当中老年人遭遇信息网络风险时，家人是他们的主要求助对象，其占比达到总数的 85.3%[1]，由子代所提供的代际支持成为老年人消解"边缘人"身份的最大依靠，家庭内的代际技术反哺正在帮助处于社会转型期失范状态的老年群体解决数字社会发展浪潮带来的边缘身份危机，从而推动积极老龄化的不断深化。

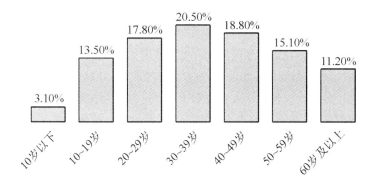

图 4-1　2020 年 12 月我国网民年龄结构

资料来源：人民网记者. 中老年人上网状况及风险网络调查报告 [EB/OL].http://yuqing.people.com.cn/n1/2018/0629/c405625-30096878. html.

4.1.2　文献回顾

4.1.2.1　关于老年群体信息化适应问题的研究

进入老年阶段以后，个体的生理特征和社会角色都会发生显著的变化。面对自身与社会环境的巨大变化，老年人的社会适应显得尤为重要[2]。随着科技的不断创新与信息技术的不断普及，老年群体的社会适应呈现出新的时代命题。诺里斯（Norris，2003）提出，在互联网技术不断发展的背景下，老年人是值得关注的一个特殊的群体。一方面，老年人比以前拥有更多的机会去接入互联网当中；另一方面，老年人在接入互联网的总人口中的比例，仅占很小的一部分[3]。因此，如何使老年群体适应信息生活，享受数字社会发展的红利，已经成为大众关注的重要议题之一。

---

①　人民网记者. 中老年人上网状况及风险网络调查报告 [EB/OL]. http://yuqing. people.com. cn/n1/2018/0629/c405625-30096878. html.

②　杨磊，邹思航. 积极应对人口老龄化背景下老年人社会适应及其影响因素 [J]. 人口与健康，2021（3）：43-45.

③　PIPPA NORRIS. Digital Divide：Civic Engagement，Information Poverty，and the Internet Worldwide [J]. Public Opinion Quarterly，2003，67（3）：434-437.

目前，学术界对于老年群体信息化适应问题的研究，主要关注老年群体在信息化适应过程中出现的问题与相关影响因素以及信息化适应的路径与机制。许多学者结合不同理论，从多个方面详细分析了老年群体信息化适应的现实问题。

在研究老年群体信息化适应过程中出现的问题时，吴新慧指出，中国老年人在互联网应用过程中普遍存在着接入"鸿沟"，部分高龄、收入状况差和居住在农村的老年人在接入互联网过程中存在劣势。大部分中国老年人的互联网应用属于浅层应用，且对互联网的附着度不高①。彭青云依据归因理论构建了内外因作用机制，并运用 Logistic 回归方法对第四次中国城乡老年人生活状况调查数据进行分析，发现老年人在数字化发展过程中存在触网难与互联网接入障碍方面的问题②。王晶、郭冉主要围绕互联网发展如何影响老年人生活展开研究，指出互联网对老年人的影响主要体现在浅层次社交层面上，具体表现为改善传统家庭代际关系、扩展老年社交网络、丰富老年社会生活等方面，但在深层次的公共服务制度创新方面仍然动力不足，缺乏应对老年群体多元化需求的弹性机制③。

老年群体在信息适应方面存在的诸多问题使得学者尝试进一步解读其内部成因与影响因素。胡安安认为，由年龄增长带来的生理、心理、认知方面的诸多变化是造成老年群体难以适应信息时代的直接原因，并将影响老年群体互联网使用的因素归纳为信任程度有限、技术易用性不足等④。汪斌从新人力资本、家庭禀赋和宏观机会三个角度构建了中国老年人互联网使用影响因素的本土化解释模型，认为受教育水平、收入、健康状况、认知能力和社会适应对老年人互联网使用有显著的正效应，且入网设施的可及性、家庭物质资本的充裕度与所处社会环境的优劣都会影响老年人的信息化适应进程⑤。张硕则通过对影响老年人网络使用的不同因素进行程度上的分类，认为文化程度、朋友支持

① 吴新慧. 老年人互联网应用及其影响研究：基于 CSS（2013）数据的分析 [J]. 云南民族大学学报（哲学社会科学版），2017，34（4）：63-72.
② 彭青云. 城市老年人互联网接入障碍影响因素研究 [J]. 人口与经济，2018（5）：74-82.
③ 王晶，郭冉. 移动互联网的发展与老年生活变迁 [J]. 国家行政学院学报，2018（5）：164-169，193.
④ 胡安安，黄丽华，许肇然. 智慧老龄化：消弭"银色"数字鸿沟 [J]. 上海信息化，2017（10）：33-36.
⑤ 汪斌. 多维解释视角下中国老年人互联网使用的影响因素研究 [J]. 人口与发展，2020，26（3）：98-106.

等会显著地影响老年人的信息化适应过程①。

促进老年群体融入信息社会，帮助老年群体抵御伴随着信息社会不断发展而来的社会风险是当前信息化适应问题研究中的重中之重。由于生理因素的限制，老年人在抵御风险时处于天然的不利地位，通常难以完全运用自身力量来达到社会适应的最终目标。面对这一现实，学者们分别从不同主体出发研究促进老年群体信息化适应的路径与作用机制。周裕琼从中国老龄化社会与数字化生活相矛盾的社会现实出发，强调在家庭、社区乃至国家等各层面构建老年群体信息化适应渠道的重要性②。武媛媛则认为必须充分发挥政府主导作用、文化反哺作用以及老年人自身主体作用，主张通过多元主体参与，构建老年人参与智慧社会、融入信息时代的发展机制③。王震主要研究农村老年人的信息化适应与支持对策，指出了搭建数字化生活支持体系的重要性④。门泽宽从接入、深入、融入三个层面来分析老年群体在互联网数字化生存中存在的问题和解决路径，倡导政府、社会、互联网平台和家庭等各方共同努力，以此在保障老年人基本生活条件的基础上，满足老年人的精神文化需求⑤。武宜娟则主要关注积极老龄化视野下老年人的网络参与问题，认为合理而适度的网络参与有助于推进积极老龄化的进程，但同时也需谨慎防范网络沉迷、网络陷阱等现实问题，倡导通过构建老年人网络安全壁垒、建设老年友好型网络生态环境的方式来多渠道地提升老年人网络参与能力⑥。

4.1.2.2 关于技术反哺的研究

技术反哺作为文化反哺在技术物使用层面的分支，可以被简单地理解为子代对亲代进行的器物使用技巧的传授、互动过程⑦，在根本上具有与文化反哺相类似的特征与社会学意义。因此，在对技术反哺进行讨论之前，需要先对文化反哺的相关研究成果进行梳理与归纳。

纵观相关研究成果，目前学术界最早关于"文化反哺"概念的陈述主要

---

① 张硕. 中国城市老年人电脑/互联网使用影响因素研究：基于北京市朝阳区的调查 [J]. 国际新闻界, 2013, 35 (7)：51–61.

② 周裕琼. 当老龄化社会遭遇新媒体挑战：数字代沟与反哺之学术思考 [J]. 新闻与写作, 2015 (12)：53–56.

③ 武媛媛. 我国老年人"数字鸿沟"破解路径研究 [J]. 数字通信世界, 2021 (8)：41–43.

④ 王震. 农村老年人数字化生活适应与支持对策研究 [D]. 无锡：江南大学, 2021.

⑤ 门泽宽. 接入、深入、融入：试论后疫情时代老年群体的数字化生存 [J]. 新媒体研究, 2021, 7 (15)：67–70, 81.

⑥ 武宜娟. 积极老龄化视角下老年人的网络参与 [J]. 学术交流, 2021 (5)：141–155.

⑦ 朱秀凌. 手机技术反哺、亲子沟通与父母教养方式：基于技术接受与使用整合模型的分析 [J]. 新闻大学, 2018 (4)：108–119, 155.

来自德国社会学家卡尔·曼海姆在第二次世界大战前提出的有关"代际反向传承的可能性"的有关推论①。曼海姆认为,一方面,随着社会的不断进步,新的文化参与者会不停地出现,而原有的文化参与者将逐渐消失,因而在未来的文化发展层面将会呈现出明显的代际更替特征;另一方面,随着社会动力机制的加速,年轻一代对于年长一代的影响力将会越来越强②。基于曼海姆的上述推论,文化反哺概念的雏形开始建立。

1970 年,美国文化人类学家玛格丽特·米德基于文化传播的视角,提出了"三喻文化理论"(后喻、互喻、前喻)。米德认为,随着时代的激剧变化,年长一代曾经赖以生存的经验渐渐丧失了原本的价值,年轻一代的活力与主动性在剧变的时代中得到激发。在这样的环境下,年长一代若想重新适应剧烈变化的环境,就必须向子代请求帮助,以年轻一代向年长一代传播新思想的反哺方式来重新实现代际平等对话。这种由子代向亲代进行文化传播与经验传授的范式被视为一种具有全新特点的"反向社会化"过程③。

20 世纪 80 年代,中国社会学家周晓虹最先将米德的后喻文化理论及"反向社会化"的研究成果引入国内,并将其结合当时的中国社会现实进行本土化的思考。为了方便进行更加深入的研究探索,他对"后喻文化"这一概念进行了本土化的转述表达,并将其定义为"文化反哺",即"在急速的文化变迁时代所发生的年长一代向年轻一代进行广泛的文化吸收的过程"④。周晓虹将研究重点聚焦于家庭层面,将家庭场域内的"逆向教授"看成后喻时代的"家庭反向社会化",认为文化反哺在家庭场域内的表现更加显著⑤,并更进一步地讨论了文化反哺的现实意义。

国内其他学者也针对这一概念进行了补充研究和创新发现。周裕琼主要关注文化反哺在信息化时代的具体表现,并通过对深圳的 200 个普通家庭进行量化调查与配对比较,从量化的角度出发,细致地分析了文化反哺在家庭场域中的发生与发展,详细地论述了信息社会中家庭内部的"数字鸿沟"现状,并提出"文化反哺能在一定程度上缓解代际冲突,缩小家庭内部的数字鸿沟"

———————

① MANNHEIM K. The Problem of Generations:Essays on the Sociology of Knowledge [M]. London:Routledge & Kegan Paul Ltd.,1952:11-12.

② 王倩. 数字代沟和数字反哺:新媒体使用与亲子关系的实证研究 [D]. 重庆:重庆大学,2017.

③ 玛格丽特·米德. 文化与承诺 [M]. 石家庄:河北人民出版社,1988:27.

④ 周晓虹. 文化反哺:变迁社会中的代际革命 [M]. 北京:商务印书馆,2015:64-68.

⑤ 苏悦. 数字反哺、情景重塑与关系弥合 [D]. 广州:暨南大学,2020.

的主张①。王倩主要围绕家庭内部的"数字鸿沟""数字反哺"与"亲子关系"三方面内容展开研究，她通过对 15 个家庭进行深度访谈，进一步探讨了新媒体使用与亲子关系的相关性问题，提出"数字反哺是当下亲子关系的投射"这一主张，并认为"数字反哺"能够在一定程度上促进亲子关系②。朱秀凌在关注文化反哺问题的基础上，更多地将视线转向了技术领域，她在文化反哺概念的基础上创新性地提出了"技术反哺"的概念，并将其定义为"技术技能的'反向社会化'"。通过运用问卷与访谈的方式，她重点研究了技术反哺的发生机制与社会影响，并认为技术反哺能够有效地弥合代际隔阂，提升年长一代的技术素养③。

综上可见，现有研究从不同重点切入研究信息化背景下老年群体的信息化适应问题，但大多数研究集中在文化反哺层面，而缺少对技术领域反哺的探讨，对微观层面上反哺路径的形成也少有涉及，较少有学者结合理论视角来分析技术反哺的动态发生过程与影响机制。本章立足于代际支持视角，尝试从微观角度分析家庭内技术反哺行为的形成路径，并着重关注家庭内部的代际互动行为在不同阶段的具体表现，希望在此基础上讨论技术反哺背景下的现代家庭之于老年群体的宏观意义。

4.2 代际支持理论

4.2.1 代际支持的内涵

人类社会的长久运行离不开代际传承，而传承则通常围绕着代际优势互补展开，无论这一行为是有意识的还是无意识的。从古至今，代际支持一直作为一种社会现象和社会运行机制存在，并随着社会的发展而不断丰富其内涵。究其实质，代际支持主要是指家庭内部不同世代之间资源的双向流动④。社会学

---

① 周裕琼. 数字代沟与文化反哺：对家庭内"静悄悄的革命"的量化考察 [J]. 现代传播（中国传媒大学学报），2014，36（2）：117-123.

② 王倩. 数字代沟和数字反哺：新媒体使用与亲子关系的实证研究 [D]. 重庆：重庆大学，2017.

③ 朱秀凌. 手机技术反哺、亲子沟通与父母教养方式：基于技术接受与使用整合模型的分析 [J]. 新闻大学，2018（4）：108-119，155.

④ MOGAN P S，K HIROSIMA. The persistence of extended family residence in Japan [J]. American Sociology Review，1983（48）：269-281.

家费孝通认为，由于受到传统孝道文化的影响，中国家庭内部的代际支持关系主要表现为"下一代赡养上一代"的反馈模式，即亲代抚育子代，子代需在成年后赡养亲代的整体过程①，主要包括经济上的支持、日常生活中的照料与情感上的慰藉三方面内容②。还有部分学者将代际关系视为交换关系，认为中国家庭以"哺育"和"反哺"为表现形式的反馈型代际关系，恰好表明了代际存在着某种交换逻辑，亲子间的互动通常遵循着交换原则，既包含物质、经济的有形交换，也有情感和象征方面的无形交换③。

现阶段，由于我国缺乏完善的社会保障体系，老年人的支持系统主要依靠家庭，代际支持主要从子女流向老年人，即子女提供给老人的代际支持多于老人提供给子女的代际支持，代际支持的强度也受到传统孝道文化的深刻影响④。

4.2.2 基于代际支持的分析视角

代际支持不是单一的经济回报，而是经济支持、情感慰藉与生活照料三者的统一。尽管代际支持有其重点考察的维度，但也会随着社会、时间、空间的变化而变化。目前，我国人口老龄化的现状改变了传统的代际结构。一方面，随着人类寿命的延长，家庭内部现存的代际数量较之前增加；另一方面，随着出生率的逐渐下降，每一代的代内成员的数量明显减少⑤，代际支持的维度与形式也随之呈现出复杂化趋势。

代际支持关注不同资源的代际流动，主要彰显家庭内部不同成员间的动态互动过程。在家庭内部，代际支持具有明显的生命历程特征，不同的成员对于代际支持的需求不同，各自的行为能力与认知水平也完全不同，代际互动过程贯穿家庭成员的整体生命历程⑥，同时也受限于各种因素而表现出不同类型。在此前提下，基于代际支持理论的分析应着重关注动态过程的变化。

随着互联网时代的来临，老年人面临着难以融入信息化社会的边缘风险，家庭内部的代际支持随之呈现出全新的模式，互动过程也更加多变。沈杰指

---

① 费孝通. 家庭结构变动中的老年赡养问题——再论中国家庭结构的变动 [J]. 北京大学学报（哲学社会科学版），1983（3）：7-16.

② 穆光宗. 家庭养老面临的挑战以及社会对策问题 [J]. 中州学刊，1999（1）：64-67.

③ 郭于华. 代际关系中的公平逻辑及其变迁：对河北农村养老事件的分析 [J]. 中国学术，2001，3（4）：221-254.

④ 黄庆波，杜鹏，陈功. 老年父母与成年子女间的代际支持及其影响因素 [J]. 人口与发展，2018，24（6）：20-28，128.

⑤ 张莉. 西方家庭代际关系理论综述及对我国家庭建设的反思 [J]. 人口与健康，2019（6）：29-32.

⑥ 卢扬. 生命历程视角下的农村家庭代际支持研究 [D]. 武汉：华中农业大学，2017.

出，在老年群体进行信息化适应的过程中，不同世代经由互惠协作效应构建起共享空间，而共享空间又反过来强化了双向激励机制。代际支持在表面上表现为填平数字鸿沟的过程，在深层上却促进了代际知识传递，并从宏观意义上重构了一种社会学意义上的新代际形构。信息化时代下的代际支持已逐渐成为社会学的崭新议题之一[①]。基于代际支持视角的分析，有助于厘清家庭内部技术反哺行为的作用机制与动态过程，从而推进对老年群体信息化适应问题的深刻理解。

4.3 技术反哺对老年群体信息化适应的影响机制

中国自古至今都是一个家族观念与土地观念浓重的社会，传统的土地制度抑制了人们自由迁移的欲望，使得安土重迁逐渐内化为一种稳定的民族心理。处于这样一个相对静止的社会中，来自长辈的经验指导成为年轻一代圆满生活的稳定支持，"家有一老，如有一宝"的传统意识深入人心。在传统孝道观念的影响下，子代被灌输以成年时需赡养家中长辈的义务感与责任感，老年人也因此将家庭视为自身的"避风港"。然而，随着生产工具的革新和生产方式的转变，原有的家庭形态随之发生改变。不同于传统社会"大家庭"共同居住的模式，在现代社会中，随着子代群体的不断成长，社会发展中单体家庭的结构也随之改变，其中表现出的最明显特征便是：以长辈为中心的家庭核心体系逐渐解体。随着年龄的增长，越来越多的子女离开父母和哺育其长大的家庭，选择独立生活并与其他社会成员结合，以此组成新的家庭。社会中越来越多"空巢"老人的出现显示出基于孝道观念而维持原本的代际反馈模式出现障碍，时空的隔绝导致子女常于老年人的赡养环节缺场，而仅仅只能给予金钱支持或些微的情感慰藉，老年群体在大多数情况下只能考虑以个体的身份来应对层出不穷的社会风险。而当社会保障体系能一定程度上解决老年群体的养老问题时，亲代对子代的依赖似乎也在同步削弱，个体化意识逐渐深入人心。

在社会高度信息化的当今，老年群体所面对的社会风险呈现出与以往截然不同的特点。与处于学习巅峰期、与技术物的革新共生的年轻一代不同，信息技术对于老年人来说是一项全然陌生的东西，他们难以依靠个体以往的经验来

---

① 沈杰. 代际学习：互联网时代社会学的新议题 [J]. 云南大学学报（社会科学版），2021，20（2）：130-137.

实现对信息技术的熟练掌握与使用，更无法使用原有的风险应对策略来处理这次危机。在这样的情况下，子代群体自然地走进了老年人的视野。

本章在研究对象的选取上选择了来自三个不同家庭的共计9位老年人及其家人。在考虑到已有研究提示的个体差异的基础上，本章尽可能综合考虑性别、受教育程度与家庭状况的多样性。文中选取的三个家庭分别以不同的居住方式生活，老年人的文化程度与性别构成不尽相同，各自家庭中的子代同时涵盖子孙两代人的基本情况，总体上较为全面地呈现了当今中国不同的家庭结构类型，使得研究对象具有典型的代表性。

4.3.1　前期：家庭内静悄悄的变化

4.3.1.1　意识的觉醒：备受排挤的老年人

信息技术的发展给老年人带来的，是一个寸步难行的世界。事实上，大多数老年人对于新技术的认知建构，并非始于其自身携有的便利、快捷等特性，而开始于感受到的身边无处不在的排斥。

"以前没有关注过这些电子产品，但感觉现在身边没个手机根本没法出门。比如以前去市场买菜我们都直接给现金，现在你给现金人家都没办法找零，有时候还会直接让你用手机扫码，根本就不收现金……尤其是这次疫情，连进出超市都要你出示健康码。"老人们如此说。

正是在这样充满排斥的社会条件下，新技术主动且强势地走进了老年人的世界。然而，这种始于社会排斥的认知对老年人态度的影响却呈现出截然相反的阶段性变化。在一开始，社会排斥往往会加剧老年人对于自我身份的排斥，使得他们对信息技术抱消极的态度，从而自觉地将自我隔离在信息社会之外，拒绝走出所谓的"舒适圈"。一般来说，除非是不得已的情况，否则老年人改变自身的动力通常不是很充足，"老而无用"的观念在老年人内部仍然占据着很大的市场。对于态度消极的老年人，技术反哺通常难以在一开始就对其发挥作用。

然而，随着社会排斥的不断加剧，边缘身份带来的重重风险成为驱使老年人走出"舒适圈"的强大动力，信息化适应显得势在必行。对于老年人而言，融入技术社会是未来生活中的必然趋势，即使现阶段能够忽视各种不便，但在日后还是要去主动适应新技术的。在技术隔离带来的边缘压力下，部分老年人关于学习新技术的意识开始觉醒，代际反哺的发端便由此开始。

4.3.1.2　意愿的强化：家庭"矛盾"的刺激

子女是老年人获得情感支持和物质支持的重要主体之一，也是他们所能接触到的范围内对新技术最为熟知的人群。在老年群体见证子代一步步成长的同时，他们也同样是青年群体适应信息技术的见证者。在这一过程中，子代对于互联网信息技术的"痴迷"，常常会引来长辈们的关注，这也从侧面加深了老年群体对于新技术的认知，吸引了老年人对于新技术的关注。在家中的小辈快速吸收新知识、玩转网络时，老年人受到自身物质、文化等因素的限制，导致其无论是在技术的使用，还是在对待新事物的态度、价值观和思维模式方面都与子代产生了极大的分歧，家庭环境内的代际沟通出现阻碍与误会。

"长辈们真的特别容易把一些自我调侃或者冷幽默之类的话当真。之前有一次我发了一条朋友圈调侃朋友，结果家里的长辈却以为我和朋友之间发生了矛盾，于是我不得不跟他们解释有些话其实并不是字面上的意思，这让我觉得很累……有时候我在发朋友圈前甚至会特别考虑要不要屏蔽家里的长辈，发布的内容会不会又让他们产生误会之类的。"不少年轻人这样说。

在一定情景下，针对一件事情，两代人常常抱有全然不同的看法，双方之间难以互相理解，代际矛盾逐渐尖锐①。家庭环境内部的矛盾，既加强了子代向亲代进行技术反哺的意愿，使得他们希望能够凭借自己的能力帮助老年人学习新技术，从而与长辈之间拥有共同的话题，也促使老年人对解开家庭矛盾的需求增加，从而进一步强化了他们学习、适应新技术的主观意愿，为技术反哺的发生奠定了强烈的意志基础。

4.3.1.3 依靠身份的求援："对话"的实现

无论是在生物学意义上还是在社会学意义上，老年群体的弱势地位都是一个动态积累的过程。作为社会成员的个人在步入老年之后，健康状态频频出现问题，自身精力下降；尤其是在脱离工作岗位后，收入降低，人际交往逐渐单一化，社交圈中同质化水平加深，生活重心更加向子代倾斜，利益诉求的可行路径减少②。在这样的情况下，面对技术隔离带来的种种困境，部分老年人渴望做出改变。而在家庭矛盾的刺激与诉求路径减少的情况下，他们自然而然地将求助的目光转向了家庭，希望得到子女的支持。

"退休后的生活跟之前会有不一样，跟老朋友的联系也没有从前那么频繁了……比起朋友，平时还是跟孩子在一起的时间更多一点吧……再说了，在自己家里就能解决的事情，为什么要去麻烦外人呢？……而且问自己的孩子也不

---

① 晏红缘. 新媒体时代下家庭场域中文化反哺机制形成路径研究 [J]. 新闻研究导刊，2020，11（7）：69-71.

② 王艳平. 代际数字鸿沟对老年教育的影响 [J]. 宁波广播电视大学学报，2015，13（4）：41-46.

会有什么负担，孩子们也很愿意教我们用手机这些。"不少老人这样说。

受到传统孝道文化的影响，老年人作为各个家庭内部的核心人物，即使多方限制因素使其权威地位削弱，在精神文化层面却仍然受到家庭内部成员的尊敬。一般来说，当家中的长辈提出求助后，子女都会竭尽全力帮助老年人达成他们的愿望。从这一层面考察，老人们所提出的要求能够在家庭场域中得到回应，子代也具备回应要求的实力。因此，最终而言，无论是从理性还是从感性的角度来看，亲代向子代的求援都无可争议，甚至是一笔"合理的买卖"。目前，有些家庭中还会出现跨代际求助，即逆向"隔代照料"的情况。

4.3.2 中期：代际支持与技术反哺的发生

4.3.2.1 "代理人"与单向输出的传授机制

当下的年轻一代之所以能够成为信息时代的"发声人"，其根本原因在于其接受了现代社会新的知识体系、价值体系等对他们的哺育，这些全方位、各方面的哺育使他们具有某种掌握知识与能力的特殊优势，让他们具有反哺技术弱势群体的实力，使技术反哺的传授具有可能。

在技术反哺刚开始的时期，大多数老年人会习惯性地要求子女代劳。在初始的代际支持过程中，子代的角色比起"传授者"，更倾向于"代理人"。在大多数情况下，长辈们会习惯于选择让身边的子代来代替自己进行劳动，而不是自己去慢慢地摸索和总结使用方法。在学习使用手机等电子设备前，老人们会让子女帮他们购置合适的设备，由子女帮他们安装可能适合他们使用的软件，帮助他们调试好手机的字体大小、屏幕明暗等，为他们注册各种社交账号……比起自身熟练掌握新技术，老人们在开始时更希望的是子女能够在他们遇到困难时提供及时的帮助，能够替他们进行技术和设备的操作。

这种由子代代劳的"替代性"反哺在短时间内为老年群体适应信息社会提供了极大的便利，使得老年群体短暂地避开了与边缘风险伴生的种种不便。但随着劳动人口流动的现实需要，子代逐渐离开家庭，老年群体与子代之间的代际互动由此削弱，"代劳"的请求难以在第一时间得到响应，老年人不得不从要求子女代劳转向自己学习新技术来抵御风险。在这样被动式的学习动机促使下，亲代与子代的学习模式主要表现为单向的"教导—接受"模式，即子代会尽可能以老年群体能够理解的方式，将电子信息设备或软件等的使用方法传授给老年人，而老年人往往只需要单纯地接受和记忆即可，教导的内容也多停留在使用技巧的传授方面，而很少涉及更深层次的素养哺育。

"曾经想过很多办法帮家里的老人学会用手机。一开始会帮他们调好字体字号，注册账号，手把手地教他们怎么使用这些软件。但后来发现，如果只是讲的话，他们很快就会忘记，所以我通常会找一张纸，把每个按键的具体位置，什么时候该按什么键用画图的方式告诉他们。这样，他们忘掉的时候也不会两眼一抹黑了……老人自己也说确实会有些帮助，每次忘掉的时候就把那张纸拿出来看看就可以了……有时候以为给他们把步骤写好他们就能学会，但当他们找不到那张纸的时候你会发现，老人们还是很难单独操作手机。"不少年轻人深有感触地说。

4.3.2.2 双向"互喻"的沟通机制

在代际反哺逐渐进行的过程中，老年人能够在一定程度上经由子代的帮助掌握一些与新技术相关的技能或知识。学者周裕琼在一项关于家庭内数字代沟的量化研究中提到，70%的家庭是由子女教导父母新媒体技能方面的知识，而关于新技术的内容知识与应用知识的教导则占比较小①。因此，就现阶段而言，家庭内部子代对于亲代的单方面教导大多侧重于技能与使用方法领域，即技术反哺领域，而其余的部分则少有涉及。

在技术反哺的传授机制开始发生作用后，老年群体的行为态度也随之发生了一定的转变。在单方面接受了子代教授的知识后，部分老年人的求知欲崛起，开始主动地向子代提问，并不断地以更加积极的姿态学习与适应新技术。这其中较为引人注意的是，与人们想象中的老年人端着长辈架子，不愿放低身段去请教小辈不同，大多数老年人通常都很乐意在子代面前承认自己在信息技术上的不足和落后，从而愿意去请求子代群体的帮助。

在这种积极态度的诱导下，老年人渐渐开始对子代群体的单向传授给予反馈，也会根据自身使用和掌握的具体情况提出问题，技术反哺的过程开始由单向的"教导—接受"模式向双向的"教授—学习—反馈—吸收"沟通互动模式过渡，技术反哺行为也因此拥有了更多代际对话与交流环节，并得以持续地发生，甚至逐渐向更深层面的反哺行为扩散与发展。

4.3.3 后期：两极分化的结果

在技术反哺进入后期以后，其对老年人产生的影响出现了明显的两极分化倾向。在子代给予的充分支持下，大部分老年人对于新技术产生了兴趣，自主思考意识进一步觉醒，能够在家庭代际支持的基础上实现自学、自助，不断提

---

① 周裕琼. 数字代沟与文化反哺：对家庭内"静悄悄的革命"的量化考察 [J]. 现代传播（中国传媒大学学报），2014，36（2）：117-123.

升数字化生存能力，加速适应信息化社会直至摆脱"信息边缘人群"身份。

同时，在技术反哺的过程中也同样存在着反哺中断或反哺失效的情况。部分老年人在学会基础运用后便已满足，自愿停留在反哺中期而不愿意接受进一步的反哺，导致反哺效果难以呈现；还有部分老年人自始至终难以摆脱对家庭子代的依赖，即便已经接受了一定程度的技术反哺，却仍对自身的掌握情况抱有怀疑态度，而将信任寄托于子代，最终只能凭借与子代的联系而促成反哺效果的实现；同时，在反哺过程中也偶尔存在着老年人记忆力衰退等生理因素限制而导致的难以记忆、无法掌握技能的反哺失效情况。

纵观技术反哺的整体发生过程，我们可以发现，即使在后期阶段偶尔存在反哺中断或失效的情况，但从最终结果而言，家庭代际支持的确能够在一定程度上满足老年群体学习、适应信息技术的基本需求，家庭代际支持下的技术反哺也因此成为老年群体化解"边缘化"困境的有效手段。

4.4　本章小结

本章从家庭互动中的代际反哺行为入手，通过对三个家庭中不同亲代与子代进行的访谈来深度挖掘在信息时代遭受排挤、沦为边缘群体的老年人，其具体如何经由家庭代际技术反哺来实现社会适应，并通过分析老年人接受技术反哺的具体过程与其中体现出的一系列行为特征，进一步聚焦新时代下老年群体的风险应对问题。研究发现：

首先，尽管信息时代中技术的不断进步给老年群体带来了前所未有的风险，使得他们在原有弱势地位的基础上进一步被社会排斥，但老年群体并未完全被边缘风险裹挟，而是在边缘风险的激化下积极寻找适合自身的社会适应渠道。家庭代际技术反哺虽然会偶尔出现反哺失效或反哺中断的情况，但其的确帮助大部分老年人掌握了新兴技术物，加速了老年边缘群体融入社会的进程，使其经由家庭而达到了社会适应的最终目的。

其次，家庭场域中的技术反哺在开展过程中呈现出明显的阶段性发展趋势，且代际互动中的三个阶段互为前提、互相补充。前期主要为观察期，老年人在社会中感受的排斥经由家庭这一生活场域而被放大，子代对于信息技术的熟练掌握更是从正面给予老年群体以正向吸引，最终使得老年人在负面排斥与正向吸引的双重作用下萌生接受技术反哺的意愿；中期为技术反哺的发生期，萌生学习意愿的老年人在子代提供的帮助下逐渐了解技术物，并慢慢摆脱

"老而无用"观点的制约，从单纯要求子女代劳进化为主动或被动地进行学习，甚至为了得到更好的学习效果而主动向子代反馈效果与疑问；后期则为效果的产出期，其效果普遍受制于老年人的主观学习意愿及反哺过程中的具体操作差别。尽管身处不同的家庭环境，但老年群体在主动学习、适应信息技术的过程中都扮演着"接受者"与"主动者"的双面角色，他们既是接受子代传授内容的"学生"，又是主导着教学内容与效果的"权威"；而家庭中的子代除了扮演表面所表现出的"教导者"角色之外，还额外扮演着"经纪人"的角色，在技术反哺发生的过程中，他们所发挥的作用不仅在于传授技术使用的技巧，更在于通过自我对信息技术的熟练掌握能力来帮助老年群体处理风险，解决实际问题。因此，在老年群体对家庭的依赖性与个人意志仍占据家庭核心地位的同时，家庭间的技术反哺行为无疑增加了传统家庭代际关系中所没有的角色复杂性与互动关系的交织性，也更加促使家庭这一"组织"更具有现代化色彩。

最后，从技术反哺的后续影响来看，其产生的效果绝不限于帮助老年群体摆脱信息时代边缘身份的单一方面。随着技术反哺在家庭代际不断发生，它为社会所带来的不仅仅是老年边缘群体达成社会适应的一种成功渠道，而更在于其为处于个体化陷阱中的老年人带来的另一种选择与可能。在跨越时空限制的家庭经由技术反哺的需求而成立的同时，老年群体在风险社会中对个体与家庭的抉择再次吸引了我们的注意。

自20世纪70年代我国开始实行计划生育政策以来，每年的出生人口数得到了明显的控制。目前，我国老年人平均有3个子女，其中农村老年人平均子女人数比城市老年人多0.5个。同时，老年人子女人数随着年龄的增加而增加，低龄老年人的子女数量是最少的，且我国有1/6的老年人表示子女通常不在身边，而在外地生活和工作①。同时，随着生产力和生产方式的不断变革，个体化社会不断形成，原有的家庭模式发生变化，老年人的权威地位与话语权被不断削弱，并与子女产生空间意义上的隔离，不得不以个体的身份面对社会风险。

在这种情况下，中国家庭似乎已经失去了为老年群体"挡风避雨"的效用。但是，随着信息技术的发展，亲代与子代的联系借由社交媒体而联通，代际沟通不再受到传统时空观念中"在场"与"缺场"概念的限制，跨时空的代际支持由此得以实现，老年群体应对社会风险的单位也具有从"个体"到"家庭"转变的可能。

---

① 张未平. 老年人数字鸿沟弥合的社会支持研究［D］. 上海：上海工程技术大学，2020.

社会学家鲍曼在其《流动的现代性》①一书中提到，西方社会的现代化进程中存在着一个明显的特征，即"差异产生差异"。因为受到资本主义国家内部市场经济、生产资料私有制等因素的影响，现代的西方社会呈现出高度的个体化特征，社会成员的行动主要从"个人本位"出发，个人欲求不断增长，人们往往只选择思考与自身利益切实相关的问题，并以个人为单位进行社会活动。

当代中国在一定程度上已经呈现出高度个体化社会的特征，家庭这一基本单位在原子化的社会中，由于物质空间长期"缺场"而逐渐被瓦解，甚至走向分裂。中国的老年人逐渐沦为"孤独的一代"，这种在社会转型期出现的特殊解构使得与子女分居的老年人不得不选择独自面对社会风险。然而，随着互联网信息技术的不断发展，跨时空的沟通得以成为可能，"缺场"不再成为家庭瓦解的原因，反而使得中国家庭在虚拟场域中实现了家庭社群的再建，社会中独立的个体或分裂的家庭实现了从疏离到凝聚的转变，加之社会中频繁出现的社会不平等现象与巨大的收入差距等因素导致社会信任不断下降，更是让家庭成员逐渐成为个体赖以依靠的唯一对象。

事实上，在数字鸿沟导致的边缘危机中，老年人在信息技术领域所体现出的弱势表现与子代的强势形成鲜明对比，显现出信息化社会中代际强烈"差异"，而这种明显的"差异"在一定程度上不仅产生了"差异"，更凝聚了家庭代际"共识"与"韧性"。一方面，这种"差异"促使老年群体主动放弃曾经自然拥有的阶层优势与权威地位，以此来换取子代给予的情感关怀与其他方面的代际支持；而另一方面，"差异"也促使子女重新将注意力转向家庭，转向处于边缘地位的老年人群所遭受的困境，由此来帮助家庭代际互动再次紧密，代际团结由此实现，家庭代际关系走向新局面。

如果说在传统社会中，老年群体因为积累了足够的生产生存经验而处于家庭结构中的核心位置，那么，在数字化社会中，老年人却是凭借着一种全新的信息弱势地位而再次获得了家庭成员的关注。因此，表面看来，家庭间的技术反哺带来的是子代权威的崛起，代际互动中的子代完全掌握着技术反哺的主导权，但是这一代际互动模式的核心是建立在老年人需求基础上的，其重心依旧围绕在老年人身上，年轻群体更多的是服务提供者，而非事实上的核心权威者。在这一层面上，技术反哺虽然使现代家庭中的代际互动关系相较于传统模式发生了改变，却并未从根本上改变家庭场域中的亲子代际关系和权威结构，

---

① 齐格蒙特·鲍曼. 流动的现代性 [M]. 欧阳景根, 译. 上海：上海三联书店, 2002.

而是促使其朝着更加平等公平的方向不断发展。

　　风险社会的核心在于其不确定性以及人们对未知的恐惧，而技术反哺的实质则在于通过家庭代际支持这一手段使得子代与亲代一同承担属于亲代的"边缘风险"，由家庭内部的稳定性来对抗外界风险的不确定性，并同时为家庭内部团结带来动力，使得家庭成为一个结构严密的"风险共同体"，从而更好地帮助年长一代抵御来自外界的风险与危机。无论如何，家庭这一社会细胞正在数字化社会中重新焕发活力，以家庭为单位的"风险共同体"正在信息时代不断建立。

5　老龄化背景下安乐死合法性研究[①]

5.1　研究背景

国家癌症中心 2018 年 4 月 7 日发布的最新一期中国恶性肿瘤发病和死亡分析报告显示：2014 年，全国新发恶性肿瘤病例约 380.4 万例，恶性肿瘤死亡病例 229.6 万例，原因主要是我国目前正面临老年人群恶性肿瘤负担较重的现状。恶性肿瘤年龄别死亡率在 45 岁以前处于较低水平，从 45 岁年龄组开始快速升高，在 80 岁年龄组达到高峰[②]。

中华民族传统的生存智慧是"活着就好"。进入 21 世纪，人们对生活质量的要求，既有生存质量，也有生命质量（死亡质量）。无疾而终是人生的理想目标之一，但大多数人尤其是失能老人和身患"绝症"者，在其余下的生命时间里，承受着身体和精神上的巨大痛苦直至离世。原国家卫生和计划生育委员会发布的数据显示，我国每年死亡的约一千万人口中有 10% 的人是在极度痛苦中离开人世的[③]。

死亡是自然规律，但在人们的固有观念里，"死"是令人厌恶的，这直接导致安乐死成为一个非常敏感的、有争议的话题。自 20 世纪 80 年代以来，时常会发生安乐死案例，不少人大代表亦屡次向全国人大提案安乐死立法。在人口老龄化加速的背景下，以及癌症发病率与死亡率逐年上升的情况下，除了加强医疗保障和抗癌药物研发之外，系统梳理安乐死相关的研究成果，从生命质

[①]　本章初稿完成于 2020 年，出版时有修订。

[②]　参见 http://news.sina.com.cn/o/2018-04-07/doc-ifyuwqez6149978.shtml，"中国平均每分钟 7 人确诊患癌 4 人死亡"。

[③]　曾春燕，刘婵娟. 伦理学视阈下中国安乐死社会意愿现状及合法化路径探究 [J]. 浙江社会科学，2017（3）：148-160.

量（死亡质量）角度更理性地关怀临终者，积极推进安乐死合法化研究，是很有必要的。

5.2　安乐死的来源及中国式理解的形成

"安乐死"一词属于舶来品，最初来源于希腊文 euthanasia，后被英语吸纳，由"eu-"及"thannasia"两个词源构成，翻译过来即有"安逸""死亡"之意，故"euthanasia"译成中文就是"安乐的死亡"，此后简称为"安乐死"，这便是"安乐死"中文词语的由来。当研究安乐死相关问题时，人们对于这个舶来品总是会习惯性地追根溯源，但在中国传统文化中并无"安乐死"的概念，往往就会引用该希腊语作为词源。由于中文表达的多样性和各人的不同理解及使用目的，常常出现将希腊文"euthanasia"理解为"无痛苦的死""有尊严的死""快乐的死""舒适的死""……谁安乐死""使……安乐死""安详无痛苦的死""安详无痛苦的死亡术"等多种表达。但是无论如何表达，在目前语境下，对于"安乐死"词语的形成以及相关现实问题的分析基本不存在严重的概念阻碍。

关于安乐死问题的探讨与争论最早发生于西方。在美国，安乐死运动始于1915 年勃林格男婴事件引起的争论①。1938 年，查尔斯·弗兰西斯·波特牧师和米切尔夫人等自由职业者成立全国安乐死立法协会，随即更名"美国安乐死协会"（ESA）。在 20 世纪 60 年代，弗莱彻明确提出安乐死的法理基础是公民自由权利：为减轻病痛折磨，病人有权主动放弃不可治愈的治疗；病人有权支配自己身体，自主选择死亡。死亡权利思想成为美国安乐死运动的理论基础，争取正式确认病人死亡权利则成为此阶段美国安乐死运动的奋斗目标②。在英国，安乐死可以追溯到1932 年，基利克·米勒德创立了"自愿安乐死合法化学会"，这个学会通过有组织的活动来谋求法律上对安乐死的认可。20 世

---

① 1915 年 11 月 12 日，在美国，一名叫安娜·勃林格的妇女在芝加哥美德医院生下一个无肛门等多项身体缺陷的男婴，哈利·海瑟顿院长建议放弃治疗任其死亡，"让自然界完成自己创作的败笔"。

② 黄贤全，陈学娟. 评析美国安乐死合法化的进程［J］. 世界历史，2012（1）：55-60.

纪末英国发生的戴安娜·普雷蒂案例引起了英国各界的广泛探讨①。在荷兰、日本及其他西方国家，先后都发生了病患者诉请安乐死的相关案例②，并引起了国际社会的广泛关注。

在西方自由主义精神、生命科学技术发展等多因素的影响下，关于病患者要求安乐死的诉求日渐增多，并成为文明社会不可回避的社会问题。回顾历史，可以发现安乐死运动经历了 20 世纪 30 年代的萌芽时期、30 年代到 60 年代的遇冷时期、70 年代的复兴时期及至今的全球性深入探讨时期。

作为一种新生事物，安乐死引起了人类对于生命、死亡的重新审视和思考。正如马克思所说，新生事物总是在曲折中不断前进和发展。自 20 世纪 30 年代以来，安乐死不断受到来自各界的质疑，尤其是在德国的希特勒时代，纳粹分子借安乐死之名，进行种族屠杀，使得安乐死遭受了前所未有的道德批判。二战结束之后，随着安乐死相关案例的逐渐增多，一些国家和地区从法律和政策上积极回应社会现实。在荷兰、比利时、日本（一些地区）、美国（一些州）、中国（台湾地区）等纷纷对安乐死进行了立法，有十几个国家从医学上承认安乐死③，但关于安乐死的相关争论和探讨并没有因此而停止。

---

① 1999 年，戴安娜·普雷蒂的一根脊椎血管破裂而导致其颈下部位全部瘫痪，甚至不能自如地呼吸，要靠呼吸机维持生命。她不能忍受如此的生活质量，经过反复思考和衡量，她向法庭郑重提出，希望其丈夫在协助她结束生命后能被免予刑事处罚。经过英国上议院以及欧洲人权法院的判决，对其提议均予以驳回。后来，虽然其事实上已经死亡，但是在 2003 年，英国最高法院判决可以对其关掉呼吸机，其家人得到了象征性的经济赔偿。

② 1971 年，荷兰的鲍格太太被控告"怜悯杀人"一案，"安乐死"问题引起了各界的关注。鲍格太太和她的丈夫都是医生。她的 79 岁的老母亲因患脑出血、半身不遂、耳聋、肺癌等多种不堪忍受的病症，住进了医院，身心均极为痛苦。老人多次央求女儿给她弄点药或打一针，好让她早日脱离苦海，老太太也曾为此两度自杀，但都被救活了。鲍格太太不忍心助母亲死亡，所以没有答应老人的要求。但有一次，鲍格太太去病房探视，却发现母亲被人绑在椅子上，其状惨不忍睹。原来护士们怕老太太自杀，又怕她跌倒，所以想出了这个法子。鲍格太太这时毅然决定助母死亡，她给老太太注射了一针过量的麻醉剂，然后去警方自首。鲍格太太的案件一时轰动了整个欧洲，荷兰司法当局至少收到了不少于 100 名医生的来信，表示自己也犯过同样的"罪"，但这些医生认为这是善意的罪，不应判罪，不应被判刑。最终，在舆论的压力下，鲍格太太被无罪释放。转引自：龚群. 安乐死问题的历史及其研究 [J]. 道德与文明，2000 (5)：51-54.

③ 董乐平. 安乐死 [M]. 上海：上海文化出版社，1988：76.

我国关于安乐死探讨的时间比较晚，在20世纪80年代，陕西汉中安乐死案件①引起了政府和社会的广泛关注，安乐死自此进入了我国大众视野②。最先开展相关研究和探讨的当属于学术界。中国学术界关于安乐死的研究萌芽于20世纪70年代末③，广泛兴起于20世纪80年代末，此后学术贡献不断涌现。笔者通过在中国知网上检索，发现关于安乐死研究的文章约8 144篇，2012年达到高潮。参见图5-1所示。

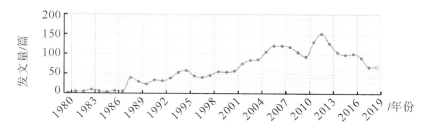

图5-1　以安乐死为主题的文献发表总体趋势

自20世纪90年代以来，学术界关于安乐死的研究取得了丰硕成果，相关研究主要集中在安乐死的概念、适用对象、适用条件、安乐死的社会合理性、合法性以及安乐死立法方式等。涉及安乐死领域的学科也比较多元，其中比较

---

①　夏素文于1984年10月曾被医院诊断为"肝硬变腹水"。1986年初，夏病情加重，腹胀伴严重腹水，多次昏迷。当年6月23日，夏病危，其儿子王明成等将其母送往汉中市传染病医院治疗，被医院诊断为"肝硬变腹水"。入院当日，医院就给患者家属发了病危通知书，认为救治无望，夏感到疼痛难忍，喊叫想死，医生亦给其介绍了国外的安乐死。于是夏的儿子及女儿考虑到其病情严重，救治无望，为减轻夏素文的痛苦，故请求主治医生蒲连升实行安乐死。出于人道主义考虑，夏素文出院时，医生开复方冬眠灵（氯丙嗪）处方一张，后进行注射，夏在"安眠药"中安然死去。检察机关以故意杀人罪追诉其儿子王明成、医生蒲连升，在一审、二审后，两人均被判决无罪。1992年，汉中地区中级人民法院维持一审无罪判决，此案最终尘埃落定。参见：http://unn.people.com.cn/GB/channel346/347/1386/200104/23/56408.html，最后访问时间：2018年3月29日。

②　在新闻报道方面，邓颖超在中央人民广播电台讨论中指出"安乐死是一个唯物主义观点"，在有关会议上，她还再次强调对安乐死的赞同态度，并且建议有关部门就此立法。在学术会议方面，1988年7月，在上海召开了有近百名学者参加的全国首届安乐死学术讨论会，与会学者对安乐死的概念、对象、条件、伦理和法律诸问题进行了广泛深入的探讨。在社会表达方面，1987年4月，在第六届全国人大第五次会议上，王群等32名全国人大代表提交了第101号提案，建议制定安乐死条例（参见：全国人民代表大会常务委员会办公厅. 中华人民共和国第六届全国人民代表大会第五次会议文件汇编［G］. 北京：人民出版社，1987：190）；1993年3月，在八届全国人大二次会议上，广东代表团32位代表联名提出"要求结合我国国情尽快制定'安乐死法'的立法"。

③　中国最早出现的文献是1979第2期《法学译丛》上刊登的王维平翻译的《所谓安乐死的必要条件被认为不是安乐死的刑事案例》一文。

突出的是法学、哲学、生命伦理学、社会学等学科。基于多学科、多领域、多视角对安乐死的探讨和审视，社会各界对于安乐死有了较为全面的了解，对于如何对待死亡、如何看待安乐死现象、如何规范安乐死有了中国式的理解。

5.2.1　安乐死概念探究

自 20 世纪 80 年代以来，学术界关于安乐死的研究主要是在安乐死的本体问题及其合理性、合法性论证方面展开。时至今日已进入到理性化探讨阶段，安乐死概念界定也由多样化理解逐渐走向统一。

安乐死的概念以及制度化发展最早起源于西方，也是最早在西方国家的法律中得到认可，我国历史上对于安乐死的则探讨几乎没有。面对新事物和新概念，在相关研究匮乏的背景下，20 世纪 90 年代关于安乐死的概念，不论是在法学、哲学、伦理学等学科领域内还是在学科之间，在使用和界定时都存在两个特点：一是概念界定简单模糊，各学者自说自话，在概念解释及论证方面均缺乏学理性；二是在没有系统深入地研究国外立法、安乐死的文化背景等相关条件的情况下，各取所需地片面摘取西方各国关于安乐死的概念表达。事实上，不同国家基于其不同的国情与文化，在立法或者判例中关于安乐死的内涵与外延都存在不同的理解和认识。

20 世纪 90 年代初期，我国学术界认为安乐死主要针对以下情形[①]：①病人处于永久性昏迷状态，已成为"植物人"；②病人的人格丧失完全；③病人不可避免地陷入要么极度痛苦，要么药物麻醉的选择之中；④诞生的是有严重缺陷的残疾儿；⑤临终前的人总是希望快速而无痛苦地死，以免遭受痛苦和丧失尊严。不难看出，这个时期人们对安乐死对象的把握有一些曲解，实际上国外已有立法中只有不同的两类人（"植物人"、残疾儿）才是安乐死的实施对象。

20 世纪 90 年代中期，有学者采用日本立法的模式，直接引用并作为安乐死概念的界定[②]：①从现代医学知识和技术看，病人患不治之症，并已逼近死亡；②病人痛苦之剧烈达到目不忍睹的程度；③安乐死行为必须专为减轻病人的死亡痛苦才得执行；④需要本人神志清楚地真诚地委托或同意；⑤原则上必须由医师执行；⑥执行方法必须在伦理上是正当的。有学者概括安乐死就是绝症患者追求不妨碍他人的个人安乐死和尊严、毫无痛苦地死亡的一种权利[③]。

---

①　彭天生. 安乐死的伦理学与法学探讨 [J]. 齐齐哈尔医学院学报, 1990 (4)：29-30.

②　梁剑兵. 安乐死若干法律问题思考 [J]. 西北民族学院学报, 1994 (3)：35-48.

③　谭盈科, 吴世宦. 安乐死能在我国实行吗? [J]. 社会, 1995 (4)：48.

20世纪90年代后期，学术界认为安乐死具有以下特点[①]：①根据病患或家属的要求，病患疾病在当时条件下确实无法治愈，而且疾病已到晚期，病患痛苦不堪为前提；②安乐死是出于对病患的同情与帮助，对病患死亡权利及个人尊严的尊重，人为地干预他人生命的一种行为。安乐死是指对患有不治之症且极端痛苦的病人，在不违背其意愿的前提下，出于对其死亡权利和个人尊严的尊重，由医务人员实施的终止治疗使其自行死亡或采取积极措施使其加速死亡的医疗行为。

由此可见，这一时期学术界对于安乐死概念的理解是不太相同的，基本处于对国外安乐死构成元素的借鉴和摸索中。

进入21世纪后，学术界注意到安乐死概念表达的多样性，试图建立一种合理的共识性概念。其中有代表性的是翟晓梅发表的《安乐死的概念问题》一文。在文中，她认为"一个恰当和完整的安乐死定义至少应该包括这样一些要素：①安乐死的对象；②实施安乐死的理由；③安乐死对象的意愿；④安乐死行动与死亡的关系；⑤安乐死的实施方法"[②]。根据这一安乐死构成要素，安乐死的对象是那些当前医学条件下毫无救治可能的、正在遭受着不可忍受痛苦的、有行为能力的成人患者；患者的死亡是根据患者真诚的请求，目的（首要理由）在于终止临终患者的痛苦而由另外一个人即医生作为一种特殊的、别无选择的医疗手段而有意引起的。所以，安乐死行为是一种在临终患者的明确请求下，为解除患者无可忍受的痛苦而由医生实施的对临终患者的死亡过程进行主动的医疗干预的行为[③]。不难看出，此定义排除了"被动安乐死"（不给予或者撤销、停止生命支持措施）。尽管该文作者通过演绎推理等方式提出了自己的见解，但是学术界依然存在关于安乐死的不同理解和表达。

在刑法学术界，关于安乐死的概念的争议主要集中于：①患者的痛苦是肉体单一性的，还是肉体与精神双重性的；②安乐死申请人的主体范围；③不治之症的标准。相关研究者对于法学界关于安乐死概念的症结进行了提炼和总结，并从争议点出发，给出自己关于安乐死相关元素的理解：在痛苦问题上，应当坚持肉体与精神的双重性；在申请主体上，应当限定为患者本人；在申请形式上，应当为口头或者书面。关于不治之症，只是一个针对现实社会的医学技术而言的相对结论。这些不仅是法学界对于安乐死概念的争议焦点，也是医学哲学、医学伦理领域的争议焦点。鉴于此，朱红梅认为学术界对于不治之症

---

① 欧阳涛. 安乐死与立法 [J]. 政法论坛, 1996 (6)：43-48.
② 翟晓梅. 安乐死的概念问题 [J]. 自然辩证法通讯, 2000 (3)：86-93.
③ 翟晓梅. 安乐死的概念问题 [J]. 自然辩证法通讯, 2000 (3)：86-93.

是有共识的，安乐死的对象就是患有不治之症的患者。存在分歧的焦点问题具体是①：①是否必须存在痛苦以及何种痛苦，而且这种痛苦是否只有通过安乐死才能解决。痛苦是指肉体上的痛苦还是精神上的痛苦，或者是肉体上的痛苦加上精神上的痛苦。②是否必须濒临死亡。非垂危病人的安乐死能否得到伦理支持；处于持续性植物状态的病人、重残新生儿能否作为安乐死对象；非自愿安乐死能否得到伦理支持。③申请主体是否必须为患者本人。在非自愿安乐死问题上，即患者已经不能明确表达意思时，能否由他人代理申请。作者对安乐死概念中的对象范围及其所处状态的相关具体问题进行了质疑，但是没有给出自己的明确见解。

综上可见，安乐死的概念从国外引入中国并得到了发展。在安乐死概念的元素中，学术界对于患者患有不治之症、遵循患者本人意愿、患者十分痛苦、患者本人申请、患者死亡与安乐死行为有因果关系基本达成了一致意见。本研究认为，关于安乐死本体问题，更进一步的争论焦点在于：①患者应当具有何种痛苦。②患者是否必须濒临死亡。③安乐死申请的主体范围。除本人外，其他人是否可以成为申请主体，这涉及对安乐死本人主观意愿的判定或类推。④不治之症的标准或者条件。不治之症是针对现实社会的医学技术而言的相对结论。⑤实行安乐死的主体是谁，是医生还是其他人。⑥安乐死的具体实施方式。"有尊严的方式""人道的方式"只是十分模糊的表达，并没有解释清楚具体方式是什么。有人认为其是指采取积极措施，或者消极停止医疗的方式等，却没有深入探讨和论证。

5.2.2 安乐死的分类与安乐死概念的互动

安乐死的分类问题非常重要，而安乐死的分类与其概念一脉相承，互为表里。学术界基本按照两种模式或者标准进行分类，一是安乐死实施标准，二是患者的主观意愿标准。按照安乐死实施行为方式标准，安乐死分为积极安乐死和消极安乐死②，也有人认为应将其分为主动安乐死、被动安乐死③，其实质和内涵都是一个意思。所谓积极安乐死，是指采取措施主动结束病人生命或加速病人死亡的过程；所谓消极安乐死，是指撤除对患者的治疗设备或停止治疗的行为使患者安然死亡。关于"采取主动措施"，一些学者进行了细致思考，

---

① 朱红梅. 被动安乐死及其伦理问题 [J]. 医学与社会, 2006 (7): 34-37.

② HUNT T. Ethics Issues [M] //PERSON J, FISHER R (eds.). Palliative Care for People with Cancer. London: Arnold Press, 1995: 11-22.

③ 孟晶秋. 安乐死与临终关怀的和谐统一 [J]. 中国卫生事业管理, 2011 (3): 204-205.

认为是指使用镇痛药物（比如麻醉药）①，此药物的使用必然带来死亡的加速且无痛苦；一些学者理解为使用"处方药物"②，药物的具体范围没有明确界定。

有的学者在深入研究国外分类及论证后，提出了新的分类方式。例如王刚认为德国传统刑法理论将安乐死区分为积极安乐死、间接安乐死与消极安乐死。在此三种情形中，间接安乐死与消极安乐死并不构成刑事犯罪③。其认为这种模式在德国刑法学术界备受争议，在2010年德国的司法判例中，放弃了以作为和不作为的方式划分安乐死以及其法律评价，认为真正合法的安乐死实施方式是放弃、限制或者终止治疗，即所谓的"中断医疗"（根据患者的意志或者推定意志），而原来的间接安乐死（使用镇痛药物）实际亦包含在内。这样的表达避免了对于"作为"和"不作为"在日常理解以及理论和刑法领域的模糊及相互纠缠。我国的安乐死概念中关于实施方式亦可参考使用。这有利于各学科尤其是刑法学术界在论证及表达中避免概念的多元化理解而丧失了同一性，导致安乐死概念中的实施方式始终处于混乱和自说自话中。

按照患者意愿标准，彼得·辛格在实用伦理学中，把安乐死分为自愿安乐死和无意愿安乐死④。曲娜以此为据，阐释以上两种安乐死的含义，认为自愿安乐死（voluntary euthanasia）是指在患者清醒或基本清醒的状态下，依患者意愿实施安乐死；无意愿安乐死（involuntary euthanasia）是指被实施安乐死的患者无法表达是否选择死亡的意愿，而由其家属或监护人代为决定是否实施安乐死⑤。翟振明、韩辰锴认为按照国际伦理学界的通行界定，安乐死基本可分为自愿的和非自愿的两种⑥，其认为这两种和通行的界定是一致的，而以上任何一种都可以用积极的（active）或消极的（passive）方式。

据此，可以导出四种实施安乐死的方式，即自愿的积极的安乐死、自愿的消极的安乐死、非自愿的积极的安乐死、非自愿的消极的安乐死⑦。以上分类

① 李长兵，彭志刚. 安乐死刑事政策之选择 [J]. 人民检察，2012 (4)：23-26.

② 韩跃红，李昶达. 安乐死辩论中的"尊严悖论"[J]. 道德与文明. 2015 (6)：37-43.

③ 王刚. 德国刑法中的安乐死：围绕联邦最高法院第二刑事审判庭2010年判决的展开 [J]. 比较法研究，2015 (5)：89-107.

④ 彼得·辛格. 实践伦理学 [M]. 刘莘，译. 北京：东方出版社，2005：172-177.

⑤ 曲娜. 安乐死合法化的哲学辩护：以自由主义哲学为视角 [J]. 医学与哲学（人文社会医学版），2010，31 (4)：23-49.

⑥ 美国学者还分出一类"不自愿的安乐死"，指的是不顾患者的反对而对其实施安乐死。由于其显然的不道德性，完全可以在应然、合理的安乐死概念及分类中将其剔除。

⑦ 翟振明，韩辰锴. 安乐死、自杀与有尊严的死 [J]. 哲学研究，2010 (9)：95-128.

在具体词语表达上有些差异，但核心意思均是相同的。故可以确认的是，按照患者意愿的标准，本章采用大多数学者使用的词语表达方式即自愿的安乐死和非自愿的安乐死。在该分类标准中，反映在安乐死概念领域，即为关于申请主体及决定主体的确定问题，其实就是一个问题的两个方面。从分类上看，达成一致的意见为安乐死的申请主体——患者本人或者（患者无意识的条件下）其他人，至于其具体范围则是需要再讨论和论证的问题。

5.3 安乐死的合理性与合法性

在诸多文献中，对于安乐死合法性、安乐死立法的探讨，学者常常会直面阻碍安乐死合理化的批判理由。通过梳理前期相关文献及成果可以发现，90%以上的学者都表达了对安乐死的绝对支持，并没有出现不同学者因支持安乐死并进行论证和反对安乐死并进行论证的针锋相对的学术探讨局面。从另一角度看，这似乎表明试行安乐死或者安乐死本身合理化与合法化的发展趋势。从一定意义上讲，中国关于安乐死近40年的学术研究史，其实就是对安乐死合理性、合法性进行探讨和论证的历史。

5.3.1 安乐死的合理性论证——以哲学、伦理学为基础

在安乐死的合理性论证（应然性）方面，哲学、伦理学、社会学发挥了重要的基础性作用。自20世纪90年代以来，关于安乐死合理性的论证引入了生命质量论、生命尊严论、生命权利论、新的伦理观、自主意志论等哲学或者伦理学的理论，用于解释安乐死的合理性。进入21世纪，学术界一方面对与之相反的理论进行批判性、对比性比较论证，使得生命伦理观在作为论据和理论基础方面站得更踏实；另一方面也延伸了论证视野，立足于中国社会大众民意、社会资源分配、医疗体系及模式、经济利益、社会关系等方面进行论证。

在论证安乐死的合理性时，学术界大多将生命质量论、生命权利论、生命尊严论与生命神圣论的冲突作为基本的对抗点。很多学者反复将传统医学伦理观、中国传统伦理观作为安乐死的合理的阻碍因素。将生命权利观、生命尊严观作为支持安乐死的哲学、伦理理由，实际上是西学东渐的结果。比如美国的死亡权利运动引致的《死亡权利法案》或《自然死亡法案》及后期尊严死亡运动催生的《尊严死亡法》，都是将以上理论作为基础的。

从20世纪90年代开始，大量学者认为生命权利的内容包括了生命利益支

配权，故认为安乐死具有合理性。但至于为什么生命权的内容包括生命利益支配权（自由支配和决定），学术界并没有进行深入的论证，甚至没有办法解释其与传统的生命神圣论的伦理观的冲突。后来不断有学者提出"生命质量论""人的自主决定性"（权利即自由）来破解传统的生命神圣论对安乐死的束缚。例如徐浩岚用人本主义心理学的人性观、价值观进行的理论论证①，其认为随着传统医学模式向现代生物—心理—社会医学模式的人本主义转变，对人的寿命的理解除了生存的数量外还有生存的质量，而生存质量是个体对现实生活良好状态的主观感受，是一个多维的概念。人本主义心理学价值观的基本倾向是保持真实性，是自动、自主、自我选择和自我决定的。人本主义的这种主观内在价值观对安乐死而言，就是要求社会尊重绝症患者作为社会主体的自主性，而且这种尊重不仅仅是尊重的态度，还包括了尊重的行为②。人本主义心理学所倡导的积极主动、自我实现，支持了病患可以自主决定死亡的质量或者生命的质量，而这本身就是生存价值的一部分，在面临生命质量和生命神圣论中的生命数量冲突时，对于生命质量价值的追求仍具有自主性和合理性。

从提到死亡的尊严以论证安乐死的合理性开始，并没有多少学者深入研究人的尊严、死亡的尊严及其与安乐死的关系。对此，翟振明、韩辰锴在《安乐死、自杀与有尊严的死》中发现此问题，并通过哲学论证指出尊严就是自由意志，不受他人强制干涉。安乐死的伦理底线，就是决定死是有尊严的，确保"有尊严的死"的措施是完全的，是为临终病人着想，防止有其他目的的人以维护临终者"尊严"的名义把自己的意志强加于病人，从而损害病人的尊严，死之尊严与安乐死之当事人的自主性密切相关，不能将死者的尊严扭曲为旁人眼中的"体面"或者家人眼中的"面子"③。作者认为这都是在立法前需要回答并解释的问题，只有弄清楚了这些问题，才有进一步立法的可能。

在论证患者具有自由意志之后，还需要进一步回答的问题是，面对生命神圣观的统摄和束缚，为何必须冲破枷锁，在特殊时期选择"安乐死"，因为此时患者面临了两种选择。为此，有学者证明此时对于安乐死选择的优先性（冲破生命神圣观），例如任俊圣以哲学视角，解释临终者权益表达的唯一性就是与世决绝，而安乐死是一种最优的实现路径。其认为临终患者传统的权益表达缄默局面被安乐死打破，临终者因其特殊的生理处境，即感知到自己与社

---

① 其认为人本主义心理学的人性观反对把人物化或动物化，主张视人为一个完整的个体。

② 徐浩岚. 人本主义心理学的人性观和价值观在安乐死中的体现 [J]. 医学与哲学（人文社会医学版），2006，27（10）：36-37.

③ 翟振明，韩辰锴. 安乐死、自杀与有尊严的死 [J]. 哲学研究，2010（9）：95-128.

会的逐渐疏离但又无法挽回。深陷这种境遇的临终者便处于孤独化处境，这种孤独不再是一种心境而是存在感的丧失，唯有肌体生死对决所呈现之疼痛提醒着临终者的存在。这种提醒需要付出大量的生理成本（疼痛等），生理成本透支要表达的权益和表达方式必然与其基本权益相关，而此时临终者基本的权益就是放弃所有的权益与世决绝，安乐死就是一种最佳的选择①。

当然在所有论证中，本研究发现有的学者将人的尊严理解包括于生命神圣之内，对此，韩跃红、李昶达在《安乐死辩论中的"尊严悖论"》一文中敏锐地觉察其中的症结，其认为旷日持久的安乐死辩论已经陷入僵局，一个重要原因是出现了"尊严悖论"，即支持方与反对方都以"维护人的尊严"为前提，却推论出截然相反的结论。为消除此悖论，论证安乐死的合理化，其认为只有在建立生命尊严与人格尊严"二分法"后，"尊严悖论"方能被揭秘。通过考察生命尊严的身体来源，尤其是躯体疼痛和肉体折磨对生命尊严的负面效应及其形而上学意义，可以看出，合乎条件的安乐死不仅有助于维护请求者的人格尊严，也有助于维护请求者的生命尊严。安乐死论战中的"尊严悖论"是可以消除的。消除"尊严悖论"是确立安乐死道德合理性的前提，也是使之走上法制化轨道的前提。②

以患者自由意志论为基础，生命尊严来源于对身体的人格尊严的尊重，对于生命价值中生命质量（死亡质量）的权益追求，在身患绝症的临终患者最后阶段的权益表达、利益追求的唯一性情况下，生命利益支配权充分支持了安乐死的实现，在此亦充分证明了安乐死具有生命神圣论或者传统社会伦理观、医学伦理观的理论基础和现实需求。

在关于安乐死的研究中，学术界也常常从医疗资源、家庭负担等经济因素方面论证安乐死的正面社会效果，例如彭现美、翟振武通过经济学视角进行成本效益分析，认为安乐死可以实现效益最大（经济、社会资源再配置，生命尊严的获得等）③，在一定程度上对安乐死的合理性论证贡献了力量，经济与伦理的碰撞，似乎总不会完全赢得上风。曲娜加入理论元素作为来源支持，其引入自由主义哲学中的两大理论"义务论"和"功利主义"，通过义务论说明自愿安乐死的合理性即尊重人的自主决定权，这本身就是对人格尊严的尊重；通过功利主义——社会全体幸福论，证明节约医疗资源、解脱患者痛苦、缓解

① 任俊圣. 临终者权益表达形式的医学哲学审思 [J]. 医学与哲学，2014，35（12A）：11-14.
② 韩跃红，李昶达. 安乐死辩论中的"尊严悖论" [J]. 道德与文明，2015（6）：37-43.
③ 彭现美，翟振武. 安乐死的成本与效用分析 [J]. 人口与经济，2005（3）：61-66.

患者家庭经济压力等也是安乐死的重要功能①。

5.3.2 安乐死合法性论证及立法建议——以法学论证为基础

在安乐死立法的倡导或者研究中，人们最终的目的是实现安乐死在国家法律体制中获得认可，取得正当的地位，以解除各方在现实中实施安乐死的法律责备担忧，促进安乐死在阳光下有监督地运行。因此，法学界对于安乐死的讨论是不可或缺的一部分。

有的学者从民事法律——民事权利的方面论证安乐死权利的来源及合法元素。例如刘三木认为安乐死的合法性问题，主要涉及安乐死的正当性和安乐死与法的关联性。首先，安乐死是私人的事，权利推定理论适用于私人事实——安乐死使用权利推定理论，因此安乐死是权利。在私人事件中，人们享有某种权利，就意味着可以自由行为。社会对私人事务进行干涉的前提是损害原则、冒犯原则、家长或统治原则、合法的道德主义、福利原则。法律不禁止则自由，无论诉诸何种原则，都没有充分理由证明禁止安乐死是正当的，法律没有禁止安乐死的正当化根据，也就是说不需要一种法去禁止安乐死，可以推定私人主体享有安乐死权，同时安乐死权对人具有重要性，人们越来越多地强调患者对自己的治疗做出决定的权利。其次，安乐死是一个有着巨大社会争议的问题，需要法律加以明确化。最后，安乐死的权利有被滥用的可能性，通过立法，可以使安乐死具有可操作性②。李惠（2008）通过传统民法理论对生命权的理解，对不可处分、延续生命、维护生命，没有救济就没有权利等反对安乐死的几点理由，逐一进行批驳，认为生命权包含了生命利益支配权，安乐死是一种支配的变现，因此安乐死权利（如选择死亡时间、方式等）属于生命权的内容，是民法上权利的应有之义，故而是合法的。

更多的学者从刑事法律的角度，论证安乐死的合法性并提出了相应的合法化路径。一方面，诸多学者从犯罪构成上论述安乐死不符合我国刑法上的故意杀人等的犯罪构成，因此安乐死是合法的。李惠（2010）立足于刑法关于故意杀人的构成要件，认为安乐死不同于故意杀人。另一方面，从安乐死不具有犯罪的本质上出发，认为安乐死不构成犯罪。例如雷安军从刑法角度分析认为安乐死应当非犯罪化。根据我国刑法理论对犯罪本质的规定，任何一种犯罪都必须具备三个特征：社会危害性、刑事违法性及应受刑罚性，而且这三个特征

---

① 曲娜. 安乐死合法化的哲学辩护：以自由主义哲学为视角 [J]. 医学与哲学（人文社会医学版），2010，31（4）：23-49.

② 刘三木. 安乐死的合法性问题初探 [J]. 法学评论（双月刊），2003（2）：43-49.

具有刑法意义上的因果关系。而社会危害性是三个特征中最基本的特征，是犯罪最基本的属性，也是刑事违法性和应受惩罚性的基础。通过安乐死与故意杀人在以上几方面的比较，作者认为实施安乐死不构成故意杀人罪，也不应当将其作为其他任何名义下的犯罪来处理，安乐死应当非犯罪化①。

还有学者通过犯罪阻却事由或者责任阻却事由，证明安乐死不构成犯罪而是合理合法的。有学者认为，虽然表面上安乐死行为构成犯罪，但是实际上考虑到其特殊情况，可以在刑法领域采用犯罪阻却事由或者责任阻却事由，对犯罪与刑罚进行阻却，实现安乐死的出罪化。郑莉芳根据法益衡量说的刑法理论，认为安乐死是生命权承诺的表现，可以在刑法中规定特殊的生命权承诺，让其成为违法阻却事由而存在②。李长兵、彭志刚认为不同的安乐死类型有不同的阻却事由，对于撤销呼吸机等医疗设施，可基于患者对治疗权的放弃之被害人承诺而免责；对于给予镇痛药物加速死亡，可以基于患者对健康权的方式之被害人承诺而免责③。

在20世纪80年代至90年代关于安乐死正当性的呼吁中，法学界一方面呼吁并简单罗列和理解国外安乐死法律、司法，以证明安乐死应当合法化；另一方面将安乐死单独立法作为唯一目标。随着学术研究的发展，在安乐死从社会事实上升到法律事实的过程中，学者立足于中国国情，不再拘泥于一谈安乐死就谈论由立法机关进行单独立法或者在刑法中给予安乐死的具体文字规定的传统路径。其中以梁根林的研究较为突出。其从刑事政策出发，认为安乐死合法化与非犯罪化之间是有界限的，非犯罪化包括法律上的非犯罪化与事实上的非犯罪化。同时，荷兰、日本、美国只是从法律上正式确认医师实施的符合条件的安乐死可以不罚，但并不表示安乐死获得正式的法律认可与支持，即没有予以合法化，而只是有条件地予以出罪处理。我国目前尚不具备对安乐死予以法律上的非犯罪化的条件，对我国的安乐死行为应予以事实上的非犯罪化处理，对安乐死进行事实上的非犯罪化的适用条件应严格加以限制④。持此类观点的学者，普遍考虑到我国法律的保守性、立法进程的漫长性，均主张不断积累社会经验和司法经验，从而推动正式立法的到来。这也符合一般的社会事实、社会问题上升到法律专门规范的一般发展路径。

---

① 雷安军. 安乐死非罪化问题研究 [J]. 法学杂志, 2009 (6)：130-132.

② 郑莉芳. 刑法中的生命权承诺 [J]. 河北法学, 2006, 24 (3)：99-104.

③ 李长兵, 彭志刚. 安乐死刑事政策之选择 [J]. 人民检察, 2012 (4)：23-26.

④ 梁根林. 刑事政策视野中的安乐死出罪机制 [J]. 中国政法大学学报, 2003, 21 (4)：130-141.
梁根林. 争取人道死亡的权利：世界范围内的安乐死运动[J]. 比较法研究, 2004 (3)：17-28.

5.4 关于安乐死的社会调查研究

从 20 世纪 90 年代开始，有学者开始在北京、天津、上海、河北、山西、浙江、广东、四川、湖北等地开展规模不一的社会调查，了解民众对安乐死的认知和态度，实证分析和研判中国文化背景下安乐死合法化的社会基础与趋势。

调查对象和议题主要涉及老年人对安乐死的意愿调查（1988）①、医学院学生和医务人员对安乐死的认识和评价（1994）②、癌症病人及其家属和其他无主要亲属患癌症的健康人群对安乐死的认同态度（1998、1999、2001）③、无救治希望的晚期癌症患者及其家属对安乐死的态度（2006）④、普通市民对安乐死的态度（2008）⑤、大学生对安乐死的认知与态度（2009）⑥、医患双方对"植物人"安乐死的价值取向（2014）⑦、社会公众与医务人员和重症病人对安乐死的认知（2017）⑧ 等。有关调查的主要结果参见表 5-1。

---

① 吴海红，刘国柱. 关于老年人对"安乐死"的意愿调查［J］. 医学与哲学，1988（10）：28.

② 夏苏建，马洁. 医学生与医务人员对安乐死的认识和评价调查［J］. 医学与社会，1994（2）：47.

③ 杨素梅，李秋香. 不同人群对安乐死的认同态度调查分析［J］. 中国医学伦理学，2001（3）：60.

④ 张洪珍，胡金娣，边林. 晚期癌症与安乐死的探讨［J］. 医学与哲学（人文社会医学版），2006（3）：48-49.

⑤ 姜永东，游桂英，谢红. 成都市民对安乐死态度的流行病学调查［J］. 现代预防医学，2008（2）：308-309.

⑥ 黄根茂，赵浩斌. 对武汉师范院校应届毕业生有关安乐死的伦理学调查与思考［J］. 中国医学伦理学，2009（6）：70-72.

⑦ 徐存来，等. 杭州医患双方对"植物人"安乐死的价值取向调查［J］. 医学与哲学，2014（14）：45-46.

⑧ 曾春燕，刘婵娟. 伦理学视阈下中国安乐死社会意愿现状及合法化路径探究［J］. 浙江社会科学，2017（3）：148-154.

表 5-1　中国各地安乐死认同度的社会调查结果

时间	省（市、区）	主题	对象	主要结果	备注
1988 年	上海	老年人对安乐死的意愿调查	A 组患病老人 72 例；B 组老年医学医务人员 75 例；C 组健康人员 68 例	赞同安乐死的占 72.56%。其中 A 组赞同率为 61.11%，B 组赞同率为 76.0%，C 组赞同率为 73.53%；38.14%希望一次性用药实施安乐死，15.81%希望逐渐加量用麻醉药	吴海红 等，上海卢湾区老年医学会
1994 年	北京	医务工作者对安乐死的态度及意向调查	医护人员 384 例；医学学生 79 例；医科大学退休人员 33 例	当病人提出安乐死请求时，有 73.6%的医务工作者表示同意或有条件同意。48.7%的人主张实施主动安乐死。76.3%的医务工作者否认实施安乐死将影响医学科学进步与发展，75.4%的人否认安乐死是不人道的行为，66.2%的人否认安乐死背离医务人员救死扶伤这一天职	张拓红 等，北京医科大学
1998 年	天津	晚期癌症患者及家属对安乐死的态度	晚期癌症患者 50 例；家属 74 例	74%的患者认同安乐死；60.6%的患者配偶认同安乐死；70.9%的患者子女认同安乐死；患者父母无人认同安乐死	仝占堂等，解放军272 医院
1999 年	广东	医学专业学生与医务人员对安乐死的认识和评价调查	医学专业学生与医务人员 401 例	赞同安乐死的占 90.77%，认为安乐死是人道的，可以帮助患者及其家属解脱痛苦。42.03%选择主动安乐死，认为是最佳安乐死方式；只有 18.13%选择被动安乐死。66.29%的安乐死赞同者对于安乐死的态度存在理智上与感情上的矛盾心理	夏苏建 等，暨南大学医学院
2001 年	山西	不同人群对安乐死的认同态度调查分析	A 组癌症患者 123 例；B 组主要家属 139 例；C 组近年无主要亲属患癌症的健康人群 140 例	A 组赞同安乐死的比例为 81.3%，B 组赞同安乐死的比例为 57.55%，C 组赞同安乐死的比例为 60.17%。A、B、C 三组不同人群认同率有显著差异（p<0.05）；A 与 B、A 与 C 分别比较也均有差异（P<0.05），且认同率与人群文化程度呈正相关。三组认同理由无差异	杨素梅等，长治医学院
2006 年	河北	晚期癌症与安乐死的探讨	无救治希望的晚期癌症患者及家属 136 例	2.2%的患者欲选择安乐死。家属均不选择安乐死。95.6%的患者和 97.8%的家属选择临终关怀或姑息治疗	张洪珍等，河北省人民医院

表5-1(续)

时间	省(市、区)	主题	对象	主要结果	备注
2008 年	四川	成都市民对安乐死态度的流行病学调查	无重大疾病市民 147 人	赞同安乐死的占比 58.7%,反对安乐死的占比 13%,28.3% 的人持中立态度	姜永东等,四川大学
2009 年	湖北	对武汉师范院校应届毕业生有关安乐死的伦理学调查	大学毕业生 276 人	安乐死在大学生中的认知程度不高,还有很多人不了解安乐死;在主动安乐死和被动安乐死的接受程度中,两者的接受程度都不超过 50%,而被动安乐死的接受程度低于 25%。	黄根茂等,华中师范大学
2013 年	广东	医学专业学生生死观调查研究	医学院学生 563 人	46.36% 的医学专业学生认为安乐死是解除患者痛苦;46.89% 的医学专业学生对此行为持保留意见,要尊重患者的权利或者看情况而定,有 6.75% 的医学专业学生否定安乐死,觉得任何形式的安乐死都是不道德的。对晚期癌症患者,80% 以上的学生选择使用各种办法延长其生命,4.27% 的学生选择安乐死以及放弃治疗	林楠等,南方医科大学
2014 年	浙江	杭州医患双方对"植物人"安乐死的价值取向调查	医务人员、植物状态患者(VS)233 人,最小意识状态(MCS)患者家属 124 人	医务人员组对 VS 患者安乐死的认同率(67%)显著高于患者家属组(39%);医务人员与患者家属对 MCS 患者安乐死的认同率无统计学差异;医务人员与患者家属对 VS 患者安乐死的认同率分别显著高于对 MCS 患者安乐死的认同率	徐存来等,杭州师范大学
2017 年	上海	伦理学视阈下中国安乐死社会意愿现状及合法化路径探究	社会公众、医务人员和重症病人 1 216 人	91.8% 的公众赞同在患者生命终末期饱受病痛折磨的情况下,尊重患者意愿实施安乐死的做法;87.1% 的人认为人的生存权利包含着对死亡的选择权;90.5% 的人认为安乐死可使患者不再忍受病痛的折磨,也可减轻患者及其家庭的负担。89.2% 的公众和 92.8% 的医务人员认为实施安乐死符合人道主义,88.2% 的人认为对患者实施安乐死首先应由患者本人来决定	曾春燕等,同济大学

综合分析 1988 年以来中国有关安乐死社会调查的数据,我们发现:

(1)晚期癌症患者对安乐死的认同度低于对临终关怀的认同度。2006 年,由河北省人民医院主持的对晚期癌症患者的调查颇有价值。该研究的调查对象为某医院 1999—2005 年收治的 136 例晚期癌症患者及其家属，主要数据如表 5-2 所示。选择安乐死的晚期癌症患者共 3 例，占比 2.2%。其中 1 例为佛教徒，信仰生死轮回、灵魂不死；1 例是该医院护士长的亲属，接受了死亡教育；还有 1 例为普通患者。另外有 2.2% 的晚期癌症患者和 2.2% 的患者家属选择放弃治疗。大多数晚期癌症患者及其家属选择临终关怀。临终关怀能减少病人对死亡的恐惧和身体上的痛苦，增加患者的舒适度，提高患者的生命质量。从过程和结果上看，临终关怀是一种新类型的安乐死，其增加了宗教和精神的关怀因素，也规避了法律上的种种困境。

表 5-2　癌症患者及其家属对临终处理的选择　　　单位：人（%）

受访对象	安乐死	放弃治疗	临终关怀	合计
晚期癌症患者	3（2.2）	3（2.2）	130（95.6）	136（100）
晚期癌症患者家属	0（0）	3（2.2）	133（97.8）	136（100）

（2）医务人员对安乐死的认同度随时间推移而趋于谨慎。1994 年，由北京医科大学主持的"医务工作者对于安乐死的态度及意向调查"数据显示：73.6% 的医务人员赞同安乐死；1999 年，由暨南大学医学院主持的"医学专业学生与医务人员对安乐死的认识和评价调查"数据显示：90.77% 的医学专业学生和医务人员赞同安乐死；2000 年，由西安市精神卫生中心和湖南医科大学主持的"临床医务人员对安乐死的态度及相关问题研究"数据显示：62.5% 的临床医务人员愿意为病人施行安乐死；2013 年，由南方医科大学主持的"医学专业学生生死观调查研究"数据显示：46.36% 的医学专业学生赞同安乐死。医务人员作为施行安乐死的主体，他们对安乐死的认同态度对患者将产生直接影响。安乐死引起的争议和引发的法律纠纷使医务人员对安乐死的态度和行为都日益趋于谨慎。

（3）普通民众缺少死亡教育，对安乐死的认知比较浅表。2017 年，由同济大学主持的在浙江省开展的样本量为 1 254 人的随机抽样调查数据显示，91.8% 的受访者赞同安乐死。但是，"如果是本人涉及安乐死问题"，认同率下降为 76.8%，"如果是亲人涉及安乐死问题"，认同率进一步下降到 65.4%。2008 年，由四川大学主持的在四川省开展的样本量为 147 人的随机抽样调查数据显示，58.7% 的受访者赞同安乐死，其中 20～40 岁的受访者赞同比例为 68.0%，40～60 岁的受访者赞同比例为 57.8%，60 岁以上的受访者赞同比例为 47.5%。由此可见，越是关系到老年亲属（包括老年人自己），对安乐死的认同度越低，在 50% 左右。普通民众对安乐死的认知和认同度有三个趋势：一是总体上随时间推移不断提高，二是关系亲疏与安乐死认同度呈正相关，三是年龄与安乐死认同度呈负相关。安乐死不是自然死亡，是人为缩短死亡过程，大多数受访者因为自身健康状况良好的缘故，对死亡的确切意义及实施安乐死结果的认识偏浅表。

5.5 关于安乐死合法性的考量

本章详细梳理了自 20 世纪 80 年代以来中国安乐死研究 40 余年的学术史，发现学术界大多是以安乐死合法化为视角开展相关论述的，因此分析和总结学术界对安乐死合法化论证的相关成果和范式具有必要性，这也是人口老龄化加速背景下很难回避的关于生命尊严与死亡质量的现实议题。

其一，安乐死的概念属于外来和新生词语，在所有合法化命题论证中，均以安乐死的概念和内涵为基础展开研究。学术界对于安乐死的概念、分类等本体性问题已基本达成共识，普遍认为安乐死的对象为患有不治之症的晚期病人，并处于极度痛苦之中；实现方式可以是使用一定量的镇痛药物解除痛苦，平静、无痛苦死亡，或撤出无用医疗设施，中断治疗，病患最终有尊严死亡；申请提出主体必须是病患本人，实施主体必须是医生。因此理论上对安乐死的最简洁的定义是：令身患绝症者无痛苦死亡的医疗干预行为。最通俗易懂的安乐死解释是"镇痛药可以解除其痛苦，但是继续使用将使其睡过去不再醒来"。概念的明确、统一是所有研究的基础，对于安乐死所达成的共识内容应成为此后研究的起点，值得学术界传承。同时，对于共识基础上所衍生的其他相关问题、争议还需深入研究。例如安乐死的适用对象、实施行为（药物类型）、申请主体、实施主体、痛苦等的范围和界限均值得进一步探讨。

其二，关于合法化的论证基本依靠两种范式，一种是基于哲学、伦理、社会、经济等领域理论和社会调查现实论证安乐死的合理性，而合理性构成安乐死合法化的直接论据；另一种是在法教义学领域基于法律理论论证安乐死的合法性，并以此为基础提出立法使安乐死合法化及相关路径。

学术界认为，在承认生命具有神圣性的前提下，基于生命尊严、人格尊严、生命权利以及医疗资源、家庭负担等理论和社会调查所反映的现实，安乐死作为一种特别的临终处理，其合理性得到愈来愈多的人的理解、认同和接受，因此应该对安乐死立法，使安乐死合法化。在这一类论证中，"合法化"

是指安乐死具有社会合理性，因此推导应当对其立法，用法律条文明确规定安乐死的内容。但这仍需要回答为何具有伦理、理论、社会合理性的行为就应当获得法律地位，这显然需要做进一步的分析。

法教义学则基于我国民事法律、刑事法律理论，论证安乐死具有符合现有法律体系的合法性，并将此种合法性等同于安乐死的合法化，其目的在于说明安乐死其实已经符合法律。法律理论既是合法性的证明，也是合法化的方式。实际上，"合法性"在法学上是指存在相关法律，并将特定社会事实交由法律评价，符合法律规定的行为要件即具有合法性。该类论证必须增加这样的前提：一是安乐死属于该类理论适用范畴，二是立法确认该类法律理论的地位。根据目前的司法实践，显然实施安乐死的行为在性质上仍然被界定为犯罪，这一现实直接表明安乐死并不具有现行法律合法性。因此通过法学理论论证安乐死符合现有法律条文以论证其合法化具有逻辑缺陷。现有的研究对于前述前提步骤所辖内容均不够深入、系统。这需要法学专业领域开展更全面的探讨。这同时证明，仅仅依靠法教义学或部门法学体系内的工具证明安乐死合法化是不够的，还需在结合各学科的研究成果，在更大的范围内对安乐死合法化进行考量和探究。

其三，被忽视的"合法化"概念及理论研究。在讨论安乐死合法化的学术运动中，几乎都未对合法化的概念和安乐死合法化这样的动态过程进行专题的描述和论证。因此，对"合法化"这一范畴进行特定研究，才能避免既有研究存在的一些逻辑矛盾和缺陷。合法化、合法性作为单独的概念研究，一般存在于政治学领域或者法哲学、法理学领域，"合法化"是由合法性发展而来的，"合法化"存在经验性理解和规范性理解两种传统①。一般认为，合法化概念包含了合法性，合法性又包括形式合法性（规范性）与实质合法性（经验性）。形式合法性就是"合法律"性，是法学意义上的合法性解读，实质合法性是政治学上的解读，意指行为不仅合乎法律，还强调具有民意基础，国内普遍将实质合法性当成正当性适用②。

法律（系统、权力）的合法化包括了经验性维度的理论论述，有着源远流长的历史。其中以卢梭为代表，他以社会契约论为基础，提出"法律是公意的宣告"③，这是法律的基础。此后，马克斯·韦伯等对此进行了批判和发

① 王庆利."合法化"的概念解析 [J]. 教学与研究, 2014 (12)：81-85.
② 刘福敏, 陈井安. 行政决策的合法化：形式合法性与实质合法性 [J]. 社会科学研究, 2016 (6)：63-67.
③ 卢梭. 社会契约论 [M]. 何兆武, 译. 北京：商务印书馆, 2003.

展，韦伯提出了命令/服从机制，认为社会系统的存在基于对其的普遍信念，并以此为基础明确"合法化"内涵即为：统治者确立和维护被统治者认同其统治的正当性的过程。托马斯·戴伊认为：合法性是一种信念，即认为某个决策系统是正确的、"适当的"或"正当的"，并在道义上服从该决策①，合法性来源于公民的确信和认可。

以合法化的经验性为基础，规范法学派对经验性进行了批判性吸收和发展。以哈贝马斯为代表的规范法学派认为合法性存在于社会公众的普遍利益之中，系统符合普遍利益，就得到社会大众的广泛信仰、支持和忠诚。哈贝马斯将法律作为媒介，认为法律具有经验和规范两个维度②，"要充分说明这种法律规则的意义，只有同时诉诸这样两个方面：一方面社会的或事实的有效性，即得到接受；另一方面是法律的合法性或规范有效性，即合理的可接受性""规范的法律有效性，关键在于两个东西同时得到保障：一方面是行为的合法律性，也就是必要时借助于制裁来强制实施的对规范的平均遵守；另一方面则是规则本身的合法性，它使任何时候出于对法律的尊重而遵守规范成为可能"③。规范法学派依然强调了合法化的经验性或者实质合法化性，同时认为合乎法律这种形式性也很重要。哈贝马斯等充分吸纳了帕森斯的结构功能主义，将法律（条文）作为社会行动合法化的媒介，从而具有社会整合的功能。来自民意的法律具有实质合法性（经验性），符合法律规定的行动具有形式合法性（规范性），法律是否被普遍遵守可以作为检验其合法性的指标。这是经验性和规范性的互动，即一部法律在制定的时候经过了民意调查、合法程序，然而随着社会环境的变化，其遵守的情况发生恶化，需要对其价值进行判定的新一轮合法化运动将被启动。合法化的经验性和规范性相互交织，彼此相辅相成，互为表里。

5.6 本章小结

本研究认为安乐死合法化应当具有规范性和经验性两个相互渗透彼此的维度：一是使安乐死行为合乎法律，这就包括确立关于安乐死正当性的法律条

---

① 马克斯·韦伯：经济与社会：上卷 [M]. 林荣远，译. 北京：商务印书馆，1997.

② 唐丰鹤. 哈贝马斯的正当性理论解读 [J]. 前沿，2012 (14)：40-41.

③ 哈贝马斯. 事实与规范之间 [M]. 童世骏，译. 北京：生活·读书·新知三联书店，2003.

文；二是此法律的形成过程和内容具有实质合法性。合法化的经验性强调合法化的现实基础，这需要通过实证方式获得，搜集充分的材料，运用定量分析和总结归纳的方法对合法化的问题进行解读。合法化的规范性要求形式性，确立法律条文规范，同时法律规范本身具有正当性、普遍遵守性。因此安乐死合法化是动态的过程，是对实现安乐死形成实质和形式合法性的一场运动。

关于安乐死合法化的考量，一方面需要法律系统基于规范性研究持续深入，推动规范层面的法律系统对安乐死的接纳；另一方面，作为安乐死合法化考量基础的实质合法性需要通过大量的实证研究，对社会现状进行具有深度和广度的调查研究，获得丰富的民意资料，并进行科学的分析，为合法化寻找合法性的实证依据。既有的实证研究，在规模范围、样本选择等方面均具有局限性，更勿论关于安乐死议题的相关专业数据库的建立与完善。这不仅在于探讨安乐死的主要学科如伦理、哲学、法学等传统上比较重视理论研究，还在于社会学、人类学、人口学等研究人类、人口社会问题的学科虽然注重实证调查研究方法但介入的广度和深度不够，以至于未能持续给安乐死研究注入经验研究的活力。

6 公众对安乐死的态度及其影响因素分析[①]

6.1 研究背景

生死是自然规律，但在人们的固有观念里，死亡又是十分严肃和沉重的话题，这直接导致安乐死成为一个敏感的话题。然而，安乐死并不是一个新问题，在一定意义上它几乎与人类历史一样悠久。在古希腊，安乐死被人们视为理想的善终方式之一，允许病人自己及在别人帮助下结束自己的生命。在中国，尽管人们忌讳论及死亡话题，但如何实现善终却又是很多人最本真、朴实的客观需求[②]。随着社会的不断发展，公众个人权利观念已达至新的高度，人们对生命、死亡质量有更高要求。在人口老龄化日益加速背景下，死亡质量需求与现有法律制度、家庭伦理和道德的冲突将会更加剧烈。

基于生命健康发展的一般规律，随着年龄的增长，到了老年阶段，人们的身体日益衰减，各种疾病、不治之症在老年人中的发生比例很高。国家癌症中心于 2018 年发布的最新一期中国恶性肿瘤发病和死亡分析报告显示，2014 年全国新发恶性肿瘤病例约 380.4 万例，恶性肿瘤死亡病例 229.6 万例。恶性肿瘤的死亡率在 45 岁以前处于较低水平，从 45 岁年龄组开始快速升高，在 80 岁年龄组达到高峰。老年人口超半数患有慢性病，人口老龄化的加速趋势加快了慢性病的蔓延，老年人癌症发病率与死亡率逐年上升[③]。国家卫生健康委员会

---

① 本章初稿完成于 2021 年，出版时有修订。

② 自 20 世纪 80 年代以来，时常会发生安乐死案例，不少人大代表亦屡次向全国人大提案安乐死立法。

③ 陈万青，孙可欣，郑荣寿，等. 2014 年中国分地区恶性肿瘤发病和死亡分析 [J]. 中国肿瘤，2018（1）：1-14.

2018 年发布的《2017 年我国卫生健康事业发展统计公报》显示，中国人口平均预期寿命为 76.7 岁，比全球人口平均预期寿命高 4.7 岁[1]。我国老年人口虽"活得长"了，却并没有完全实现"活得好"的目标，每年死亡的约 1 000 万人口中有 10% 的人去世前遭受了极度痛苦的折磨就是较为直接的体现。在此背景下，除了加强医疗保障、抗癌药物研发和安宁疗护措施之外，深入系统地研究公众对安乐死的认知与态度，对提高生命质量、深化安乐死合法化研究、建立理性的生死观具有理论与实践双重价值。

6.2 文献回顾与研究假设

6.2.1 文献回顾

古今中外学术研究中几乎都将"人在生命末期能安详、无痛苦地走向善终"统称为安乐死。"安乐死"源自希腊语，内含安详、安乐死亡的意思。国内外各相关学科或领域的学者，一方面基于该词词源及精神内核，广泛运用生命权利理论、解除痛苦理论、尊严理论、死亡质量理论、社会文明理论等论证安乐死的内涵、外延以及安乐死在制度层面的合理性与合法性问题；另一方面运用社会调查的方式对安乐死认知与态度议题展开诸多经验研究，以揭示社会对安乐死内涵和外延的理解与态度，致力于推动安乐死概念的清晰化、具体化及相关议题的制度化。

6.2.1.1 对安乐死内涵与外延的理论研究

基于安乐死的价值要求和人本内核，国内外学者从伦理、道德、法律等层面阐释其内涵。刘长秋、倪正茂等认为安乐死是个人的生命权利，死亡权是人权的一个有机组成部分[2][3]。韩跃红等基于死亡尊严理论，强调合乎条件的安乐死有助于维护请求者的人格尊严与生命尊严[4]。侯佳伟等在论述生命伦理、生命尊严的基础上，提出安乐死并不是生与死的选择，而是死亡方式的选择，

① 国家卫生健康委员会. 2017 年我国卫生健康事业发展统计公报[EB/OL]. http://www.nhc. gov.cn/guihuaxxs/s10743/201806/44e3cdfe11fa4c7f928c879d435b6a18. shtml.

② 刘长秋. 论死亡权的特点及我国死亡权的立法设计 [J]. 同济大学学报（社会科学版），2003（3）：81-85.

③ 倪正茂，李惠，杨彤丹. 安乐死法研究 [M]. 北京：法律出版社，2005：24.

④ 韩跃红，李昶达. 安乐死辩论中的"尊严悖论"[J]. 道德与文明，2015（6）：37-43.

选择的目的是避免精神和肉体的痛苦折磨，改善患者濒临死亡时的自我感觉状态①。徐浩岚基于生命质量理论认为，人的生命质量不仅包括生命数量，还包括依赖于人的主观感受的生存质量②。彭现美等从社会经济和生命尊严的视角，认为安乐死可以促进经济、社会资源再配置和生命尊严的获得③。理论研究认为安乐死本质上是生命权利、生命尊严和死亡质量的重要内容之一，它具有很强的人本主义色彩。

　　基于安乐死的内在属性，学术界对安乐死的外延展开了具体讨论。20 世纪 90 年代初期，一些学者认为安乐死适用于处于永久昏迷状态，人格完全丧失，陷入要么极度痛苦要么药物麻醉的选择之中的病人，或者出现严重缺陷的残疾儿，为避免遭受痛苦和丧失尊严，而希望快速无痛苦死亡的情形④。20 世纪 90 年代中期，学术界将视野转向国外法律内容，并借鉴日本、美国等国家关于安乐死的法律规定辨析安乐死，认为安乐死是指患有不治之症、即将死亡的病人，由于无法忍受剧烈的痛苦，在意识清醒的情况下，主动向医生申请，并由医生采取符合伦理的减轻病人痛苦、加速其死亡的手段的行为⑤。20 世纪 90 年代末期，学术界认为安乐死是指针对患有不治之症且遭受极端痛苦的病人，在不违背其意愿的前提下，出于对其死亡权利和个人尊严的尊重，由医务人员实施的终止医疗，使其自行死亡或采取措施加速其死亡的医疗干预行为⑥。21 世纪初，学术界进一步围绕安乐死的适用对象、实施条件、实施方式和实施程序等具体构成展开研究，试图从外延统一安乐死的概念。如翟晓梅认为安乐死是指根据当前医学条件，毫无救治可能的、正在遭受着不可忍受痛苦的、有行为能力的成年的不治之症患者为解除无法忍受的痛苦，主动向医生提出并由医生采取如足量麻醉药或中断医疗等措施以加速其死亡的主动医疗干预行为⑦。朱红梅认为除上述内容外，还需要讨论的范围包括安乐死申请人的主体是否必须是其本人及具体范围，非垂危病人的安乐死能否得到伦理支持，处于持续性植物状态的病人、重残婴儿能否作为安乐死的对象，病人无法表达意

　　①　侯佳伟，翟振武. 重提"安乐死"立法 [J]. 人口研究，2004（3）：90-93.
　　②　徐浩岚. 人本主义心理学的人性观和价值观在安乐死中的体现 [J]. 医学与哲学（人文社会医学版），2006（10）：36-37.
　　③　彭现美，翟振武. 安乐死的成本与效用分析 [J]. 人口与经济，2005（3）：61-66.
　　④　彭天生，曹振国. 安乐死的伦理学与法学探讨 [J]. 齐齐哈尔医学院学报，1990（4）：29-30.
　　⑤　梁剑兵. 安乐死若干法律问题思考 [J]. 西北民族学院学报（哲学社会科学版，汉文），1994（3）：34-38.
　　⑥　欧阳涛. 安乐死与立法 [J]. 政法论坛，1996（6）：17-24.
　　⑦　翟晓梅. 安乐死的概念问题 [J]. 自然辩证法通讯，2000（3）：86-93.

识时，能否通过代理实行安乐死等①。

总体上看，理论研究对于安乐死的内涵、外延等本体性问题基本达成共识，普遍认为安乐死是指患不治之症的患者，在危重濒死状态时，难以忍受极端的痛苦，主动提出要求，由医生使用一定量的镇痛药物解除其痛苦，或撤除医疗设施、中断治疗使得患者有尊严地、平静无痛苦地度过死亡阶段而终结生命的全过程②。除去共识部分，安乐死的适用对象、实施行为类型、申请主体、实施主体、决策主体等范围和界限依然存有争议并需要进一步探讨，这也是安乐死议题学术研究的增长点所在。

6.2.1.2 公众对安乐死态度的经验研究

安乐死议题与大众的基本权益和生活相关，大众的态度和需求直接关乎该议题的成立与否。因此，从 20 世纪 80 年代开始至今，大量学者在全国各地开展了规模不一的社会调查，以了解公众对安乐死的认识和态度。

全占堂等对 50 例晚期癌症患者及其家属展开调查，将安乐死的实施方式限定在"适用镇痛药解除痛苦，病患睡过去不再醒来"，被调查对象对此安乐死方式的赞同度在 74% 以上③。吴海红等对 200 名老年人展开安乐死意愿调查，结果显示绝大多数老年人对于死亡的恐惧已经消除，72.56% 的受访者赞同安乐死④。梁中天对中医药大学生进行调查，将安乐死实施对象锁定在"有严重缺陷的新生儿、不可逆转的昏迷病人、生还无望又痛苦异常的晚期癌症病人"，将安乐死实施方式锁定为"维持其营养、任其自然死亡（被动安乐死）和医务人员采取主动措施（主动安乐死）"，受访者对两种安乐死方式的赞同度分别为 81.7%、57.8%⑤。姜永东等对 147 名成都市民进行安乐死态度的流行病学调查，发现 58.7% 的受访者赞同安乐死，其中，20~40 岁的受访者赞同比例为 68.0%，40~60 岁的受访者赞同比例为 57.8%，60 岁以上的受访者赞同比例为 47.5%，年龄、受教育程度影响受访者对安乐死的态度⑥。何农等将

① 朱红梅. 被动安乐死及其伦理问题 [J]. 医学与社会，2006（7）：34-37.

② 王卓，李莎莎. 老龄化背景下安乐死合法性的考量：基于 20 世纪 80 年代以来中国安乐死研究的学术史 [J]. 自然辩证法通讯，2020（11）：58-67.

③ 全占堂，张民，杨和平，等. 50 例晚期癌症患者及其家属对安乐死态度的调查 [J]. 中国心理卫生杂志，1998（3）：3-5.

④ 吴海红，刘国柱. 关于老年人对"安乐死"的意愿调查 [J]. 医学与哲学，1988（10）：30-33.

⑤ 梁中天. 中医大学生安乐死观念调查 [J]. 中国医学伦理学，2002（4）：28.

⑥ 姜永东，游桂英，谢红. 成都市民对安乐死态度的流行病学调查 [J]. 现代预防医学，2008（2）：308-309.

安乐死对象分为"昏迷不醒、无医治希望的病人""植物人"等，调查对象为浙江地区农村居民，结果显示赞同安乐死的为43%，不赞同的为35.4%，不知道的为21.6%，研究发现安乐死赞同度在不同年龄、性别、文化程度群体间存在差异①。杨素梅等调查了癌症病人（123人）及其家属（139人）和其他无主要亲属患癌症的健康人群（140人）对安乐死的态度，通过相关分析发现，三组人群的安乐死认同度具有显著差异，癌症病人自身对安乐死赞同度最高，文化程度对安乐死赞同率有显著影响②。曾春燕等在浙江省开展的调查显示，91.8%的受访者赞同安乐死，但是，"如果是本人涉及安乐死问题"，认同率下降为76.8%，"如果是亲人涉及安乐死"，认同率进一步下降到65.4%③。张洪珍等针对136名晚期癌症患者的调查显示，选择安乐死的有三例，包括藏族佛教徒与接受了死亡教育的护士长的亲属；有2.2%的患者欲选择安乐死，家属均不选择对患者实施安乐死④。郭玉宇等以医学院学生为对象，调查其对安乐死的认知与态度，发现大多数医学院学生赞同安乐死，医学院学生对待安乐死问题受传统生命观影响较大⑤。经验研究表明，公众的年龄、受教育程度、身体健康状况、生命观念等对其安乐死态度有重要影响。

6.2.2 研究假设

既有研究成果为深入探究安乐死问题奠定了基础，但是这些研究至少在两个方面尚有不足：一是经验研究较为碎片化，既缺乏跨学科视野系统分析公众对安乐死对象、实施方式、实施程序以及安乐死的态度等，也缺乏对安乐死态度的深入分析；二是调查样本量较小，且局限于赞同率的简单描述统计，缺乏规模较大的全国性社会调查数据以进一步分析不同特征公众对安乐死的态度及其影响因素。

首先，既有研究基本上只考察了公众对安乐死的一般态度，除了前述曾春燕、张洪珍等的研究进一步分析受访者针对不同家庭成员的安乐死赞同度外，

① 何农，陆海峰. 浙江地区农村居民安乐死认同度调查与分析 [J]. 社科纵横，2009（9）：72-73.

② 杨素梅，李秋香. 不同人群对安乐死的认同态度调查分析 [J]. 中国医学伦理学，2001（3）：55-60.

③ 曾春燕，刘婵娟. 伦理学视阈下中国安乐死社会意愿现状及合法化路径探究 [J]. 浙江社会科学，2017（3）：148-152.

④ 张洪珍，胡金娣，边林河. 晚期癌症与安乐死的探讨 [J]. 医学与哲学（人文社会医学版），2006（3）：48-49.

⑤ 郭玉宇，潘建强，陈闻，等. 医学生对于安乐死的态度调查及其分析：以江苏某医科大学的医学生为例 [J]. 东南大学学报（哲学社会科学版），2018（S2）：28-35.

大都较少关注受访者针对不同关系距离的对象实施安乐死的态度。事实上，安乐死最为关涉家庭成员的情感、权益、伦理和道德。根据费孝通先生提出的差序格局理论，中国的社会关系具有差序格局特征，即每个人以自己为中心向外逐步推出若干圈层，社会关系形成由内及外、由近及远的结构。这种结构性特征可能使得我国公众对待同样的人和事有不同的认知和评价。由此，本研究提出第一个研究假设：

H1：受访者针对为与自身有差序格局关系的对象决定实施安乐死的赞同度有差异。

其次，在研究安乐死态度的影响因素方面，大多数研究将性别、年龄、受教育程度、身体健康状况等纳入影响安乐死态度的范围。但是应注意到，这些分析还不够深入，并且学者基于自身对安乐死内涵和外延的理解，在不同时间对不同区域、不同对象开展了关于安乐死态度的调查研究。调查对象包括不同的年龄群体，如老年人、大学生等，也包括了不同背景的人，如普通大学生、医学院学生、医务人员、普通农民、患者及患者家属、城乡居民等，调查区域包括了东部、中部以及西部地区等。研究所得的关于安乐死的赞同度存在较大的不同。基于不同研究的比较显示，除了性别、年龄、受教育程度、身体健康状况因素外，人群的民族属性、专业背景、城乡差异、居住省份、死亡观念等影响着人们的生活经历、看问题的方式和社会观念，由此便会造成对待安乐死这一关涉生死问题的事物的差异性。基于此，本研究将上述各类个体特征综合考虑在内，并提出第二个研究假设：

H2：受访者个体特征显著影响其对安乐死的态度。

安乐死议题之所以具有争议性，原因之一在于中国传统生命伦理观的影响。传统生命伦理理论将生命存续奉为至上，比如"好死不如赖活着"等。既有经验研究，除了前述张洪珍等的研究与近期郭玉宇等的研究对此有所涉及外，大部分较少关注传统生死观念对人们安乐死态度的影响。理论上讲，安乐死议题与死亡紧密相关，公众对死亡的态度可能影响其对安乐死的态度。因此，本研究提出第三个假设：

H3：受访者的死亡观显著影响其对安乐死的态度。

为克服既有研究在内容和调查样本上的不足，本研究自编问卷，在全国范围内展开调查，以多学科视野结合定量、定性方法，详细考察公众对安乐死的认知与态度，并分析其影响因素。

6.3 数据来源与变量定义

6.3.1 数据来源

本研究于 2019 年初在全国以面访式问卷调查收集资料①。本次调查回收有效问卷 776 份。其中女性占比 52.6%，男性占比 47.4%；15~24 岁的占比 49.5%，25~34 岁的占比 30.7%，35~44 岁的占比 10.3%，45~54 岁的占比 5.5%，55 岁及以上的占比 4.0%。考虑调查结果推断统计的有效性，本研究按照 2018 年底全国各省份人口结构对样本数据进行个案加权，加权调整结果和 2018 年各省份的人口结构具有可比性，具体见图 6-1 所示。

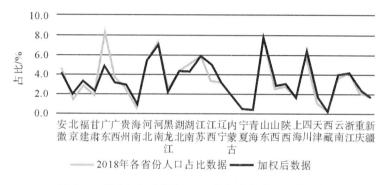

图 6-1　样本加权数据与 2018 年各省份人口结构比较

6.3.2 变量定义

（1）因变量是公众对安乐死的态度。在问卷中，对安乐死的态度选项有"赞同""中立"与"反对"三个选项。为最大限度了解公众对安乐死的态度，本研究将"中立"和"反对"选项合并为"不赞同"，赋值为 0，"赞同"赋值为 1。如此，安乐死态度为二分类变量。

（2）本研究主要从个体特征与死亡观念两个维度选取自变量。主要自变量的测量见表 6-1 所示：①个体特征，主要包括先赋特征和后致特征。先赋特征包括"性别""年龄""民族""健康状况"。健康状况为自评身体健康，以问题项"您认为目前的健康状况如何？"进行考察，回答选项分为"健康"和

---

① 本次调查是在中国大陆进行的面对面问卷调查，其中缺损吉林省问卷。

"不健康"；后致特征包括"受教育年限""专业背景""户籍""居住省份"，专业背景分为"医科""文科""理科""工科"和"其他"共五类，户籍分为"城镇"和"乡村"，所在省份则分为西部、中部、东部省份三类。②在死亡观念方面，尽管学术界对死亡观的理解不同，但大体上，死亡观包含死亡恐惧、死亡排斥、死亡接受等几方面。其中，对死亡"接受"属于正向的死亡态度，对死亡"恐惧"和"排斥"属于负向的态度①。在问卷中，以"您认为死亡是令人恐惧的吗？"考察对死亡的态度，回答的选项为"赞同""不赞同"两类。其中，"赞同"代表排斥死亡，"不赞同"代表接受死亡。

表6-1　主要变量定义与描述性统计

变量		赋值	人数/人	百分比/%
个体特征变量				
性别		女=0	352	52.6
		男=1	317	47.4
年龄/岁		平均年龄=28	654	100
民族		汉族=0	579	86.6
		少数民族=1	90	13.4
健康状况		不健康=0	102	15.4
		健康=1	563	84.6
受教育年限/年		平均受教育年限=15		
专业背景		理科=1	124	18.7
		工科=2	89	13.4
		医科=3	41	6.2
		文科=4	95	14.4
		其他=4	385	57.5
户籍		乡村=0	116	37.3
		城镇=1	456	62.7

---

① 陈四光，金艳，郭斯萍. 西方死亡态度研究综述 [J]. 国外社会科学，2006（1）：65-68.

表6-1(续)

变量	赋值	人数/人	百分比/%
居住省份	西部=1	196	31.5
	中部=2	168	27.1
	东部=3	257	41.4
死亡态度	排斥死亡=0	402	62.2
	接受死亡=1	244	37.8

6.4 结果分析

6.4.1 公众对安乐死态度的描述性分析

公众对安乐死的态度与其对安乐死的理解有关。诸如将安乐死误会为以任何不人道的方式干预生命，或者无条件地尽早结束生命，这样的安乐死会被大部分人反对。因此，对安乐死的态度，一方面具体体现为对安乐死外延的若干具体面向的理解，包括对安乐死实施对象的范围、实施方式、实施程序等内容的理解；另一方面还包括对安乐死在制度方面定位的认知与态度等。

6.4.1.1 公众对安乐死认知度与赞同度较高

分析结果显示，94.2%的受访者听说过安乐死，这表明安乐死是一个众所周知的概念或议题。受访者中，赞同安乐死的占比55.2%，不赞同安乐死（包括反对和中立）的占比44.8%，其中，明确表示反对的占比7.1%，持中立态度的占比37.7%。与以往调查结果比较，持赞成与反对态度的比例均有所下降，持中立态度的比例增幅较大。这表明公众对安乐死的态度趋于谨慎。

本研究基于伦理、哲学、心理学、社会学等相关学科的理论或研究成果，在问卷中分别从正、反两方面考察公众对安乐死的赞同或者不赞同的理由。其中以"赞同安乐死的理由为（可多选）：①安乐死是个人生命选择的权利；②安乐死能帮助病人及其家属解除不必要的痛苦；③安乐死是社会文明进步的表现；④安乐死能减轻病患家庭和社会负担，节约医疗资源；⑤死也应该有尊严；⑥死亡质量是实现生命价值的内容之一"详细考察大众赞同安乐死的内在价值观念。同时以"反对安乐死的理由（可多选）：①安乐死是不人道的、不合人情的；②安乐死是犯法的；③安乐死违反传统生死观念；④安乐死可能错失治疗机会；⑤担心会被利用为一种变相的谋杀；⑥安乐死与医生崇高职责相违背；⑦有后顾之忧，比如子女未抚养成人等；⑧来自社会舆论的压力；⑨病人积极选择安乐死会减慢甚至阻碍医学科学的发展；⑩死亡不只是个人的选择权利，应当受到家庭、社会和国家的约束"详细考察公众明确反对安乐死的具体理由和顾虑。

分析结果见表6-2。选择赞同安乐死理由的人数高于选择反对安乐死理由的人数。公众对"安乐死是个人生命选择的权利"的赞同度最高（85.6%），"安乐死能帮助病人及其家属解除不必要的痛苦"的赞同度第二（72.1%），"死亡质量是实现生命价值的内容之一"的赞同度第三（51.5%），对上述三项内容的赞同度均高于不赞同度。这表明大部分受访者已具有较强的个人权利观念，并将实现善终的安乐死视为个人生命权利的一部分。

值得注意的是，尽管在现行法律体系中，协助他人或者为他人实施安乐死行为属于违法行为，但是公众对"安乐死是违法行为"的赞同度却最低。在调查中以"赞同对安乐死合法化"为题进行考察时，赞同"安乐死合法化"的比例达81.8%。法律制度供给与社会现实需求之间存在巨大的反差，公众对以健全的法律保障和规范安乐死有较高的认同。

表6-2　赞同与反对安乐死的理由

安乐死态度及其理由	赞同		不赞同		合计	
	人数/人	比例/%	人数/人	比例/%	人数/人	比例/%
安乐死态度(是否赞同安乐死)	369	55.2	299	44.8	668	100
赞同安乐死的理由						
安乐死是个人生命选择的权利	563	85.6	94	14.3	657	100
安乐死能帮助病人及其家属解除不必要的痛苦	474	72.1	183	27.9	657	100
死也应该有尊严	311	47.3	346	52.7	657	100
死亡质量是实现生命价值的内容之一	338	51.5	319	48.5	657	100
安乐死是社会文明进步的表现	244	37.2	412	62.8	657	100
安乐死能减轻病患家庭和社会负担，节约医疗资源	293	44.7	363	55.3	657	100
反对安乐死的理由						
安乐死是不人道的、不合人情的	67	11.9	502	88.1	657	100

表6-2(续)

安乐死态度及其理由	赞同		不赞同		合计	
	人数/人	比例/%	人数/人	比例/%	人数/人	比例/%
安乐死是犯法的	29	5.1	540	94.9	568	100
安乐死违反传统生死观念	112	19.7	456	80.3	568	100
安乐死可能错失治疗机会	255	44.9	313	55.1	568	100
安乐死与医生崇高职责相违背	52	9.2	516	90.8	568	100
有后顾之忧,比如子女未抚养成人等	83	14.5	486	85.5	568	100
来自社会舆论的压力	122	21.5	446	78.5	568	100
病人积极选择安乐死会减慢甚至阻碍医学科学的发展	85	15	483	85	568	100
死亡不只是个人的选择权利,应当受到家庭、社会和国家的约束	81	14.2	488	85.8	568	100

6.4.1.2 公众对为与自身具有差序格局关系的对象决定实施安乐死的赞同度不同

为进一步了解大众对自己为与自身关系不同的对象决定实施安乐死的赞同度,本研究在问卷中设置四个题项,分别为"您是否赞同为父辈(子辈、自己、朋友)决定安乐死?"回答选项为"是"与"否"两类。公众为自身决定安乐死的赞同度(88%)高于为父辈(57%)、子辈(54.1%)及朋友(39.6%)决定实施安乐死,即当涉及替父辈、子辈做安乐死决定时,受访者的认同度则降低至50%左右。总之,公众为父辈决定实施安乐死的赞同度高于为子辈决定实施安乐死的赞同度,为朋友决定实施安乐死的赞同度最低。假设1"受访者针对为与自身有差序格局关系的对象决定实施安乐死的赞同度有差异"得到验证。

就安乐死议题而言,在家庭成员内部存在一定的决策差序格局,公众极其尊重患者个人的安乐死意愿,由自己对自身决定安乐死得到了生命权利理论的较大支持。但需要注意的是,与子辈相比,公众对为父辈决定安乐死的赞同度更高则是人性的体现。调研发现,相较于为父辈,公众对为子辈决定安乐死更谨慎,自身与子辈的亲密关系更胜于其与父辈的关系,这是中国社会伦理关系的现实反映。在父辈与子辈关系中,人们更将子女视为自身的一部分,与自身关系更为亲密,尤其是随着现代核心家庭的发展,父辈与子辈的代际关系是除夫妻关系外的最重要的亲密关系，为子辈做出安乐死的决定会面临更大的心理、情感、伦理等约束。

6.4.1.3　公众对安乐死对象、实施方式及实施程序的赞同度存在差异

学术界所有研究都旨在推进安乐死外延的一致性，从而促使具有中国特色的安乐死概念及体系形成。本研究从安乐死适用对象、实施方式和实施程序（包括决策主体和实施主体）三个安乐死的外延方面详细考察公众对安乐死态度的差异性与一致性，以及公众的理解与学术界所探讨的安乐死概念差异性与一致性。

第一，公众对不同群体可实施安乐死的赞同度存在差别。大多数受访者赞同对癌症晚期患者实施安乐死，这与学术界共识的适用对象基本一致。调查结果显示，公众对癌症晚期病人实施安乐死的赞同度为66.8%，对任何处于疾病痛苦折磨中的病人实施安乐死的赞同度为48.9%，对"植物人"实施安乐死的赞同度为44.5%，对患有先天缺陷的婴儿实施安乐死的赞同度为40.6%。与公众对安乐死适用对象的态度相比较，学术界关于安乐死概念中适用对象限定在癌症晚期病人范围是比较保守的。

为深入考察大众对安乐死实施对象的认知，本研究对身患绝症患者实施安乐死的行为进行了单独考察，发现受访者对身患绝症患者给予"临终关怀"的赞同度最高（87.2%），其次为"尽力抢救"（75.1%），再次是"实施安乐死"（60.6%），赞同度最低的是"任其发展"（14.8%）。分析表明，公众对是否以及如何实施安乐死有相当慎重的考虑，大多数人认为，与"任其发展"相比而言，"实施安乐死"是在救治无望、深陷痛苦、穷尽可作为方法后的最好选择。

第二，公众对富有人道和柔和的安乐死实施方式赞同度较高。学术界对安乐死实施方式的理论研究表明，实施安乐死的措施必须符合人本主义精神，主要包括"消极安乐死行为"和"积极安乐死行为"。调查结果显示对于消极安乐死行为的赞同度最高。如表6-3所示，在所有措施中，受访者对消极安乐死行为，如"撤除无用的维持生命的设施，让病人有尊严地自然死亡"的赞同度最高（65.2%），其次是"积极安乐死行为"，即"反复使用麻醉药，病人睡过去不再醒来"和"一次性足量使用麻醉药，使病人快速脱离痛苦"，二者均占比59.5%，赞同"使用任何可以快速使病人死亡的药或者方式"的占比为41.9%。受访者对前三种实施安乐死的方式的赞同度均超过50%。这与学术界关于安乐死实施方式（主要是前两种）的确定基本一致，且有所扩展（如第三种）。由此可见，既有研究成果中大部分将"撤除无用的维持生命的设

施，让病人有尊严地自然死亡""反复使用麻醉药，病人睡过去不再醒来"两种方式作为安乐死实施方式是比较符合实际的谨慎考量。

表6-3 对安乐死具体实施措施的赞同度

安乐死施行措施		赞同	不赞同	不知道	合计
撤除无用的维持生命的设施，让病人有尊严地自然死亡	人数/人	432	175	55	662
	比例/%	65.2	26.5	8.3	100
反复使用麻醉药，病人睡过去不再醒来	人数/人	391	175	91	657
	比例/%	59.5	26.7	13.8	100
一次性足量使用麻醉药，使病人快速脱离痛苦	人数/人	386	201	62	650
	比例/%	59.5	31.0	9.5	100
使用任何可以快速使病人死亡的药或者方式	人数/人	273	288	92	652
	比例/%	41.9	44.1	14.0	100

第三，公众对具有个人权利保障和符合家庭伦理秩序的实施程序赞同度较高。在安乐死的实施程序（包括决策主体和实施主体）认同度的测量中，受访者对"必须由个人申请"（88.1%）、"除本人外，还需要配偶和家属同意"（71.2%）、"医生诊断"（60.5%）、"按法律程序"（53.9%）的认同度较高，对"公证人员不可缺场"（42.3%）及其他选项的认同度相对较低。因此，在安乐死的实施程序上，"患者本人申请"为第一必要条件，"配偶及家属的同意"为第二必要条件，"医生诊断病情"是第三必要条件，而"法律保驾护航"则是第四必要条件。这较为符合现代法治社会中大多数人的现实需求。尽管公众对于自己保有生命选择的权利有很明确的认知和需求，但大多数人认为要征询家庭成员的意见。在生死问题上，家庭成员依然有较大的话语权，这也是中国传统家庭观念在安乐死议题中的直接反映。此外，既有研究将安乐死申请主体锁定在患者本人范围内较为保守，尤其是当患者已不能表达意愿时，将决定主体有序延展到患者亲属具有一定的可能性。

6.4.2 不同特征受访者的安乐死态度及差异性分析

总体而言，小学和初中学历的受访者，东、中部地区的受访者以及健康状况差的受访者赞同安乐死的比例较低，且低于不赞同安乐死的比例；其他受访者赞同安乐死的比例均高于不赞同安乐死的比例，对安乐死的赞同度均较高。

6.4.2.1　不同先赋特征受访者的安乐死态度差异分析

从性别来看，男性赞同安乐死的比例（62.6%）高于女性（51.6%），高出约 10 个百分点，这表明男性比女性更能接受安乐死。

从年龄来看（见图 6-2 所示），不同年龄组的人群赞同安乐死的比例不同。其中，35~44 岁年龄段的受访者人群中赞同安乐死的比例最高，而且 35~44 岁年龄段的受访者赞同安乐死的比例与不赞同安乐死的比例相差最大（即此年龄段的受访者对安乐死争议小），前者高出后者约 43 个百分点。其他年龄段的受访者在安乐死的态度上差异较大。

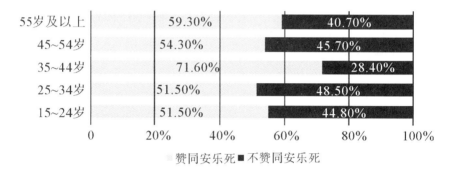

图 6-2　不同年龄的人群安乐死态度

本研究将受访者的民族属性分为汉族和少数民族两大类。汉族受访者中赞同安乐死的比例为 57.2，少数民族受访者中赞同安乐死的比例为 42.2%。尽管二者在赞同度上存在一定的差异，但是就赞同与不赞同安乐死的比例而言，相差不大。

身体健康的受访者赞同安乐死的比例为 84.6，高出不赞同安乐死的比例约 30 个百分点。身体不健康的受访者赞同安乐死的比例较低（15.4%），低于不赞同安乐死的比例 34 个百分点。这表明身体健康的人对安乐死的赞同度更高，身体不健康的人对安乐死的赞同度更低。

6.4.2.2　不同后致特征受访者的安乐死态度差异分析

不同学历的受访者对安乐死的赞同度不同，其中高中和本科或大专学历的人群赞同安乐死的比例（60%、66.4%）高于不赞同安乐死的比例（40%、33.6%），初中学历、小学学历和硕士及以上学历的人群赞同安乐死的比例（25.5%、36.4%、43%）低于不赞同安乐死的比例（74.5%、63.6%、57%）。

不同专业背景的受访者对安乐死的赞同度不同，其中，文科、医科背景的人赞同安乐死的比例（55.6%、73.2%）高于不赞同安乐死的比例（44.4%、26.8%），理科和工科及其他背景的人赞同安乐死的比例（37.9%、47.2%、

45.7%）低于不赞同安乐死的比例（62.1%、52.8%、54.3%）。这表明，文科和医科专业背景的人群对安乐死的赞同度更高，而理科和工科及其他专业背景的人群对安乐死的赞同度相对更低。

从不同户籍和居住区域来看，乡村居民赞同安乐死的比例为50.2%，城镇居民赞同安乐死的比例为58.5%，总体上城乡居民中，更多的人赞同安乐死。西部地区的受访者赞同安乐死的比例为52%，中部和东部的人群赞同安乐死的比例分别为37.7%、37.8%。由此可见，西部地区的受访者中有更多的人赞同安乐死，而中部和东部的人群中有更少的人赞同安乐死。这表明，不同区域的人口对安乐死的态度有差异。

进一步的统计分析显示，不同性别、不同年龄、不同民族、不同学历、不同专业背景、不同户籍和不同区域的受访者在安乐死赞同度上差异的P值依次分别为0.000、0.044、0.008、0.000、0.009、0.038、0.006。在0.05显著水平下，上述特征受访者对安乐死态度的差异具有统计显著性，即假设2"受访者个体特征显著影响其对安乐死的态度"通过检验。

6.4.2.3 持不同死亡观念受访者的安乐死态度及差异性分析

在死亡观与安乐死态度的差异性上，接受死亡的受访者中赞同安乐死的比例较高（79.4%），排斥死亡的受访者中赞同安乐死的比例较低（42.5%）。这表明，持有不同死亡观的公众对安乐死的赞同度不同。进一步的统计分析结果显示，持不同死亡观念的受访者在安乐死赞同度上的差异，在0.05显著水平下均具有统计显著性（P值均为0.00），即假设3"受访者的死亡观显著影响其对安乐死的态度"通过检验。

6.4.3 安乐死态度影响因素的 Logistic 回归分析

本研究采用二元 Logistic 回归模型对安乐死态度的影响因素进行实证分析，其分布函数形式为：

$$Logit(Y) = ln(\frac{p}{1-p}) = \beta_0 + \beta_1\chi_i + \cdots + \beta_i\chi_i + \mu \qquad (6.1)$$

式（6.1）中，$ln(\frac{p}{1-p})$ 是因变量，表示赞同安乐死与不赞同安乐死概率之比的自然对数。p 为赞同安乐死的发生概率，β_0 为截距，χ_1，χ_2，$\cdots$，χ_i 和 β_1，β_2，$\cdots$，β_i 分别代表自变量和回归系数。其中，χ_1 为性别，χ_2 为年龄，χ_3 为民族，χ_4 为健康状况，χ_5 为受教育年限，χ_6 为专业背景，χ_7 为户籍，χ_8 为所在省份，χ_9 为死亡观念。χ_6、χ_8 为无序多分类变量，故在回归模型中引入哑变量，以准确测量自变量对因变量的影响。

二元 Logistic 回归结果显示（见表6-4），公众的性别、民族、受教育程度、死亡观念对其安乐死态度具有显著影响。

表6-4　安乐死赞同度影响因素的 Logistic 回归模型

自变量	B	标准误差	Exp（B）
性别（女性）			
男性	1.349***	0.276	3.855
年龄	0.016	0.221	1.016
民族（汉族）			
少数民族	−0.874**	0.371	0.417
健康状况（健康）			
不健康	−0.379	0.312	0.685
受教育年限	0.093**	0.045	1.097
专业背景（文科）			
理科	−0.078	0.328	0.925
工科	−0.691*	0.363	0.501
医科	0.029	0.576	1.030
其他	−0.455*	0.381	0.635
户籍（乡村）			
城镇	0.012	0.239	1.012
居住省份（西部）			
中部	0.112	0.310	1.119
东部	0.401	0.273	1.493
死亡观念（接受死亡）			
排斥死亡	−1.560***	0.271	0.210
常量	−0.936	0.985	0.392
H&L	0.063		
−2 对似然比	497.746		
样本量	716		

注：括号内为对照组，***、**、*分别表示在1%、5%和10%水平下显著。

第一，在受访者个体特性因素中，个体的性别与民族特征对安乐死态度有显著影响。与女性相比，男性对安乐死的赞同度更高，优势比为3.855。这可能是由于女性往往顾虑较多、较为谨慎,较男性更为保守。根据调研结果,女性对当前安乐死仍不具有合法地位,安乐死行为无法得到有效规范有着较大顾虑,并认为实施安乐死会面临各种风险,因而对安乐死的赞同度较低。与女性比男性更不赞同安乐死不同,女性对安乐死合法化的赞同度却高于男性,男性与女性对安乐死合法化赞同度的差异具有显著性(P 值为 0.014),也间接印证了女性更为担忧风险与法律责任,进而更渴望安乐死得到制度规范。与汉族相比,少数民族公众更不赞同安乐死,这可能是由于较多少数民族有宗教信仰、传统生命伦理观念影响较深,对安乐死这一新事物较为保守。年龄、身体健康状况并不显著影响公众的安乐死态度。

第二,在个体后致特征因素中,受教育程度越高,对安乐死的赞同度越高。这可能是受教育程度越高,接受新事物、新思想的能力越强,更能理性地看待安乐死命题并表达赞同。受访者户籍、居住省份、专业背景等对安乐死的态度没有显著影响。虽然整体上受访者专业背景对安乐死赞同度影响不显著,但是,与理科专业相比,具有文科专业背景的受访者对安乐死的赞同度更高。

第三,在死亡观念因素中,接受死亡的人更赞同安乐死,排斥死亡的人更反对安乐死。尽管"死亡"和"安乐死"两个概念存在较大的差别,但是排斥死亡的公众几乎排斥所有与优死相关的事物。因此,提高安乐死的接受度,关键在于树立正确的死亡观念,同时将安乐死概念与死亡进行区分也是十分重要的。

6.5 本章小结

综上所述,本研究得到以下结论:

第一,公众对安乐死的认知度与赞同度较高。公众对直系亲属选择安乐死的意愿极为尊重,且存在与差序格局相似的决策结构,公众为自身决定安乐死的赞同度最高,其次是为父辈决定实施安乐死,再次是为子辈决定实施安乐死,为朋友决定实施安乐死的赞同度最低。

第二,公众认同安乐死是解除病痛折磨、行使个人生命选择权利、维护自身人格尊严和提高生命质量的重要善终方式,倾向于将安乐死实施对象锁定为绝症患者、将安乐死实施行为锁定为消极安乐死及人道且柔和的积极安乐死方式,将实施程序锁定为根据医生诊断、由本人及其直系亲属申请、由医生实施安乐死的程序。这些结果不同于既有经验研究对于实施对象、实施措施随意收缩或者拓展所得到的结果，同时印证了痛苦解除理论、生命权利、生命质量和生命尊严理论。

第三，不同个体特征的公众在安乐死态度上的差异具有显著性。与既有研究不同，本研究明确了个体特征与安乐死态度的相关方向。回归分析安乐死态度的影响因素，显示公众的性别、民族、受教育程度、死亡观念对其安乐死态度的影响显著。其中，男性、汉族、受教育程度高的人更赞同安乐死。接受死亡的人亦更加赞同安乐死。风险社会视角下，在人的全生命周期里都有可能接触和面对死亡事件。提高死亡质量和维护生命末期的人之尊严是所有人的期盼。公众对安乐死的态度与现行法律对安乐死行为的评价存在较明显的张力。随着人口老龄化、高龄化并伴随慢性病增加的现实，民意、法律、伦理、道德等冲突将日益加剧。为化解诸多张力与冲突，实现人的善终，需要对安乐死在现行法律、制度体系内的合法性及规范化给予持续关注和深入研究。

笔者建议政府、学校、社区和相关单位，针对公众对安乐死外延的认知以及支持、反对安乐死理由的不同面向，参考影响公众安乐死态度的诸因素，因地制宜地采取合理措施，引导公众建立理性的生死观，促进正确理解安乐死的内涵和外延，对安乐死表达较为理性的态度，摆脱影响善终的诸多障碍。从理论上讲，加强死亡教育或优死教育，即向公众传达适当的死亡相关知识，并因此使人们在态度和行为上有所转变是一种持续的过程[1]。死亡教育是健康教育的重要组成部分，它应是面向每个个体的普遍教育，对所有人而言都是必需的[2]。就实践而言，需要政府、社会工作服务机构、医院以及相关单位或组织乃至个人参与到优死教育中来，营造良好的社会舆论环境，不断修正传统伦理观对人们的约束。安乐死不是生死选择，而是对良好死亡方式的选择，是避免精神和肉体的痛苦折磨、改善患者濒临死亡时的自我感觉状态的一种人道选择。它是对生命的终极关怀和终极价值的思考。其目的是指导临终关怀，帮助人们正确面对死亡，并使人性得到完整的解放，获得最终的幸福。

---

① 周德新. 论死亡教育的作用、内容和途径 [J]. 学理论, 2009 (19): 56-57.
② 刘丹萍, 刘朝杰, 裴丽昆, 等. 城市劳动适龄人口死亡态度的影响因素分析 [J]. 人口学刊, 2012 (3): 12-22.

参考文献

[1] 翟晓梅. 安乐死的概念问题 [J]. 自然辩证法通讯，2000 (3)：86-93.

[2] 费孝通. 家庭结构变动中的老年赡养问题：再论中国家庭结构的变动 [J]. 北京大学学报（哲学社会科学版），1983 (3)：7-16.

[3] 高岩. 机构养老服务的国际比较 [J]. 劳动保障世界（理论版），2011 (8)：48-49.

[4] 郭于华. 代际关系中的公平逻辑及其变迁：对河北农村养老事件的分析 [J]. 中国学术，2001，003 (4)：221-254.

[5] 韩跃红，李昶达. 安乐死辩论中的"尊严悖论" [J]. 道德与文明，2015 (6)：37-43.

[6] 何农，陆海峰. 浙江地区农村居民安乐死认同度调查与分析 [J]. 社科纵横，2009 (9)：72-73.

[7] 侯佳伟，翟振武. 重提"安乐死"立法 [J]. 人口研究，2004 (3)：90-93.

[8] 黄庆波，杜鹏，陈功. 老年父母与成年子女间的代际支持及其影响因素 [J]. 人口与发展，2018，24 (6)：20-28，128.

[9] 黄贤全，陈学娟. 评析美国安乐死合法化的进程 [J]. 世界历史，2012 (1)：55-60.

[10] 雷雯. 社区照顾框架下的老年人服务：从制度分析层面看社区照顾及其制度构建 [J]. 经济与社会发展，2006 (9)：202-204.

[11] 刘常秋. 论死亡权的特点及我国死亡权的立法设计 [J]. 同济大学学报（社会科学版），2003 (3)：81-85.

[12] 刘丹萍，刘朝杰，裴丽昆，等. 城市劳动适龄人口死亡态度的影响因素分析 [J]. 人口学刊，2012 (3)：12-22.

[13] 刘福敏，陈井安. 行政决策的合法化：形式合法性与实质合法性 [J]. 社会科学研究，2016 (6)：23-49.

[14] 刘少杰. 国外社会学理论 [M]. 北京：高等教育出版社，2008：339-361.

[15] 卢扬. 生命历程视角下的农村家庭代际支持研究 [D]. 武汉：华中农业大学，2017.

[16] 吕新萍. 院舍照顾还是社区照顾：中国养老模式的可能取向探讨 [J]. 人口与经济，2005 (3)：8-13.

[17] 马凤芝，童敏. 社会工作实务[M]. 北京：中国社会出版社，2010：100.

[18] 梅陈玉婵，齐铱，徐永德. 老年社会工作 [M]. 上海：格致出版社，2009：20.

[19] 倪正茂，李惠，杨彤丹. 安乐死法研究 [M]. 北京：法律出版社，2005：24.

[20] 欧阳涛. 安乐死与立法 [J]. 政法论坛，1996 (6)：43-48.

[21] 彭现美，翟振武. 安乐死的成本与效用分析 [J]. 人口与经济，2005 (3)：61-66.

[22] 钱宁. 社区照顾与中国社会福利制度的改革 [J]. 北京科技大学学报 (社会科学版)，2003 (2)：7-12.

[23] 孙建萍，周雪，杨支兰，等. 国外机构养老模式现状 [J]. 中国老年学杂志，2011 (4)：163-164.

[24] 孙唐水. 社会工作引入传统养老机构的必要性探讨 [J]. 社会工作，2010 (2)：14-15.

[25] 谭盈科，吴世宜. 安乐死能在我国实行吗？[J]. 社会，1995 (4)：48.

[26] 汪斌. 多维解释视角下中国老年人互联网使用的影响因素研究 [J]. 人口与发展，2020，26 (3)：98-106.

[27] 王思斌. 社会工作本土化之路 [M]. 北京：北京大学出版社，2010：317.

[28] 王文. 瑞典的老年福利机构 [J]. 社会福利，2008 (2)：51-52.

[29] 吴华. 老年社会工作 [M]. 北京：北京大学出版社，2011：10.

[30] 吴新慧. 老年人互联网应用及其影响研究：基于 CSS (2013) 数据的分析 [J]. 云南民族大学学报 (哲学社会科学版)，2017，34 (4)：63-72.

[31] 夏黎. 浅析社会工作视角下的机构养老服务模式 [J]. 学理论，2012 (8)：10.

[32] 徐浩岚. 人本主义心理学的人性观和价值观在安乐死中的体现 [J]. 医学与哲学 (人文社会医学版)，2006 (10)：36-37.

［33］徐祖荣. 城市社区照顾模式研究［J］. 人口学刊, 2008（1）：49-53.

［34］赵婷婷. 发展老年社会工作：借助构建养老社会服务体系的契机［J］. 中国城市经济, 2011（10）：314-315.

［35］周德新. 论死亡教育的作用、内容和途径［J］. 学理论, 2009（19）：56-57.

［36］周沛. 社区照顾：社会转型过程中不可忽视的社区工作模式［J］. 南京大学学报（哲学·人文科学·社会科学版）, 2002（5）：20-27.

［37］周晓虹. 文化反哺：变迁社会中的代际革命［M］. 北京：商务印书馆, 2015：64-68.

［38］四川省统计局. 四川省统计年鉴(2012)［M］. 北京：中国统计出版社, 2012.

［39］周裕琼. 数字代沟与文化反哺：对家庭内"静悄悄的革命"的量化考察［J］. 现代传播（中国传媒大学学报）, 2014, 36（2）：117-123.

［40］MADELYN IRIS, JOHN W RIDINGS, KENDON J CONRAD. The Development of a Conceptual Mode for Understanding Elder Self-neglect［J］. The Gerontologist, 2010（3）：303-315.

［41］MOGAN P S, K HIROSIMA. The persistence of extended family residence in Japan［J］. American Sociology Review, 1983（48）：269-281.

［42］PIPPA NORRIS. Digital Divide：Civic Engagement, Information Poverty, and the Internet Worldwide［J］. Public Opinion Quarterly, 2003, 67（3）：434-437.

附录　老年社会工作实务之游戏

游戏之一：逆向思维

目的：活动本身就是一种简单的保健操，有利于身体健康；逆向思维促进脑部运动、锻炼老人思维。

适合于所有生理、精神健康老人和精神健康的半失能老人（上半身可以活动）。

步骤：

（1）先带领老年人做正向思维的动作（注意动作要慢，各做五下）：如举起左右手、拍打左右肩部、摸摸左右眉毛、摸摸左右耳朵、甩甩左右手、拍打左右腿；

（2）然后带领老年人根据"口令"做相反的动作，你说"举左手"，老人就要举右手；你说"拍左腿"，老人就要拍右腿……总而言之，老人要和你"反着来"才行（如果他做错了，就要现场耐心指导他，直到他做对为止）。

注意：带领者要根据老人情况调整游戏难易程度。

游戏之二：拍掌/拍手

目的：通过游戏让老人明白倾听和观察的重要；通过拍手掌运动，有利于身体健康；促进团结。

适合于所有健康老人和半失能老人（可以拍手即可）。

步骤：

（1）将所有老年人分组，每组 8~10 人；

（2）第一组开始拍掌，通过倾听使第一组拍掌的节奏逐步一致，然后停止；

（3）第二组和第一组成员一起拍掌，直到第二组和第一组的拍掌节奏一致后停止；

（4）第三组加入前面两组，三个组开始拍掌，直到第三组和第一组、第二组的拍掌节奏一致后停止；

（5）以此类推，最后所有组一起拍掌直到掌声一致才停止。

注意：带领者要根据老人情况调整游戏难易程度。

游戏之三：盲人摸象——信任你我他

目的：通过护工与老人之间的互动，巩固和增加彼此的信任感和团队合作意识。

参与人员：老人+管护人员。

步骤：

（1）将参与游戏的能自理老人、失能老人、护工进行分组，每组6人（3名能自理的老人、2名失能老人、1名护工）；

（2）由3名二三级护理组的老人（能自理的老人）各自商议选出一名老人充当活动指导者，指导一名管护人员在活动中用眼罩蒙住眼睛的情况下，寻找到坐在不同方位的一名带着兔子头套的一级或特级护理组老人。

（3）其余老人充当啦啦队员，为该队加油助威。

（4）指导方式随意，可坐可站。

（5）每次进行计时比拼，哪一组找到带有兔子头套的特殊护理组的老人所用时间最少，哪一组获胜，评选出前三名。

另一种方式：

先将老年人分组，每组一名管护人员，工作者分布在每个小组中。由老人指引管护人员拿到工作者放在不同地方的物品（管护人员眼睛被眼罩蒙住）。老年人可走动也可原地不动。哪一个小组最先找到要找的东西算获胜，并可以获得"荣誉证书"。

游戏之四：桃花朵朵开

目的：促进沟通和团结，训练反应能力。

适合对象：能走动的老人。

步骤：

（1）主持人一人，站在场地中央；

（2）参与人员围成一个圆圈队列（即可以绕着主持人走的队列），每人间距30厘米以上，不可有肢体接触；

（3）游戏开始，大家围着主持人走圆圈队列，一起边走边念："桃花朵朵开，请问几朵花?"主持人说："5朵。"那大家就赶快任意5个人抱在一起，出现没有办法抱一起的人就出局。剩下的人继续玩。

（4）最后剩下的2个人，可以给予奖励。

（5）主持人一定要根据人数喊出比较妥当的数字，避免一次性出局太多人。比如，一共17人，比较合适的就是喊出"4朵花"，这样第一次只出局一个人。如果喊出"6朵花"，那么第一次就一下子出局5个人，游戏很快就结束了。

（6）很重要的是，主持人要提醒玩游戏的人：要抱紧哦，小心人被抢！

游戏之五：你我的红歌

目的：联络感情，激发兴趣。

适合对象：喜欢唱歌的老人。

步骤：

（1）在纸条上写下大家熟悉的短歌歌词。选2~3首，每一首歌可写多张纸条。

（2）组员围成圆圈，组长发给每人一张歌词纸条。

（3）组长说开始，各人大声唱自己的歌，并寻找唱同一首歌的人。

（4）必须一边唱一边找人，不可说出歌名。

（5）组长可突然叫停，所有组员归队。

（6）最早结成队伍的获胜。

改变：一面做动作一面唱歌寻找队友，将会更活泼生动。

游戏之六：保龄球

目的：娱乐身心。

适合对象：手可以动的老人。

游戏规则：要求老年人把球滚过去（抛起来算犯规）撞倒保龄球（水瓶）。每位老年人滚球的次数不能超过 5 次，在 5 次内把保龄球（水瓶）都打倒的老年人可获得一朵小红花。起点到水瓶的距离为 2 米。

游戏之七：蒙眼打鼓

目的：娱乐身心。

适合对象：能完全自理的老人。

游戏规则：请老年人蒙着眼睛，从起点走到大鼓前（5 米距离），用锤子敲鼓三下，就可以拿到一朵小红花。

游戏之八：趣味猜谜

目的：娱乐身心

适合对象：眼、脑正常的老人。

游戏规则：工作人员事先准备好谜语（打印出来，或装在箱子里，或挂在室外绳子上）；老人可以自己看有谜语的纸条猜谜底，也可以请工作人员读，他猜。猜对的获得一朵小红花。

谜语可以在网上搜索。

游戏之九：掷骰子

目的：娱乐身心

适合对象：手可以动的老人。

游戏规则：在废旧纸盒上任意四面分别写 0～3 数字，其他两面分别写"再掷 1 次"和"再掷 2 次"字样。参与者根据所掷骰子朝上一面，决定获取印章枚数，或再次投掷次数。根据获得的印章数量颁发奖品。

物资需求：废旧纸盒 1 个、6 张 A4 纸、透明胶。

游戏之十：定点投球

目的：娱乐身心

适合对象：手可以动的老人。

活动规则：每人 10 个乒乓球，参加者站在 2 米之外，向篮子里投乒乓球。全部投进者则可获得 4 个图章；投进 6～9 个者，获得 3 个图章；投进 4～5 个者，获得 2 个图章；投进 1～3 个者，获得 1 个图章；未投进者则没有图章。每人每轮只有 1 次投球的机会。根据获得的印章数量颁发奖品。

物资需求：乒乓球 10 个、垃圾桶 1 个、印章 1 枚。

游戏之十一：套宝瓶

目的：娱乐身心

适合对象：手可以动的老人。

活动规则：负责人在瓶身上（瓶子里最好装满水，以防止倾倒）按排列由近到远分别贴上 1～5 数字。参与者站在 2 米线外丢圈，工作人员根据瓶上数字给参与者盖章。每人每轮只有 3 次套圈的机会。根据获得的印章数量颁发奖品。

物资需求：瓶子 15 个、套圈 5 个、5 张纸条、透明胶、印章 1 枚。

游戏之十二：笑容可掬

目的：加强沟通与交流，增进彼此之间的感情。

适合对象：能完全自理的老人。

游戏规则：

（1）让学员站成两排，两两相对。

（2）各排派出一名代表，立于队伍的两端。

（3）相互鞠躬，身体要弯腰成 90 度，高喊"×××你好"。

（4）向前走交会于队伍中央，再相互鞠躬高喊一次"×××你好"。

（5）鞠躬者与其余成员均不可笑，笑出声者即被对方俘虏，需排至对方队伍最后入列。

（6）依次交换代表人选。

游戏之十三：你比我猜

目的：娱乐身心，促进沟通。

适合对象：能完全自理的老人。

游戏规则：请 3~5 名老人到前面，侧向全体老人（观众），站成一排。第一名老人面向第二名老人编一动作（如起床穿衣、照镜子、梳头等），然后第二名老人再向第三名老人模仿第一名老人所做的动作；依次模仿，最后一名老人在模仿完动作后，说出做的是什么动作。

游戏之十四：一枪打几个

目的：练习手部动作的灵活性，训练老人的快速反应能力。

适合对象：手可以动的老人。

游戏规则：工作人员说"一枪打四个"，老人先用右手的拇指、食指呈枪状，同时左手伸出四个手指；左右手交替进行。工作人员可以灵活运用，如说"一枪打三个""一枪打两个"等。

游戏之十五：正说反做

目的：娱乐身心、训练老人的反应能力。

适合对象：身心健康或者基本健康的老人。

游戏规则：请一组老人站好，工作人员说："起立"，老人就要做"坐下"的动作，工作人员说"左转"，老人就要做"右转"的动作，依次类推。

改变：此游戏也可正话反说。如："上、下""大、小""长、短""好、坏""对、错""粗、细""宽、窄"……

游戏之十六：夹弹珠

目的：娱乐身心，练习手部肌肉及灵活度。

适合对象：手能动的所有老人。

游戏规则：准备玻璃弹珠 30~40 颗。在规定时间内，老人用筷子将 A 碗的弹珠夹到 B 碗里，两碗距离 40~50 厘米。

难度增加：工作人员可以通过在放置弹珠的 A 碗加水、加大两碗的距离等方式增加游戏难度。

游戏之十七：传乒乓球

目的：娱乐身心，练习平衡能力。

适合对象：身心基本健全的老人。

游戏规则：工作人员事先准备好乒乓球 20 个，A4 大小的纸板 2 块。老人用指定的纸板将放置在 A 处的乒乓球运送到规定的 B 处（距离 A 处 3~5 米），在规定时间内看谁运球最多。

游戏之十八：盲人画图

目的：娱乐身心，练习手部灵活度。

适合对象：手能动的所有老人。

游戏规则：老人需要蒙眼，按照工作人员的指令（要求画图，如花、树、房子、小草、电视机等；或者要求写汉字），在事先准备好的纸上画出或写出工作人员所要求的东西，看谁画得最像或写得正确。

游戏之十九：解开"千千结"

适合对象：基本能自理及完全能自理的老人。

准备工作：无。

练习时间：3分钟。

所需资源：空间足够大，能使队伍站在较大的圆中。

团队：每队6人或8人或10人，最好不少于8人。每队的人数要相等，队长要随时准备加入或离开以保证队伍人数相等。

游戏规则：

将小组分成人数相等的队伍，理想的人数是每队8人，但6人或10人也完全可以。将队伍安排在一个大致的圆中，大家向前看。每个人都走到圆中并用右手握住对面人的右手，同时用左手握住另一个人的左手，这样整个队伍就打成一个结了。练习的目的是解开这个结，并且让队伍呈圆形。在练习中，可以调整握手的方式，但不能松开手。

效果评价：

解结非常有助于促进队伍思想的交流和队伍间的接触（活动中会有大量的笑声和队员的呐喊）。通过身体的接触，能有效地消除彼此的隔阂，并帮助每个人通过对方的结扣。

游戏之二十：囚徒困境

适合对象：能行动的所有老人。

参与人数：集体参与。

时间：10分钟。

场地：树林或草地。

道具：无。

应用：①增强团队成员之间的相互信任；②加强成员间感情的沟通。

游戏规则和程序：

（1）带领者首先给大家讲述下面这个故事：

你们组属于古城探险队的一部分。据说古城位于一个与世隔绝的森林里。

你们组找到一个向导，但翻译费尽口舌，他才同意带路。古城到处散落着金币、宝石，并且宣称如果宝物被盗，全城人民将面临灾难。因此，条件是大家必须都戴上眼罩，保证以后不会再找到这条路，一路上不能进行语言交流，但是可以通过其他形式即肢体语言来传递信息给后面的队友，以确保团队能安全到达目的地。

（2）队员手拉手围成圈，戴上眼罩。

（3）悄悄让一个队员摘下眼罩，告诉他将充当向导（告知终点），负责带领整个团队到达终点。

（4）让两位成员充当沿途的保护者。可备一些食品，在游戏结束后让队员（包括保护者）边吃边谈各自的体验与感受。

注：该游戏可以选在景色美丽的树林或公园里进行，可以使人亲近自然，获得放松。

游戏之二十一：三只小猪

适合对象：身心健康的老人。

参与人数：分成 3 组，每组 5 人左右。

时间：30 分钟。

场地：空地一块。

道具：三条绳子，分别长 20 米、18 米、12 米。

应用：①帮助成员体会团队工作中沟通的重要性；②加强成员对于团队合作精神的理解；③训练成员对于结构变动的适应能力。

游戏规则和程序：

（1）带领者将成员分成 3 组，保证每组 5 人左右。

（2）发给第 1 小组一条 20 米的绳子、第 2 小组一条 18 米的绳子、第 3 小组一条 12 米的绳子。

（3）规则：用眼罩把所有人的眼睛蒙上，然后指定第一组将绳子围成一个正方形，第二组将绳子围成一个三角形，第三组将绳子围成一个圆形。

（4）然后揭掉眼罩让大家联合起来用绳子建立一座绳子做的房子，房子的形状要有上述三个图形，并且图形一定要看上去比较漂亮。

游戏之二十二：花园/果园/菜园/动物园

适合对象：能正常表达的所有老人。

参与人数：10人以内。

时间：20分钟。

场地：能容纳下所有参与者的房间或空地。

道具：无。

应用：①活跃气氛；②记忆力与反应力训练；③动作协调训练。

游戏规则和程序：

（1）参与者围圈坐下。

（2）带领者先确定一个主题（花园/果园/动物园……），然后选择一位老人作为起点。

（3）带领者说：我们来到动物园（花园/果园……）。

（4）然后让大家分别说出动物园（花园/果园）里都有些什么东西，一人一次说一样东西。